资助课题

本书为 2022 年度"北京市属高等学校优秀青年人才培育计划项目（The Project of Cultivation for young top – motch Talents of Beijing Municipal Institutions）"《党的二十大精神有机融入高校思想政治理论课教学的实践路径和长效机制》（项目编号：BPHR202203089）、北京市第三批重点建设马克思主义学院（北京建筑大学）资助项目。

中国特色社会主义文化自信理论研究

许 亮　李怡帆　束东新　著

中国财经出版传媒集团
中国财政经济出版社
·北京·

图书在版编目（CIP）数据

中国特色社会主义文化自信理论研究／许亮，李怡帆，束东新著．－－北京：中国财政经济出版社，2024. 8．－－ISBN 978－7－5223－2785－3

Ⅰ．G12

中国国家版本馆 CIP 数据核字第 2024U03X29 号

责任编辑：彭　波　　　　　责任校对：张　凡
封面设计：孙俪铭　　　　　责任印制：史大鹏

中国特色社会主义文化自信理论研究
ZHONGGUO TESE SHEHUI ZHUYI WENHUA ZIXIN LILUN YANJIU

中国财政经济出版社 出版

URL：http://www.cfeph.cn
E－mail：cfeph@cfeph.cn

（版权所有　翻印必究）

社址：北京市海淀区阜成路甲 28 号　邮政编码：100142
营销中心电话：010－88191522
天猫网店：中国财政经济出版社旗舰店
网址：https://zgczjjcbs.tmall.com
北京虎彩文化传播有限公司印刷　各地新华书店经销
成品尺寸：170mm×240mm　16 开　13.25 印张　188 000 字
2024 年 8 月第 1 版　2024 年 8 月北京第 1 次印刷
定价：68.00 元
ISBN 978－7－5223－2785－3
（图书出现印装问题，本社负责调换，电话：010－88190548）
本社图书质量投诉电话：010－88190744
打击盗版举报热线：010－88191661　QQ：2242791300

自　　序

文化关乎国本、国运。文化自信，是一个国家、一个民族、一个政党对自身文化价值的充分肯定，对自身文化生命力的坚定信念。习近平总书记多次谈到文化自信，指出："文化自信，是更基础、更广泛、更深厚的自信。"① 实现全面建设社会主义现代化国家的第二个百年奋斗目标，实现中华民族伟大复兴的中国梦，必须"坚定中国特色社会主义道路自信、理论自信、制度自信、文化自信"②。所以，坚定和增强文化自信，是"事关国运兴衰、事关文化安全、事关民族精神独立性"③的大问题。研究新时代中国特色社会主义文化自信理论，对于发展马克思主义文化理论，培育和践行社会主义核心价值观，在新的起点上继续推动文化繁荣、建设文化强国、建设中华民族现代文明，培养能够担当民族复兴大任的时代新人都具有非常重要的理论价值和实践意义。

本书分别从新时代中国特色社会主义文化自信理论的核心概念界定、研究现状述评、深厚基础、丰富内涵、重要意义五大方面展开研究。

第一，本书对新时代中国特色社会主义文化自信理论的核心概念进行了界定。本书对文化、文化自觉、文化自信及其相关概念进行详细考察和明确界定，厘清了文化与文明、传统文化与文化传统、文化基因与文化传统的区别，界定了中华传统文化与中华优秀传统文化的关系，考察了文化

---

① 《习近平谈治国理政》第2卷，外文出版社2017年版，第36页。
②③ 《习近平谈治国理政》第2卷，外文出版社2017年版，第349页。

自信与文化自觉、文化自强的关系，为开展后续理论研究奠定了坚实的基础。

第二，本书对新时代中国特色社会主义文化自信理论的研究现状进行了述评。本书分别从关于文化自信内涵、地位和作用的研究，关于文化自信与文化自觉、文化自强关系的研究，关于习近平总书记文化自信观的研究等方面系统梳理了国内学术界对新时代中国特色社会主义文化自信理论的研究成果，分别从关于文化软实力的研究、关于"文明冲突论"的研究、关于传统文化"创造的转化"等方面系统梳理了国外学术界的研究成果。

在此基础上，本书指出了国内外相关研究存在的不足之处：一是在范畴研究和概念辨析方面，未深入研究习近平文化自信思想与习近平文化自信观、传统文化与文化传统等概念之间的区别和联系；二是研究视域比较狭窄，未能从马克思主义哲学、文化哲学、文化学等角度来综合研究新时代中国特色社会主义文化自信理论的理论意蕴和实践价值；三是主要侧重研究新时代中国特色社会主义文化自信理论在增强国家、民族、政党文化自信方面的意义，很少关注这一思想的形成基础、科学内涵和内在逻辑。

第三，本书研究和论述了新时代中国特色社会主义文化自信理论的深厚基础。本书深入研究了新时代中国特色社会主义文化自信理论的实践基础、理论基础和文化基础。党的十八大以来，以习近平同志为核心的党中央围绕"新时代如何推进文化自信自强、铸就社会主义文化新辉煌"这一核心问题和"在新的历史起点上继续推动文化繁荣、建设文化强国、建设中华民族现代文明"这一新的文化使命，带领全国各族人民踔厉奋发、团结奋斗，使党和国家的文化建设事业取得历史性成就、发生历史性变革，为新时代中国特色社会主义文化自信理论奠定了坚实的实践基础。

马克思主义经典作家的文化自觉与自信思想，毛泽东、邓小平、江泽民、胡锦涛的文化自觉与自信思想，为新时代中国特色社会主义文化自信理论奠定了理论基础。马克思和恩格斯非常重视文化的价值，既强调文化对经济、政治的反作用,又主张对文化传统、文化遗产的继承。他们不仅开创了马克思主义文化理论,而且为文化自觉和自信思想提供了科学的方法论。列宁继承了和发展了马克思主义文化理论,提出"无产阶级文化"概念,重视对人类文化遗产的批判继承和创造转化,提出了"两种文化"理论,论述了文化的民族性和阶级性。列宁文化理论中的文化自觉与自信思想,为新时代中国特色社会主义文化自信理论奠定了理论基础。

毛泽东开创了马克思主义中国化的文化理论,提出了"新民主主义的文化"理论,提出了"社会主义文艺为工农兵服务、为社会主义服务"的方向和"百花齐放,百家争鸣"的方针,批评了不注重研究自己历史文化的作风,强调马克思主义与中国具体实际、与中国历史文化传统相结合的必要性,提出了"马克思主义中国化"命题。邓小平提出了社会主义精神文明这一重要概念,揭示了文艺与文化自信的关系,强调坚持社会主义文艺"二为"方向的重要性,强调坚定马克思主义理论自信和吸收借鉴人类文明成果的重要性。江泽民提出了"三个代表"重要思想和建设有中国特色社会主义文化理论。胡锦涛提出了坚持中国特色社会主义文化发展道路、建设社会文化强国的重大战略。上述重要思想为新时代中国特色社会主义文化自信理论奠定了理论基础。

中华优秀传统文化是中华民族的文化基因,是我们党创新理论的"根脉",为新时代中国特色社会主义文化自信理论提供了文化基础和历史底蕴。"两个相结合"特别是"第二个结合",是新时代中国特色社会主义文化自信理论的方法逻辑,为坚定文化自信提供了强大的内生动力。

第四,本书深入研究和阐述了新时代中国特色社会主义文化自信理论的丰富内涵。本书分别从"文化自信的主题和主体、文化自信的内容和体系、文化自信的地位和作用、文化自信的实践路径四个方面"[①] 深入研究了新时代中国特色社会主义文化自信理论的丰富内涵。

新时代中国特色社会主义文化自信理论"明确了文化自信的主题,强

---

① 许亮:《习近平文化自信思想的科学内涵和当代价值》,《理论视野》2018年第12期。

调文化自信的主题是中国特色社会主义"①。中国特色社会主义文化、中国特色社会主义道路、中国特色社会主义理论体系和中国特色社会主义制度统一于中国特色社会主义伟大事业。中国特色社会主义是文化自信的主题,文化自信是对中国特色社会主义的信念和认同,是中国特色社会主义的精神内核。

新时代中国特色社会主义文化自信理论"厘清了文化自信的主体,指出文化自信主体是中国共产党、中华人民共和国、中华民族和中国人民"②。中国人民是一个集合概念,也是一种"社会主体",主要包括工人、农民、知识分子、学生等不同的群体。中国人民的文化自信主要包括青年的文化自信,文艺工作者的文化自信,等等。

新时代中国特色社会主义文化自信理论界定了文化自信的客体、对象和内容,认为文化自信是对包括中华优秀传统文化、革命文化、社会主义先进文化在内的中国特色社会主义文化这一有机整体的自信。"中国特色社会主义文化是激励全党全国各族人民奋勇前进的强大精神力量,主要包括中华优秀传统文化、革命文化和社会主义先进文化三部分。"③ 所以,坚定文化自信,首先就是要坚定对中国特色社会主义文化之源——中华优秀传统文化的高度自信,继承和弘扬中华优秀传统文化所蕴含的核心理念、传统美德和人文精神,推动中华优秀传统文化的创造性转化和创新性发展。坚定文化自信,还要坚定对中国特色社会主义文化之本——革命文化的高度自信,继承和弘扬革命文化所包含的革命精神、优良传统和红色基因,推动革命传统和红色基因的传承发展。坚定文化自信,亦要坚定对中国特色社会主义文化之魂——社会主义先进文化的高度自信,继承和弘扬社会主义先进文化所包含的马克思主义指导思想、中国特色社会主义共同理想、社会主义核心价值体系和社会主义荣辱观,建设"面向现代化、面向世界、面向未来的,民族的科学的大众的社会主义文化"④,推动主流文化、精英

---

①②③ 许亮:《习近平文化自信思想的科学内涵和当代价值》,《理论视野》2018年第12期。
④ 《江泽民文选》第3卷,人民出版社2006年版,第559页。

文化和大众文化的和谐有序发展，推动社会主义文化繁荣兴盛，建设社会主义文化强国，建设中华民族现代文明，提高国家文化软实力。

新时代中国特色社会主义文化自信理论强调了文化自信的地位和作用。文化自信对于道路自信、理论自信、制度自信而言"是更基本、更深沉、更持久的力量，……是更基础、更广泛、更深厚的自信"①，在"四个自信"中处于基础地位。这一基础地位主要体现在三个方面：其一，文化自信是道路自信的历史渊源和文化积淀。道路自信"是以道路中蕴含的文化自信为基础的"②。中国特色社会主义道路具有深厚的历史渊源和文化积淀，它是在党领导人民进行百年奋斗的基础上得来的，是在新中国成立70多年的持续探索、改革开放40多年的伟大实践中得来的，是对中华民族5000多年文明史、近代中国170多年斗争史的基础上得来的。中国特色社会主义文化自信所蕴含的文化基因、价值内核、民族精神为中国特色社会主义道路自信提供了深层价值根基。其二，文化自信是理论自信的文化基础和力量源泉。理论自信"是以对科学理论真理力量的文化信念为底蕴的"③。文化自信命题的提出，表明以习近平同志为核心的党中央"用更为宽阔的眼界看待理论与文化的关系，认识理论自信的根源。"④ 中国特色社会主义理论体系是马克思主义中国化的理论成果，是"马克思主义基本原理同中国具体实际相结合、同中华优秀传统文化相结合"⑤ 的产物。中国特色社会主义理论自信之所以可能，是因为马克思主义及其中国化的理论成果"不但解决了中国面对的历史性课题，而且实现了同中国文化的有机融合。"⑥ 其三，文化自信是制度自信的内在灵魂和核心要素。制度自信"是以对建立制度的文化理念的自信为前提的。"⑦中国共产党成立后，团结带领全国各族人民，赢得了中国革命胜利，"建立和完善了中国特色社会

---

① 《习近平谈治国理政》第2卷，外文出版社2017年版，第349页。
②③⑦ 颜晓峰：《坚持中国特色社会主义文化》，重庆出版社2019年版，第4—5页。
④ 颜晓峰：《坚持中国特色社会主义文化》，重庆出版社2019年版，第5页。
⑤ 《习近平谈治国理政》第4卷，外文出版社2022年版，第10页。
⑥ 邹广文等：《当代中国文化自信研究论纲》，中国青年出版社2020年版，第54页。

主义制度,形成和发展了党的领导和经济、政治、文化、社会、生态文明、军事、外事等各方面制度。"① 中国特色社会主义制度是以马克思主义为指导、植根中国大地、具有深厚中华文化根基、深得人民拥护的制度。中国特色社会主义制度自信,本质上"是对中国特色社会主义制度蕴含的文化价值的自信,是对中国特色社会主义制度背后赖以生长的文化的自信"②。

文化自信的重要作用主要包括三点:其一,文化自信事关国运兴衰和民族复兴。文化是民族生存和发展的重要动力。文化自信事关国运兴衰,事关社会主义文化强国目标的实现,事关中华民族伟大复兴的中国梦的实现。只有坚定文化自信,增强做中国人的志气、骨气、底气,才能为民族复兴、国家昌盛提供强大的精神力量。其二,文化自信事关文化安全。文化安全是国家安全的重要内容和重要保障。文化自信是维护文化安全核心——意识形态安全的精神动力。坚定文化自信,保持对自身文化理想和文化价值、自身文化生命力和创造力的高度信心,是维护意识形态安全和文化安全的重要保证,可以为维护意识形态安全和国家文化安全提供精神动力,可以有效抵制西方的意识形态渗透、价值观输出和文化侵略,维持我国的意识形态安全、价值观安全和文化安全。其三,文化自信事关民族精神独立性。民族精神独立性是我们国家和民族政治、思想、文化、制度等方面独立性的基础。如果民族精神丧失了独立性,那么国家发展、民族复兴就失去了前进的动力。坚定对伟大民族精神自信、维护民族精神独立性,是坚定文化自信的题中应有之义。文化自信是对中华民族所创造的中华文化的自信,既包括对中华文化传统形态的精华即中华优秀传统文化的自信,也包括对中华文化的当代形态即革命文化和社会主义先进文化的自信,还包括对中华民族精神的自信。因此,只有树立高度的文化自信和民族精神自信,只有坚持和维护中华民族精神独立性,才能为当代中国发展和人类文明进步提供了强大精神动力,才能为实现中华民族伟大复兴中国梦注入

---

① 《习近平谈治国理政》第3卷,外文出版社2020年版,第119页。
② 邹广文等:《当代中国文化自信研究论纲》,中国青年出版社2020年版,第74页。

勇往直前、无坚不摧的强大力量。

新时代中国特色社会主义文化自信理论指出了文化自信的实践路径。主要包括四个方面：一是坚持马克思主义指导思想，牢牢把握中国特色社会主义文化自信的方向；二是"坚守中华文化立场，推动中华优秀传统文化的创造性转化、创新性发展"①；三是传承红色基因，赓续共产党人精神血脉；四是坚持价值观自信，发挥社会主义核心价值观的铸魂育人作用。

第五，本书研究和阐述了新时代中国特色社会主义文化自信理论的重要意义。本书认为新时代中国特色社会主义文化自信理论的理论意义主要包括三大方面：一是新时代中国特色社会主义文化自信理论继承了马克思主义经典作家关于文化自觉与自信的科学论述，促进了马克思主义文化理论的中国化时代化；二是新时代中国特色社会主义文化自信理论继承和发展了党的历代领导人关于文化自觉与自信的科学论述，实现了马克思主义基本原理同中华优秀传统文化的结合，为文化自信理论奠定了科学的理论基础和深厚的文化根基；三是新时代中国特色社会主义文化自信理论丰富和发展了中国特色社会主义自信的科学内涵。

新时代中国特色社会主义文化自信理论还具有深远的实践意义主要包括三点：一是新时代中国特色社会主义文化自信理论为"培育践行社会主义核心价值观、弘扬发展当代中国精神提供了文化动力"②；二是新时代中国特色社会主义文化自信理论为发展中国特色社会主义文化、提高国家文化软实力、建设社会主义文化强国提供了思想指导；三是新时代中国特色社会主义文化自信理论为培育具有高度文化自信、担当民族复兴大任的时代新人提供了指导思想。

---

① ② 许亮：《习近平文化自信思想的科学内涵和当代价值》，《理论视野》2018年第12期。

目 录

第一章 新时代中国特色社会主义文化自信理论的核心概念界定 ………… 1

  第一节 文化及其相关核心概念界定 ……………………………………… 1

  第二节 文化自信及其相关核心概念界定 ………………………………… 25

第二章 新时代中国特色社会主义文化自信理论的研究现状述评 ………… 31

  第一节 新时代中国特色社会主义文化自信理论的国内研究现状 …… 31

  第二节 新时代中国特色社会主义文化自信理论的国外研究现状 …… 35

第三章 新时代中国特色社会主义文化自信理论的深厚基础 ……………… 38

  第一节 新时代中国特色社会主义文化自信理论的实践基础 ………… 39

  第二节 新时代中国特色社会主义文化自信理论的理论基础 ………… 66

  第三节 新时代中国特色社会主义文化自信理论的文化基础 ………… 86

第四章 新时代中国特色社会主义文化自信理论的丰富内涵 ……………… 91

  第一节 文化自信的主题和主体 …………………………………………… 91

  第二节 文化自信的内容和体系 …………………………………………… 96

  第三节 文化自信的地位和作用 …………………………………………… 117

  第四节 文化自信的实践路径 ……………………………………………… 130

第五章　新时代中国特色社会主义文化自信理论的重要意义 …………… 139

　　第一节　新时代中国特色社会主义文化自信理论的理论意义 ………… 139

　　第二节　新时代中国特色社会主义文化自信理论的实践意义 ………… 147

参考文献 ……………………………………………………………………… 158

附录1　习近平文化自信思想的科学内涵和时代价值 ……………………… 169

附录2　"第二个结合"视域下中华文明的生命更新和现代转型 ………… 178

后　　记 ……………………………………………………………………… 196

第一章

新时代中国特色社会主义文化自信理论的核心概念界定

第一节 文化及其相关核心概念界定

文化关乎国本、国运。文化自信，是一个国家、一个民族、一个政党对自身文化价值的充分肯定，对自身文化生命力的坚定信念。习近平总书记在庆祝中国共产党成立95周年大会上的讲话等系列讲话中多次谈到文化自信，指出："文化自信，是更基础、更广泛、更深厚的自信。"[①] 实现全面建设社会主义现代化国家的第二个百年奋斗目标，实现中华民族伟大复兴的中国梦，必须"坚持中国特色社会主义道路自信、理论自信、制度自信、文化自信"[②]。所以，坚定和增强文化自信，是事关国运兴衰、文化安全和民族精神独立性的大问题。

研究新时代中国特色社会主义文化自信理论，对于发展马克思主义文化理论，培育和践行社会主义核心价值观，在新的起点上继续推动文化繁荣、建设文化强国、建设中华民族现代文明，培养能够担当民族复兴大任的时代新人都具有非常重要的理论价值和实践意义。

---

①② 《习近平谈治国理政》第2卷，外文出版社2017年版，第36页。

一、文化、文明及其相关概念界定

欲"辨章学术",须"考镜源流"。中共中央办公厅、国务院办公厅于2017年5月印发的《国家"十三五"时期文化发展改革规划纲要》在"传承弘扬中华优秀传统文化"部分提出:"系统梳理中华文化的历史渊源、发展脉络、时代影响,阐明中华文化的独特创造、价值理念。厘清中华优秀传统文化的内涵,赋予新的时代内涵和现代表达形式。"① 所以,我们在开展相关理论研究之初,首先需要对文化、文明及其相关概念进行详细考察和明确界定。

(一) 文化

"文化"是一个古老而又常新的概念,中外学术界关于"文化"的定义多达上千种。所以,"文化是一个最难定义的对象,而又是一个不可不定义的对象。只要讨论文化和文化问题,就必须首先回答:什么是文化?"② "文化"之"文",本义是指各色交错的纹理,如《说文解字》曰:"文,错画也,象交文。"③ "文化"之"化",本义"是指变易、生成、造化,即事物形态或性质的变化"④,如《庄子·逍遥游》曰:"化而为鸟,其名曰鹏。""文""化"连用较早见于《周易·贲卦·象传》:"刚柔交错,天文也。文明以止,人文也。观乎天文,以察时变,观乎人文,以化成天下。"⑤ 这里的"文化"是指"文治教化"⑥、人文化成,是指对社会生活中人与人之间纵横交织的人伦关系进行规范和约束的道德规范与典章制度。

---

① 中办国办印发《国家"十三五"时期文化发展改革规划纲要》,《人民日报》2017年5月8日。
② 胡惠林、胡霁荣:《国家文化安全治理》,上海人民出版社2019年版,第74页。
③ (汉)许慎著,班吉庆、王剑、王华宝点校:《说文解字校订本》,凤凰出版社2004年版,第173页。
④ 许亮:《习近平文化自信思想的科学内涵和当代价值》,《理论视野》2018年第12期。
⑤ 高亨著,董治安编:《高亨著作集林》第2卷,清华大学出版社2004年版,第244页。
⑥ 何九盈、王宁、董琨主编,商务印书馆编辑部编:《辞源》(3版),商务印书馆2015年版,第1782页。

正如刘向在《说苑·指武》中所言："圣人之治天下也，先文德而后武力。凡武之兴，为不服也。文化不改，然后加诛。夫下愚不移，纯德之所不能化，而后武力加焉。"①

"文化"的英文是"Culture"，《朗文高阶英汉词典》对"Culture"的解释是："（1）生活在特定的团体、组织和社会中的人共享和接受的思想、信仰和习俗等；（2）音乐，文学、艺术等文化活动；（3）栽培，种植。"②英文"Culture"是从拉丁文"Cultura"演变而来，"其基本含义有三：一是耕种、种田，培育；二是教育修养；三是思想精神表现。"③"耕种、培育；修饰、打扮；景仰、崇拜"——这些"Culture"的原义，"隐喻人类的某种才干和能力"，并且逐渐转变为"改造、完善人的内在世界，使人具有理想公民素质的过程"，引申为"培养一个人的兴趣、精神和智能"或"训练和修养心智的结果"④，从而使"文化"具有了精神生活的内涵。因此，"英文中的'Culture'比中文中的'文化'内涵更为丰富，具有双重含义：一是指人对自然的耕作及其结果，即外在自然的人化；二是指教育和教养，即内在自然的人化。"⑤文化的实质是自然的人化，是"人类主体通过社会实践活动，适应、利用、改造自然界客体而逐步实现自身价值观念的过程。"⑥

德国基森大学教授安斯加·纽宁和海德堡大学教授维拉·纽宁在《文化学研究导论》一书中重点考察了"文化"的概念史向理论史过渡的历程，指出："古典罗马时期，cultura 和 cultus（拉丁语名词，意为维护、耕作，对应动词为 colere：居住、建造、制造、维护）不仅仅用来描述与自然有关的人类活动及其农业劳动结果（cultura agri），也指对超自然事物的宗教式'维护'（cultus deorum）——这一点与希腊语的 paideia（教育、课

---

① （汉）刘向撰，向宗鲁校证：《说苑校证》，中华书局1987年版，第365页。
② 英国培生教育出版集团编，王莹等译：《朗文高阶英汉双解词典：新版》，外语教学与研究出版社2013年版，第549页。
③⑤ 许亮：《习近平文化自信思想的科学内涵和当代价值》，《理论视野》2018年第12期。
④ 林坚：《文化治理与文化创新》，中国人民大学出版社2019年版，第1—2页。
⑥ 教育部高教司组编，张岱年、方克立主编：《中国文化概论》，北京师范大学出版社2004年版，第3页。

程、培养、学术、教养）相符——以及从教育、学术和艺术上对人类生活本身的个人前提与社会前提实施的'维护'。……中世纪词义发生简缩，cultus 专指宗教意义，cultura 专指农业意义；而伴随着重倡古典文化的文艺复兴，cultura 和 cultur 在近代发展为学者语言中一个抽象而独立的概念。其扩展了的意义领域现在涉及人类社会属性的所有可供改善因而随历史变动的条件——经济、政治、法律、宗教方面的条件。该领域仅仅以'自然'作为其对立概念来界定，自然则是有待加工和驯化的。……在普芬多夫的自然法理论中，cultur 作为单数的集体名词获得了更大范围的意义，描述了人类为了超越自然而做的努力。在重商主义和早期启蒙运动的政治学语境中，德语名词 Cultur 所指的也是人类在道德、社会和技术上获得改善的需求，……在集体式'道德改进'这样更广泛的意义上，'Cultur'成为欧洲启蒙运动进步构想的一个核心概念，同时也体现了该运动日益加强的时间化和市民化趋势。赫尔德的《人类历史哲学之理念》（1784～1791年）……认为文化是各部族与民族在历史中形成的独特的生活方式。……在约翰·格奥尔格·瓦尔希的《哲学辞典：解释哲学各部分中的材料与新造词汇》第四版（1775年）中有关 Cultur 的最早德语词条，它记录了晚期启蒙运动中扩展了的文化概念：文化（Cultur）显示了通过富有助益的加工与努力达成的某样事物的改善。人们说的这事物既指无生命物体，也包括有生命的物体，当它们被放置到它们并非得自自然的一种完满状态中时，它们即得到了文化培育。由这样一个含义广泛同时也具有规范性的文化概念出发，在'文化'的概念史和理论史发展中既衍生出描述性的、非规范的文化概念，也衍生出规范性的、狭义的文化概念，这两者之间的对立直至20世纪还依然存在。自18世纪晚期开始，在德语区，早期人类学对'文化'的普遍化和历史化便遭到了语义学上的内部区分的冲击，后者着重拨高了'文化'并通过其对立概念'文明'（Zivilisation）来限定它。"[①]

概括地讲，"文化主要分为狭义文化和广义文化两种类型。狭义文化

[①] ［德］安斯加·纽宁、维拉·纽宁主编，闵志荣译：《文化学研究导论：理论基础·方法思路·研究视角》，南京大学出版社2018年版，第25－27页。

是指人类的精神创造活动及其结果——精神文化"①，它是"包括全部的知识、信仰、艺术、道德、法律、风俗以及作为社会成员的人所掌握和接受的任何其他的才能和习惯的复合体"②。广义文化是人化自然的过程及其所创造的所有成果，是"人类改造客观世界过程中创造的物质成果和精神成果的总和"③，它分为物质文化和精神文化两部分，包括三个层次（即思想观念、文物、制度风俗）④或四个层次——物态文化层、制度文化层、行为文化层、心态文化层。

　　文化与人的社会实践活动息息相关。法国启蒙思想家伏尔泰提出："文化是一个不断向前发展的、使人得到完善的社会生活的物质要素和精神要素的统一。"⑤德国启蒙思想家赫尔德认为："文化是一种社会生活模式，代表一个民族的精华，有明显的边界。"⑥德国古典哲学家康德认为，文化是人的一种"自由地抉择其目的"⑦的能力，也就是人对自然的有目的性的改造能力。另一位德国古典哲学家黑格尔则认为，"文化是人类劳动的结果，是人的内在本质力量的对象化。"⑧马克思恩格斯一方面继承批判了康德、黑格尔等德国古典哲学，创立了唯物史观；另一方面"接受了当时'文化'概念的基本方面，即文化是与自然相对立的人的创造性行为及其成果，文化高于自然。"⑨例如，马克思从文化与自然比较的角度来阐述工人比农民先进的原因，指出："如果说城市工人比农村劳动者发展，这只是由于他的劳动方式使他生活在社会之中，而农村劳动者的劳动方式则使他直接靠自然生活。"⑩恩格斯在《反杜林论》中也强调："文化上的每

---

　　① 许亮：《习近平文化自信思想的科学内涵和当代价值》，《理论视野》2018年第12期。
　　② ［英］泰勒著，连树声译：《原始文化：神话、哲学、宗教、语言、艺术和习惯发展之研究》，广西师范大学出版社2005年版，第1页。
　　③ 全国干部培训教材编审指导委员会组织编写：《推动社会主义文化繁荣兴盛》，人民出版社、党建读物出版社2019年版，第1页。
　　④ 张岱年、程宜山：《中国文化精神》，北京大学出版社2015年版，第4页。
　　⑤⑥ 林坚：《文化治理与文化创新》，中国人民大学出版社2019年版，第4页。
　　⑦ ［德］康德著，韦卓民译：《判断力批判》（下卷），商务印书馆1996年版，第95页。
　　⑧ ［德］黑格尔著，王造时译：《历史哲学》，上海书店出版社2001年版，第285页。
　　⑨ 黄力之：《论马克思主义文化哲学的当代建构》，《山东社会科学》2002年第2期。
　　⑩ 《马克思恩格斯全集》第34卷，人民出版社2008年版，第259页。

一个进步，都是迈向自由的一步。"① 在此基础上，马克思恩格斯揭示了文化的本质，即人的本质力量的对象化。同时，马克思恩格斯还批判了"文化史观"的唯心主义性质，指出："旧的、还没有被排除掉的唯心主义历史观……根本不知道任何物质利益；生产和一切经济关系，在它那里只是被当作'文化史'的从属因素顺便提到过。"② 英国功能学派代表人物马林诺斯基认为，文化是"一个集成性整体（integral whole），包括工具和消费品、各种社会群体的制度宪纲、人们的观念和技艺、信仰和习俗。"③ 法国文化哲学家阿尔贝特·施韦泽认为，文化"是个人和人类在所有领域和任何角度中的所有进步的总和"④。美国哈佛大学教授塞缪尔·亨廷顿认为，文化"常常用来指一个社会的知识、音乐、艺术和文学成品，即社会的'高文化'"⑤，"是一个社会的价值观、态度、信念、取向以及人们普遍持有的见解。"⑥ 2001年，联合国教科文组织第31届全体会议通过的《世界文化多样性宣言》指出："应把文化视为某个社会或某个社会群体特有的精神与物质、智力与情感的不同特点之总和。"⑦ 因此，"文化"主要包含两大门类，即物质文化（包括工具、机器、社会结构等）和精神文化（包括信仰、思想、宗教、艺术、音乐等）。⑧ 在现代西方的文化价值观念里存在一种偏向，就是"把人和自然对立了起来，强调文化是人为和为人的性质，人成了主体，自然成了这主体支配的客体，……把文化看成是人利用自然来达到自身目的的成就"⑨。这种文化价值观把"推进文化发展的动力放在其对人生活的功利上"，认为文化是"满足人的需要的工具"⑩，是

---

① 《马克思恩格斯文集》第9卷，人民出版社2009年版，第120页。
② 《马克思恩格斯文集》第9卷，人民出版社2009年版，第29页。
③ [英] B. 马林诺斯基著，黄剑波等译：《科学的文化理论》，中央民族大学出版社1999年版，第52页。
④ [法] 阿尔贝特·施韦泽著，陈泽环译：《文化哲学》，上海人民出版社2017年版，第117页。
⑤⑥ [美] 亨廷顿、哈里森主编，程克雄译：《文化的重要作用：价值观如何影响人类进步》，新华出版社2018年版，第4页。
⑦ 林坚：《文化治理与文化创新》，中国人民大学出版社2019年版，第8页。
⑧ 教育部高教司组编，张岱年、方克立主编：《中国文化概论》，北京师范大学出版社2004年版，第3页。
⑨ 费孝通著，麻国庆编：《美好生活与美美与共》，生活书店出版有限公司2019年版，第325页。
⑩ 费孝通著，麻国庆编：《美好生活与美美与共》，生活书店出版有限公司2019年版，第336页。

"人用来达到人生活目的的器具，……它的存在决定于是否是有利于人的"①，这是一种工具主义文化论。

与西方学者不同，中国学者主要从人的生活方式的角度来定义"文化"。例如，梁漱溟认为："文化不过是一个民族生活的种种方面。总括起来，不外三个方面：精神生活方面、社会生活方面、物质生活方面，……文化可从此三方面来下观察。"②胡适提出："文化（Culture）是一种文明所形成的生活方式，是民族生活的样法。"③费孝通认为，"作为一种深潜在中国人日常生活中的文化，早已积淀成人们司空见惯了的生活方式了。"④郭湛认为，"文化最突出的特征或最具有根本性的内容是生活方式、行为方式和意识方式，概括说来就是人的活动方式。"⑤上述定义主要是从广义上来界定文化，认为"文化"包括人的一切生活方式和人所创造的一切事物，以及创造事物过程中形成的心理。所以，文化是"人类社会生活中一种综合性的实体"⑥，是一个综合系统，主要包括三个层面：物质层面（包括生产工具、生产产品等，属于物的部分）、理论制度层面（属于心物结合的部分）、文化心理层面（包括道德情操、价值观念、审美情趣等，属于心的部分）。文化具有民族特征、地区特征及时代特征。

中外学术界关于"文化"的各种定义体现了文化定义的差异性，这种差异性"源自文化本身的复杂性和多样性。"文化的差异性成为"区别和识别不同人群、不同民族和不同种族的标志"。同时，文化也有一些共同的基本特征，如习得、象征和共享——"习得建构了人与文化的代际传递，象征建构了人们的精神纽带，而共享则建构了同一种文化屋檐下生存和生活方式的整体性。"⑦

毛泽东坚持马克思主义的立场、观点、方法，并运用辩证唯物主义和

---

① 费孝通著，麻国庆编：《美好生活与美美与共》，生活书店出版有限公司2019年版，第325页。
② 梁漱溟：《东西文化及其哲学》，中华书局2018年版，第11页。
③ 胡适：《胡适文集》第4册，北京大学出版社2013年版，第3页。
④ 费孝通著，麻国庆编：《美好生活与美美与共》，生活书店出版有限公司2019年版，第335页。
⑤ 郭湛：《文化：人为的程序和为人的取向》，《中国人民大学学报》2005年第4期。
⑥ 任继愈：《任继愈谈文化》，人民日报出版社2010年版，第299页。
⑦ 胡惠林、胡霁荣：《国家文化安全治理》，上海人民出版社2019年版，第74页。

历史唯物主义的方法研究文化问题，科学揭示了文化与经济、政治之间的辩证关系。他说："一定的文化（当作观念形态的文化）是一定社会的政治和经济的反映，又给予伟大影响和作用于一定社会的政治和经济。"①毛泽东还提出了新民主主义的文化的科学内涵，即"无产阶级领导的人民大众的反帝反封建的文化"②。新民主主义文化是民族的，"主张中华民族的尊严和独立"；是科学的，"主张实事求是，主张客观真理，主张理论和实践一致"；是大众的、民主的，"应为全民族中百分之九十以上的工农劳苦民众服务，并逐渐成为他们的文化。"③ 习近平总书记指出："人，本质上就是文化的人。"④ 人类是由文化来定义的，文化在人类发展历史上具有重要的地位，对于个人、民族、国家、人类来讲都具有非常重要的意义。文化是"人之所以为人而脱离动物界的标志，……文化为我们提供了认识世界的世界观和道德、审美的意识方式与框架，文化为我们提供了生存的意义、生活的规则，文化在人类文明历史发展中起了无可替代的作用。"⑤

与作为人类社会骨骼的政治和作为人类社会血肉的经济相比，"文化是灵魂"⑥。文化在当代所起的重要作用主要体现在以下三个方面：首先，文化是"社会变革的先导"⑦，以潜移默化的作用、润物无声的方式凝魂聚气，为社会变革提供强大的精神支撑；其次，文化是"综合国力的重要内容"⑧，成为民族凝聚力和创造力的源泉；最后，文化是"政党的精神旗帜"⑨，决定着一个国家的文化发展方向，更关系到党和国家事业的兴衰成败。

---

① 《毛泽东选集》第2卷，人民出版社1991年版，第663–664页。
② 《毛泽东选集》第2卷，人民出版社1991年版，第698页。
③ 《毛泽东选集》第2卷，人民出版社1991年版，第708页。
④ 习近平：《之江新语》，浙江人民出版社2007年版，第150页。
⑤ 陈来：《文化传承创新对于中华文化发展的重要意义》，微信公众号"人文日新陈来"，2021年8月11日。
⑥ 习近平：《之江新语》，浙江人民出版社2007年版，第149页。
⑦ 全国干部培训教材编审指导委员会组织编写：《推动社会主义文化繁荣兴盛》，人民出版社、党建读物出版社2019年版，第2页。
⑧⑨ 全国干部培训教材编审指导委员会组织编写：《推动社会主义文化繁荣兴盛》，人民出版社、党建读物出版社2019年版，第3页。

（二）文明

人是文明的创造者。文明是"人类的标志，也是人类生存发展下去的营养"①；文明是人们自我认同的文化标志，是人类生存发展的丰厚滋养。

《辞源》认为"文明"主要包括三种含义："其一，文采光明，文德辉耀；其二，明察；其三，有文化的状态，与'野蛮'相对。"② 汤一介认为，文明"是人对自然、社会、人本身的认识以及三者之间的关系，是人类生存发展的智慧，是带有普世指导意义的精神财富。"③ 文明是一个"整体"，主要分为物质文明和精神文明两部分。胡适在《我们对于西洋近代文明的态度》中说："凡是一种文明的造成，必有两个因子：一是物质的，包括种种自然界的势力与质料；二是精神的，包括一个民族的聪明才智，感情和理想。"④ 林语堂在《机器与精神》中说："无论何种文明，都有物质与精神两方面。"⑤

关于"文明"与"文化"的区别，《朗文高阶英汉双解词典》认为，"文明（Civilization）是指高度发达的文明社会，拥有特定的文化和生活方式。文化（Culture）是某个特定的社会所产生的艺术、音乐、文学等以及该社会的生活方式。"⑥ 美国哈佛大学教授塞缪尔·亨廷顿考察了"文明"概念在西方文化中的起源，及其与"文化"的联系和区别，指出："文明的观点是由18世纪法国思想家相对于'野蛮状态'提出的。……19世纪德国的思想家描述了文明和文化之间的明显区别，前者包括技巧、技术和物质的因素，后者包括价值、理想和一个社会更高级的思想艺术性、道德性。……文化实际上是所有文明定义的共同主题。"⑦ 德国基森大学教授安

---

①③ 汤一介：《汤一介集》（第九卷），中国人民大学出版社2014年版，第141—143页。

② 何九盈、王宁、董琨主编；商务印书馆编辑部编：《辞源》（3版），商务印书馆2015年版，第1784页。

④ 欧阳哲生编：《胡适文集》（第4册），北京大学出版社2013年版，第3页。

⑤ 林语堂：《林语堂文选》，新陆书局1959年版，第10页。

⑥ 英国培生教育出版集团编，王莹等译：《朗文高阶英汉双解词典：新版》，外语教学与研究出版社2013年版，第386页。

⑦ [美] 塞缪尔·亨廷顿著，周琪、刘绯、张立平、王圆译：《文明的冲突与世界秩序的重建》，新华出版社1998年版，第23—25页。

斯加·纽宁和海德堡大学教授维拉·纽宁在《文化学研究导论》一书中重点考察了"文明"与"文化"在德语世界中的区别与联系:"自从16世纪人文主义起,Civilitas(拉丁语,源自civis'公民')指的是作为贵族行为标准的'礼节'。在18世纪,'文明'和(物质)'文化'还常常被用作同义词。从康德开始,'文化'得到了规范性的意义紧缩和道德上的价值提升,与'教养'(Bildung)相连,而与法语中的新造词'文明'(civilisation)形成对立。'文明'在德语中遭到贬低,指的是'外表上的''人为的'精致化,而'内在的''有机的教养'和'道德理念'则始终与'文化'联系在一起。……'文化'与'教养'在德意志理念主义中代表了与'文明'针锋相对的日益反贵族且反法国的立场。文化与文明这两个概念在裴斯泰洛齐(Johann Heinrich Pestalozzi)和洪堡(Wilhelm von Humboldt)等人的笔下,自19世纪下半叶开始固定化为尖锐的对立。埃利亚斯(Nobert Elias)在其《论文明进程:社会发生学与心理发生学研究》第一卷中就曾重述过英法的过程化、超民族的文明概念与德意志的暗含民族性、静态而与功业相关的文化概念之间的对立。通过与'道德'和'教养'相连的文化概念来将所谓'外表'的文明贬低为技术与经济理性的表达,这在德国直至20世纪的哲学话语中都留下了烙印。……然而,一种含义广泛、价值中立的文化概念在19世纪便已成为民族志、社会学和延伸至人类所有生活领域的文化史书写的独立对象领域,它在同等程度上包含了高雅文化和民间文化。与此对应的是种族学和人类学中在严格限定下可追溯至赫尔德的非规范性、强调时空的'文化'概念,在德国也多次被引用的种族学家泰勒(Edward B. Tylor)1871年就在《原始文化:对方法论、哲学、宗教、艺术和习俗发展的研究》中勾勒了这一概念而没有将其与'文明'相界别。……如此总揽式的文化构想长期影响了19世纪晚期和20世纪自阿道夫·巴斯蒂安(Adolf Bastian)至弗朗茨·博厄斯(Franz Boas)和米德(Margret Mead)的文化人类学和种族学,不仅仅抹去了'文化'和'文明'之间的区分,也将'社会'纳入'文化'之下,或者至少对两者等量齐观。按照安德烈亚斯·莱科维茨(Andreas Reckwitz)的观点,这样的文化构想可以刻画为三个方面的理想型:首先包含'有规则且可观察的生活方式本身'（习惯、习俗）；其次是'这些行为的理念和规范前提'（知识、信仰、道德）；最后是'在这一关联中生产出的人工产品和人造物'（艺术、法律）。"①

法国文化哲学家阿尔贝特·施韦泽认为，"就其传统的使用而言，文明和'文化'一样，都指人向更高程度的组织和更高层次的教养的发展。当然，在一些语言中，主要使用'文明'这一词汇；而在另一些语言中，则主要使用'文化'这一词汇。例如，德国人通常谈文化，法国人通常谈文明。但是，这两个词汇之间意义差别的提出，既不能够在语言上，也不能够从历史中得到论证。"② 胡适在《我们对于西洋近代文明的态度》中指出："文明是一个民族应付他的环境的总成绩。文化是一种文明所形成的生活的方式。"③ 在钱穆看来，"文明偏在外，属于物质方面。文化偏在内，属于精神方面。……文化可以产生文明，文明却不一定能产生文化。"④ 韦政通不同意胡适、钱穆的说法，认为"他们两位的文化文明观在经验上都是没有意义的。"他从词源学角度考察了"文化""文明"两个概念在中西方文化中的异同："中国古代典籍中，虽早就有'文化'和'文明'两个名词，但现在大家广泛使用这两个名词，却是由英文 Culture 和 Civilization 翻译过来的。在中国语文中，从来没有发生过'文化'与'文明'异同的问题。在西洋的语文中，却存着这样的问题。……德文 Kultur（文化）和英文（Culture），在字源上，都是由拉丁文 Cultura（文化）转化而来。拉丁文 Cultura 的原义，本兼有神明拜祭，土地耕作，动植物培养，以及精神修养等涵义，……包括人类心灵的活动，和技术的操作。但自拉丁文 Cultura 转化为德文 Kultur 以后，德文 Kultur 一词和 Civilization 在意义上就变成对立，因而'文化'与'文明'之间，也就有了区别。文化是偏重心灵或精神活动的；文明是偏重社会、政治方面的。而 Civilization 一词，由拉

---

① ［德］安斯加·纽宁、维拉·纽宁主编，闵志荣译：《文化学研究导论：理论基础·方法思路·研究视角》，南京大学出版社2018年版，第28-30页。
② ［法］阿尔贝特·施韦泽著，陈泽环译：《文化哲学》，上海人民出版社2017年版，第63页。
③ 欧阳哲生编：《胡适文集》（第4册），北京大学出版社2013年版，第3页。
④ 钱穆：《中国文化史导论》，九州出版社2011年版，第1页。

丁文 Civis 转化而来，Civis 原义指市民之事，本与法律政治相关。德文'文化'一词，所以取其精神一面的涵义，是因德国文化活动偏重这一面。与德国文化相异的英美文化，则较偏重社会政治这一面，所以常只用 Civilization，不常用与德文同源的 Culture，偶尔用到 Culture 一词，也是把它与 Civilization 视为同义。"① 所以，他总结说："（1）在德国的文化中，文化与文明是有些区别的；在英美的文化中，文化与文明一般是没有区别的。（2）站在形而上学的立场，文化与文明是有区别的；站在经验主义的立场，文化与文明是没有区别的。（3）人文科学家常喜用文化一词，社会科学家常喜用文明一词。（4）在现代社会科学的习惯应用上，文化与文明是没有分别的。"②

张岱年、程宜山指出，"在世界文化研究史上，曾经发生过一场关于 Culture 和 Civilization 的词义之争。前者通译为'文化'，后者通译为'文明'。法、英、美等国的社会学家在指称文化时，常常使用 Civilization 这个词，德国的历史哲学家则常常使用 Culture 这个词。这……体现了西方文化研究中起支配作用的两种对立传统：实证的社会学传统和思辨的历史哲学传统。或者说，英、美传统和德国传统。……文化是活着的文明，文明是死了的文化。"③ 因此，文化是一个"流变的过程"或动态系统，包括两个互相依存、互相制约的方面——人类的活动方式和活动成果；文明则主要侧重人类的活动成果，即已成形态的文化。

何怀宏认为，"文明"与"文化"主要有五大区别：第一，"'文明'与'野蛮'相对。'文明'首先意味着一个普遍的历史过程，其范畴一般不会包括单纯采集狩猎的人类历史阶段；但'文化'却可以指原始社会的文化。……'文明'还可以指一种彬彬有礼的，体现了文明进展成果，合乎礼仪规范，尤其是非残忍与野蛮的行为和活动"④。第二，"'文明'更强调共性、普遍性、普世性，而'文化'则更强调特殊性、差异性、民族

---

①② 韦政通：《中国文化概论》，吉林出版集团有限责任公司2008年版，第8—9页。
③ 张岱年、程宜山：《中国文化精神》，北京大学出版社2015年版，第1页。
④ 何怀宏：《文明的两端》，广西师范大学出版社2022年版，第2页。

性。……当我们就一个地域或社会、民族、宗教说'文明'的时候，我们是就其共性而言的；而当我们说到'文化'，就常常已经意味着多元了。文化总是一个复数，过去的文明在相互分离的情况下也是一个复数，但在地理大发现之后，则越来越多地趋同，以致我们可以用'人类文明'或'地球文明'这样的概念来统括它"①。第三，"'文明'一定包含'物质文明'，但'文化'却并不一定如此。与'文明'相区别使用的时候，'文化'甚至更多的只是表示一种'精神文化''精神文明'"②。第四，"在移植方面，文明的成果要比文化的成果容易得多。……'文明'的传递是'明'，明白了之后很快就可以照着做；而'文化'的传递则是'化'，大概非得有一个濡染、生长的过程不可"③。第五，"'文明'有一个确定的历史，有一个大致的共识，即一般都认为，人类文明是从一万余年前开始的，但人类文化却没有这样一个统一的、明确的历史"④。基于此，"'文明'的概念比'文化'更广大，也更固定，或者反过来说，'文化'的概念比'文明'更细微，也更弥散。在区别地使用这两个词的时候，我们常常用'文化'表达'文明'的精神的部分，不那么器物的部分。而作为精神文化的文明，是不大可能被快速移植和挪用的，只能通过生长和培养，即只能'化'，而无法像物质文明的东西那样马上拿过来'用'或'造'。当然，无论物质文明（器物之学）还是政治文明（制度之学），一旦'明'了以后，也不是马上就可以拿过来'造'的，因为物质产品和政治制度的后面也有内在的精神，所以，技术产品虽然相对好模仿，但其后面的科学精神和社会的创新条件却不是那么好学的，制度就更是如此"⑤。

从马克思主义文化哲学的观点看，文化与文明是两个既有鲜明区别又有密切联系的范畴。这两者的区别主要体现为"文化是属于社会结构的概念。它是由特定的符号（语言和其他象征）传达的、在人类实践中创造的各种思想观念以及社会生活和行为规范的总和，……是人类为了适应和改

---

① 何怀宏：《文明的两端》，广西师范大学出版社2022年版，第2页。
② 何怀宏：《文明的两端》，广西师范大学出版社2022年版，第2-3页。
③④⑤ 何怀宏：《文明的两端》，广西师范大学出版社2022年7月版，第3页。

造自己的生存环境而进行的精神生产的产物,是一定的经济和政治在观念中的存在方式。……文明是表示社会进步的概念,是相对于野蛮而言的。文明是人类活动的积极成果,是衡量社会进步的一种尺度。文明发展的不同程度集中表现了一个国家和民族的发展水平和其在社会形态发展序列中的位置"①。文化和文明之间又有着密切的联系,"文明中肯定表现了一种文化观念和文化活动,因为文明是文化的积极成果;而文化的发展肯定表现了不同时期人类文明的进步。不体现文化内涵的文明,正如全然不代表人类文明进步的文化一样是不存在的。"②

习近平总书记在中央政治局第三十九次集体学习时的讲话指出,"经过几代学者接续努力,中华文明探源工程等重大工程的研究成果,实证了我国百万年的人类史、一万年的文化史、五千多年的文明史。"③ 所以,文化与文明是有区别的,"文明是人类文化和社会发展的高级阶段。这一阶段在生产力发展的基础上,出现了社会分工和社会分化,形成了阶级、王权和国家"④。中华文明探源研究,突破了在国际学术界关于"文明三要素"(即文字、冶金术和城市)的标准,提出了人类进入文明社会的新标准(即城市、阶级、王权和国家),得出了关于中华文明起源、形成和早期发展的过程的结论:"距今万年奠基,八千年起源,六千年加速,五千多年进入(文明社会),四千三百年中原崛起,四千年王朝建立,三千年王权巩固,两千两百年统一的多民族国家形成。"⑤

二、传统文化、文化传统与文化基因

(一) 传统

"传统"是一个具有丰富内涵的概念。有的学者认为,"传是一代一代

---

① 陈先达:《文化自信中的传统与当代》,北京师范大学出版社2017年版,第53-54页。
② 陈先达:《文化自信中的传统与当代》,北京师范大学出版社2017年版,第53页。
③ 习近平:《把中国文明历史研究引向深入 增强历史自觉坚定文化自信》,《求是》2022年第14期。
④⑤ 王巍:《中华文明探源研究主要成果及启示》,《求是》2022年第14期。

传下来，统是一以贯之。"① 有的学者认为，传统是指"世代相传、具有特点的社会因素，如文化、道德、思想、制度等"②，是指"历史上流传下来的、在历史上产生过重要影响、现今仍然存在并发生影响的文化信念、文化观念、心理态度及行为方式"③，是指"文化体系中能够自我更新、自我修正、自我完善的初始性精神和力量"④。这种精神性的存在或"活的善"是人类运用自己的心智力量产生的作品，是体现先人精神世界和人格特征的文字、绘画、文物等文本或资料。

美国学者爱德华·希尔斯在《论传统》一书中指出，"延传三代以上的、被人类赋予价值和意义的事物都可以看作是传统。……具体地说，传统包括一个社会在特定时刻所继承的建筑、纪念碑、景观、雕塑、绘画、书籍、工具，以及保存在人们记忆和语言中的所有象征建构。……传统是一个社会的文化遗产，……构成了一个社会创造与再创造自己的文化密码。"⑤ 我国学者张立文在《传统学引论》一书中强调，传统"是人类创造的不同形态的特质经由历史凝聚而沿传着、流变着的诸文化因素构成的有机系统"，"它包含着各民族的文化、思想、行为模式、思维方式、伦理道德、风俗习惯、宗教信仰、心理素质传统以及语言文字传统等等要素"⑥，主要表现为四个方面：（1）价值观念系统，主要指客观事物及其属性与主体需要的某种肯定和否定的关系结构。（2）精神心态系统，主要指传统的性格、格调、志趣、心态、感情结构、理想境界等。（3）知识系统，主要指参与传统活动的精神要素、思维模式以及传统再创造的工具等。（4）语言符号系统，主要指传统传播、交流和延续所必需的载体。这四个方面缺一不可，共同构成传统的整体形态。传统与文化在历史发展中呈现出双向对应的制约关系："一方面是顺应性制约：传统作为文化的样式、类型的内

---

① 陈先达：《文化自信中的传统与当代》，北京师范大学出版社2017年版，第50页。
② 中国社会科学院语言研究所词典编辑室编：《现代汉语词典》（第7版），商务印书馆2016年版，第201页。
③ 罗安宪：《中华传统经典诵读文本——论语》，人民出版社2017年版，第1页。
④ 晏辉：《辩护与批判：传统文化现代转换的双重逻辑》，《学术界》2020年第5期。
⑤ [美]希尔斯著，傅铿、吕乐译：《论传统》，上海人民出版社2014年版，第2页。
⑥ 张立文：《传统学七讲》，长春出版社2007年版，第6页，第10页。

化与稳定结构,它受文化内容、特性、形式以及对象化了的本质力量的制约;另一方面是逆向性制约:文化在历史的变异中不断地自我扬弃、选择、凝聚,固化而构成传统。传统一旦形成,便对文化产生一种逆向性制约,反过来支配各种文化现象、样式、类型的运动导向和价值取向。"①

(二) 传统文化与文化传统

传统文化(Culture of Tradition),是指"历史上遗留下来的文化财富、文化事项"②,是指"某个特定民族与国家的人们在过往的社会生产、交往和生活实践中创制和积淀起来的精神体系"③,是指"先民们在特定的历史场域下生成、养成和反复运用的精神结构和信息符码,它以文本记录和道德叙事的形式影响着后人"④。从时间角度来看,传统文化"属于过去,是某种既包含'精华'、也包含'糟粕'的有机统一体。"⑤

传统文化对于一个民族的发展至关重要。习近平总书记指出,"抛弃传统、丢掉根本,就等于割断了自己的精神命脉。"⑥ 中华传统文化在当今时代仍然具有重要的价值,我们应该继承和弘扬其中的优秀成分和精华精髓,并结合现实需要和时代要求赋予其新的时代内涵和现代表达形式,实现传统文化的现代转化,为新时代中国特色社会主义文化建设提供丰厚滋养。

文化传统(Tradition of Culture),是指"文化的承传绪统"⑦,是指"长期形成的持续对一个民族起作用的某一文化体系"⑧。具体而言,文化传统"是由相互交织、紧密结合的两个方面构成的,其中的一方面是某种特定的、相对完善的表情达意的感性符号系统,另一方面是与这种符号系

---

① 张立文:《学术生命与生命学术:张立文学术自述》,中国人民大学出版社 2016 年版,第 179 – 180 页。
② 林坚:《文化治理与文化创新》,中国人民大学出版社 2019 年版,第 119 页。
③④ 晏辉:《辩护与批判:传统文化现代转换的双重逻辑》,《学术界》2020 年第 5 期。
⑤ 霍桂桓:《文化哲学论要》,北京出版社 2006 年版,第 126 页。
⑥ 《把培育和弘扬社会主义核心价值观作为凝神聚气强基固本的基础工程》,《人民日报》2014 年 02 月 26 日。
⑦ 罗炽:《关于文化传统学的几个问题》,《湖北大学成人教育学院学报》1999 年第 6 期。
⑧ 林坚:《文化治理与文化创新》,中国人民大学出版社 2019 年版,第 118 页。

统相对应的、融知意情于一体的深层主观心理结构。"① 钱穆认为，文化传统"便是民族一部生命史。……各民族间的生命都有长时期的历史积累，便成为文化传统。"② 庞朴认为，文化传统"一般是指民族的、支配千百万人的这样一种观念和力量"③，它既包括前人创造并遗留下来的器物形态的文化成果，也包括各种规范和观念形态的文化遗产，如社会道德规范、政治制度、法律制度、婚姻制度、语言、宗教、思维方式等。生活在一定文化环境中的人都受到特定文化传统的影响和制约。任何一个民族都有其文化传统，文化传统主要包括"民族性、地域性、历史性、时代性和劣根性"这五大特征④，其主导特征为稳定性、延续性和系统性。因此，文化传统"是一个文化群体在广阔的时空背景下和众多的文化事项中，经过世代选择而成的。一种文化要素只有被证实其适应性与优越性，为大多数社会成员所认同和接纳，……才能称为传统。"⑤

关于传统文化与文化传统的关系，朱维铮、庞朴、汤一介认为，"传统文化是过去的已经完成的、死的东西，是静态的，文化传统则是活的东西，是动态的，是活在现实中的文化；传统文化是死文化，文化传统是活文化。"⑥ 陈先达认为，传统文化和文化传统是两个不同的概念，两者既有联系又有区别，"传统文化是历史上已有的文化积累，而文化传统是传统文化在当代的继续和发展。……没有传统文化也谈不上文化传统，但是如果不继承、不发展传统文化，那传统文化就会枯萎，就会中断，甚至消灭。"⑦ 罗炽认为，传统文化与文化传统之间是一种辩证关系："传统文化是指保持在某种文化群体内世代绵延的诸种文化现象总称。……文化传统是文化的承传绪统，……是联系一个民族由过去走向未来的纽带。……传

---

① 霍桂桓：《文化哲学论要》，北京出版社 2006 年版，第 126 页。
② 钱穆：《中国文化精神》，九州出版社 2017 年版，第 10 页。
③ 庞朴：《文化的民族性与时代性》，中国和平出版社 1988 年版，第 159 页。
④ 马克锋：《文化思潮与近代中国》，光明日报出版社 2003 年版，第 19—20 页。
⑤ 林坚：《文化治理与文化创新》，中国人民大学出版社 2019 年版，第 118—119 页。
⑥ 李宗桂等：《中国优秀传统文化的现代价值》，人民出版社 2019 年版，第 8 页。
⑦ 陈先达：《文化自信中的传统与当代》，北京师范大学出版社 2017 年版，第 50 页。

统文化成为构成文化传统的重要基因。"① 李宗桂认为,"传统文化包蕴着文化传统,文化传统是传统文化在精神领域的集中体现"②。霍桂桓认为,"'文化传统'即是由我们所界定的'文化'组成的'传统';它虽然也具有'传统'所具有的稳定性、延续性等基本特征,但它本身却是活生生的、能够在现实生活之中发挥作用的,……同时也表明它只是'传统文化'之中的'精华'部分,表明它的外延小于'传统文化',表明它是对'传统文化'加以批判、继承和发展的结果。"③ 另外,传统文化是"存在于历史传统之中、属于历史传统并和历史传统一起发挥作用的'文化';这既意味着它主要存在于历史之中,而不是完全实际存在于现实生活之中,同时也意味着它是一个既包含'精华',也包含不合时宜之'糟粕'的整体,因而必须由人们根据新的、已经变化了的现实加以批判、扬弃和发展。"④ 因此,广义的传统文化是指中华民族在历史上创造的物质成果和精神成果的总和;狭义的传统文化是指中华民族在历史上形成的价值观念、道德规范、理想人格、思维方式和创造的思想文化成果、精神财富。

根据马克思主义基本原理,"文化"是一种上层建筑,它由经济基础决定,并对其经济基础具有反作用。作为创造文化的主体,人"必须从已有的思想资料或思想资源中寻找构筑当代文化的一些要素。所以,传统是很重要的,没有传统就没有思想资源。这就决定了任何民族的发展,不可能摆脱传统文化。传统文化不是包袱、不是负担,而是人类文化继续发展的台阶和垫脚石。……一种文化的生命力不是抛弃传统,而是在何种程度上吸收传统、再造传统。"⑤ 习近平总书记在全国宣传思想工作会议上的讲话强调:"独特的文化传统,独特的历史命运,独特的基本国情,注定了我们必然要走适合自己特点的发展道路。"⑥ 因此,中国传统文化和文化传统在当今时代依然具有重要作用,我们要坚持"古为今用,守正创新"的原

---

① 罗炽:《关于文化传统学的几个问题》,《湖北大学成人教育学院学报》1999年第6期。
② 李宗桂等:《中国优秀传统文化的现代价值》,人民出版社2019年版,第9页。
③④ 霍桂桓:《文化哲学论要》,北京出版社2006年版,第142页。
⑤ 陈先达:《文化自信中的传统与当代》,北京师范大学出版社2017年版,第51页。
⑥ 《习近平谈治国理政》,外文出版社2014年版,第156页。

则，善于挖掘其中蕴含的精华，实现传统文化的创造性转化、创新性发展。

(三) 文化基因

与文化传统相关的另一个概念是"文化基因"。"文化基因"是一个"帮助我们理解文化传承与变化的概念"①。陈胜前认为，"文化与生物的双重进化是文化基因理论的基础。双重进化理论（Dural Heritance，DHT），主要倡导者是英国生物学家理查德·道金斯。相对于生物遗产的基本单位'基因'，他提出文化进化的基本单位为'模因'（memes），也就是文化基因。"② 按照这一理论，文化进化与生物进化在传递的单位、变化的来源、遗传的机制和变化的机制四个方面有着显著的区别："生物变化的来源是基因突变、重组与迁移，而文化变化的来源在于创新、综合、迁移与扩散。……文化基因可以迅速扩散，不需要人类本身的迁移，仅仅通过语言、文字或其他信息手段就可以实现。由此，文化基因具有非常多样化的遗传机制，……文化基因的遗传机制既可以是垂直的，也可以是水平的，甚至是倾斜的。文化基因通过交流传递，一个'父母'，可以有不同的后代。……从变化的机制上来看，生物基因的变化固有四个机制，而文化基因的变化机制则复杂得多，不仅包括与生物变化机制对应的机制，还包括诸如传播、文化选择等生物变化所没有的机制。此外，文化基因还需要考虑传递中的文化与社会差异。"③ 由于文化是一个有不同层次的复杂系统，因此文化基因有不同层次的形式表达。"在技术层次上，文化基因最简单的形态可能是'操作链'，比如不同古人类群体在打制石器时，存在的习惯性的程序。……文化基因还可以表现在社会层面上，类似布迪厄所说的'惯习'（habitus），通过吉登斯所言的'结构化'过程，在人们的生产生活中形成，镶嵌在文化之中，又反过来影响人们的行动。同样，在精神领域，我们会看到更加稳定的传统，福柯称之为'知识型'。技术、社会与

---

① 陈胜前：《中国文化基因的起源：考古学的视角》，中国人民大学出版社2021年版，第251页。
②③ 陈胜前：《中国文化基因的起源：考古学的视角》，中国人民大学出版社2021年版，第248页。

精神之间相互影响，形成更加广泛的统一性。……文化基因可以继承、学习与交流，……还可以创造、人为选择。"① 概括而言，文化基因具有五个基本特征："（1）片段性，由此它可以重组；（2）它可以是中性的，它的好坏取决于自然与社会环境条件；（3）它是多层次的，可以在技术、社会、精神层面上表现出来；（4）基因是可以不断创造的，充分体现人的能动性；（5）基因是活的，它是可以不断传递的。"② 虽然"文化基因"所描述的东西通常就是"文化传统"，但是两者还是有所区别："文化基因所依赖的是双重遗传理论，……文化传统没有特定的理论基础。再者，文化传统的表述还是类似于结构，是一种静态的东西，是对文化历史现象的概括，不能像文化基因那样可以灵活地、不断地去学习、交流与创造。最后，文化传统所表现的稳定性不如文化基因。"③

在当今时代，"文化基因"论的提出，有着特殊的时代需要和现实意义。习近平总书记在主持十八届中央政治局第十二次集体学习时的讲话指出："在5000多年文明发展进程中，中华民族创造了博大精深的灿烂文化，要使中华民族最基本的文化基因与当代文化相适应、与现代社会相协调，以人们喜闻乐见、具有广泛参与性的方式推广开来。"④ 中共中央办公厅、国务院办公厅印发的《关于实施中华优秀传统文化传承发展工程的意见》指出：实施中华优秀传统文化传承发展工程，要"坚守中华文化立场、传承中华文化基因，……不断增强中华优秀传统文化的生命力和影响力，创造中华文化新辉煌。"⑤ 因此，文化基因这个概念"能够更好地解释人类文化的基本属性，解释人类文化的传承与变化机制。"⑥ 我们今天传承中华文化基因，目的是"为了更好地探索中国文化传统的形成与发展，帮助我们

---

① 陈胜前：《中国文化基因的起源：考古学的视角》，中国人民大学出版社2021年版，第250页。
② 陈胜前：《中国文化基因的起源：考古学的视角》，中国人民大学出版社2021年版，第250 – 251页。
③⑥ 陈胜前：《中国文化基因的起源：考古学的视角》，中国人民大学出版社2021年版，第252页。
④ 《习近平谈治国理政》，外文出版社2014年版，第161页。
⑤ 中共中央办公厅 国务院办公厅印发《关于实施中华优秀传统文化传承发展工程的意见》，《新华每日电讯》2017年01月25日。

更好地认识中国文化精神"①，是为了传承中华优秀传统文化，展示中华文化独特魅力，提高国家文化软实力。

三、中华文化与中华文明

（一）中华文化

中华之"中"意谓居于四方之中；中华之"华"是指"光辉、文采、精粹，用于族名，蕴含文化发达之意。"② 元人王元亮在《唐律疏议释文》中说："中华者，中国也。亲被王教，自属中国，衣冠威仪，习俗孝悌，居身礼仪，故谓之中华。"中华文化是由中华民族所创造的一种民族文化，它记载了中华民族在长期奋斗中开展的精神活动、进行的理性思维、创造的文化成果，"是中华民族生生不息、发展壮大的丰厚滋养"③。

中华文化有着鲜明的特征、悠久的历史和光荣的传统。杜维明认为，中华文化"是一个性格独具，结构完整的系统，这个系统有它自身独特的体系和价值，正因为如此它才能历经磨难、生生不息。"④ 张立文认为，中华文化"是五十六个民族不同信仰、不同宗教文化融合而成的多元文化，是中华民族五千年延续不断的血脉，是团结中华五十六个民族的精神力量。"⑤ 中华文化具有悠久的历史、共同的文化基因和强大的凝聚力，为中华民族伟大复兴注入了强大的精神动力，为中国人民团结奋斗提供了安身立命的精神家园。

（二）中华文明

与中华文化相对应的一个概念是中华文明。习近平总书记在中央政治

---

① 陈胜前：《中国文化基因的起源：考古学的视角》，中国人民大学出版社2021年版，第252页。
② 教育部高教司组编，张岱年、方克立主编：《中国文化概论》，北京师范大学出版社2004年版，第6页。
③ 《习近平谈治国理政》，外文出版社2014年版，第155页。
④ 杜维明：《文明对话中的儒家：21世纪访谈》，北京大学出版社2016年版，第261页。
⑤ 张立文：《中国传统文化与人类命运共同体》，中国人民大学出版社2018年版，第240页。

局第三十九次集体学习时指出,"中华文明源远流长、博大精深,是中华民族独特的精神标识。"①汤一介认为,中华文明"是以先秦典籍及思想为基础,不断发展和形成的一个体系"②,主要包括"六经"(即《诗》《书》《礼》《乐》《易》《春秋》)、先秦诸子百家的思想以及历代思想家著述学说,其核心是"和谐"即"保合太和""协和万邦"的思想。亨廷顿说:"所有学者都承认存在着一个单一的独特的中国文明,它可以追溯到至少公元前1500年,也许还可以再往前追溯一千年;……我在发表在《外交》季刊的文章中,把这个文明称为儒教文明。然而,使用中华文明一词更为精确。虽然儒教是中国文明的重要组成部分,但中国文明却不仅是儒教,而且它也超越了作为一个政治实体的中国。"③因此,中华文明作为一种原生文明,与古埃及文明、古巴比伦文明、古印度文明等成为人类最古老的文明之一。中华文明历史悠久,具有五千多年的历史,是世界上唯一未曾中断、延续至今的文明;中华文明博大精深,是人类文明中的一颗璀璨夺目的明珠;中华文明具有多元一体格局和开放包容特质,"在同其他文明的交流互鉴中不断焕发新的生命力"④,在21世纪的今天成为"人类文明新形态"。

四、中华传统文化与中华优秀传统文化

(一)中华传统文化

中华传统文化,又称中国传统文化,是中华文明演化而汇集成的一种反映民族特质和精神风貌的民族文化,是指中华民族及其祖先所创造的、为中华民族世世代代所继承发展的、具有鲜明民族特色和悠久历史的文化,是中华民族五千多年历史进程中存在过的物质、制度和精神方面的文化总

---

①④ 习近平:《把中国文明历史研究引向深入 增强历史自觉坚定文化自信》,《求是》2022年第14期。

② 汤一介:《汤一介集》(第九卷),中国人民大学出版社2014年版,第142页。

③ [美]塞缪尔·亨廷顿著,周琪、刘绯、张立平、王圆译:《文明的冲突与世界秩序的重建》,新华出版社1998年版,第29页。

和，包含语言文字、哲学思想、文学艺术、科技发明、风土人情、传统习俗、思维方法和生活方式等。

中华传统文化"体现了中华民族的精神和风貌"，是一个包含许多相反相成的子系统的复杂体系①。它分为广义的传统文化和狭义的传统文化。广义的中华传统文化是指"中华民族从上古到清代几千年的历史实践中的物质创造、制度创造、精神创造的总和。"② 狭义的中华传统文化"专指精神文化的创造活动及其结果"，主要包括"中华民族的独特的语言文字、文化典籍、文学艺术、哲学宗教、道德伦理等。"③ 中华传统文化的基本特征主要包括天人合一、知行合一、情景合一、刚健有为、厚德载物、崇德重道、贵和尚中，等等。

中华传统文化是一个整体系统，其中既包括积极因素和精华部分，又包括消极因素和糟粕内容。概括来说，中华传统文化的精华主要体现为以下六个方面："1. 人本观：突出人本、人伦，具有民本思想；2. 自然观：尊重和顺应自然，强调'天人合一'；3. 实践观：强调实事求是、自强不息；4. 价值观：注重和谐，憧憬大同，以真善美的统一为价值标准；5. 道德观：注重精神，强调伦理道德的价值和作用；6. 发展观：具有朴素的辩证法思想，兼容并包，不断变革。"④ 中华传统文化的消极因素则主要表现为五大方面："第一，中庸取向的价值观和保守思想；第二，传统的思维方式和文化观念带有粗糙性和封闭性；第三，重人伦轻自然、重人文轻科技的学术倾向；第四，重群体轻个体；第五，重视礼教、等级，'身份意识'。"⑤

（二）中华优秀传统文化

中华优秀传统文化是指在我国五千多年的历史发展过程中形成并流传

---

① 张岱年、程宜山：《中国文化精神》，北京大学出版社2015年版，第162页。
②③ 陈来：《文化传承创新对于中华文化发展的重要意义》，微信公众号"人文日新陈来"，2021年8月11日。
④ 林坚：《文化治理与文化创新》，中国人民大学出版社2019年版，第120–123页。
⑤ 林坚：《文化治理与文化创新》，中国人民大学出版社2019年版，第124–125页。

下来的、对当代中国社会和国民仍具有积极作用和影响的优秀古代文化。中华优秀传统文化是"中华民族的突出优势"①，是"中华民族的心和魂、根和体，是中华民族团结奋进、繁荣昌盛的智慧源泉，是巩固民族和合一体大家庭、维护国家统一局面的精神支柱，是民族凝聚力、向心力、亲和力和民族认同感、归属感、安顿感的生命活水"②，为中华民族的生存和发展提供了强大的精神动力。

中华优秀传统文化反映了中华民族的心灵世界、文化品格、生活态度和审美情趣，诸如天人合一、以和为贵的哲学思想，助人为乐、扶危济困的正义品格，修身治国、立命为民的人生理想，求同存异、海纳百川的包容精神，家国和谐、世界大同的经世方略，刚健有为、自强不息的奋斗精神，天下兴亡、匹夫有责的家国情怀，等等。这些核心的价值、智慧和思想对于国家的发展和民族的进步依然具有重要的现实意义，它们塑造了中华民族的精神；培育了中华民族的伦理道德、价值观念、审美情趣、宗教信仰等；建构了中华民族的政治文明、经济文明、精神文明、制度文明、生态文明；"激发了中华民族自强不息、厚德载物的民族自信心、自尊心、自立心、自律心；……开启了化解当代人类所共同面临的人与自然、社会、人际、心灵、文明五大冲突与生态、人文、道德、信仰、价值五大危机的有益资源，为人类文明进步作出独特的贡献。"③

（三）中国优秀传统文化

与"中华优秀传统文化"相关的一个概念是"中国优秀传统文化"。李申申等认为，中国优秀传统文化"是指那些经过了实践检验、时间检验和社会择优继承检验而保留下来并能传之久远的文化。"④ 李宗桂等认为，中国优秀传统文化是"中华民族长期发展过程中形成的、有着积极的历史

---

① 《习近平谈治国理政》，外文出版社2014年版，第155页。
② 张立文：《中国传统文化与人类命运共同体》，中国人民大学出版社2018年版，第208页。
③ 张立文：《中国传统文化与人类命运共同体》，中国人民大学出版社2018年版，第208-209页。
④ 李申申等：《传承的使命：中华优秀传统文化传统教育问题研究》，人民出版社2011年版，第92页。

作用、至今具有重要价值的思想文化"①。中国优秀传统文化曾经在中华民族发展历程中起过积极作用，迄今仍然具有重要价值，能够为马克思主义中国化时代化提供文化资源，能够拓展中国特色社会主义道路的文化根基，"赋予中国式现代化以深厚底蕴"②，能够为"推动文化繁荣、建设文化强国、建设中华民族现代文明"③ 提供丰厚滋养。因此，当代中国要发展壮大，要实现全面建设社会主义现代化国家的第二个百年奋斗目标，就需要从传统中国的文化土壤中吸收营养，需要从中华优秀传统文化中接续命脉，需要从中华民族精神和中华传统美德中汲取力量。

第二节 文化自信及其相关核心概念界定

一、文化自觉

自觉，是指"自觉感觉到"或"自己有所认识而觉悟"④。文化自觉是文化主体对自身文化的认知和觉解，是"人在文化维度上的自我觉知"⑤，是"人们对文化的自我觉醒和觉悟、对文化在社会生活中的地位和作用的深刻认识、对文化发展方向和规律的主动把握、对文化发展责任的果敢担当。"⑥ "文化自觉"概念最早是由晏阳初在民国时期提出的，他在《十年来的中国乡村建设》中说："乡村建设运动……的发生完全由于民族自觉及文化自觉的心理所推迫而出。"⑦ 但是，晏阳初并没有解释"文化自觉"的具体内涵。新中国成立后，费孝通最先对"文化自觉"理论进行了系统

---

① 李宗桂等：《中国优秀传统文化的现代价值》，人民出版社 2019 年版，第 7 页。
②③ 《习近平在文化传承发展座谈会上强调担负起新的文化使命 努力建设中华民族现代文明》，《人民日报》2023 年 06 月 03 日。
④ 中国社会科学院语言研究所词典编辑室编：《现代汉语词典》（第 7 版），商务印书馆 2016 年版，第 1737 页。
⑤ 邹广文、田书为：《新时代中国的文化自信及其建构路径》，《社会主义核心价值观研究》2017 年第 5 期。
⑥ 林坚：《文化治理与文化创新》，中国人民大学出版社 2019 年版，第 16 页。
⑦ 晏阳初著，宋恩荣编：《平民教育与乡村建设运动》，商务印书馆 2014 年版，第 214 页。

阐述，指出"文化自觉是生活在一定文化中的人对其文化有'自知之明'，明白它的来历、形成的过程、所具有的特色和它发展的趋向。"① 他之所以提出"文化自觉"理论，是"为了迎接这个新的世纪，展望文化研究的重要意义"，是"为了加强对文化转型的自主能力"，是想让中国知识分子"主动承担起认识自己的文化及其定位、认识不同的文化及展开跨文化对话的任务"②。他还认为，文化自觉是中华民族"在追求现代化的100多年的历史中开始产生的"③，旨在解决现代化与传统文化之间的矛盾，体现出文化主体"对文化的自知之明"。

文化自觉"包含理智、知性、宽容、反思等意蕴，表现为自主、自知、自觉与自信。"一方面，它"尊重和理解传统文化，主动自觉地维护一种文化的历史和传统，……并面向现代对传统文化进行创造性的转换"④；另一方面，它"是对外来文化的'兼容并包'态度，是对世界的历史、对不同文化通过比较综合的宏观思考而进行的自省"⑤。文化自觉对中华文明的延续具有重要的作用。中华文明作为世界上唯一绵延至今的原生文明，在漫长的历史中曾经遭遇到外来文明的挑战和严重的文化危机，但是，却没有消亡。其中一个很重要的原因就是中华民族的一些志士仁人"有很强的文化自觉，每当中华民族到了危急存亡之秋都会站起来，指引所有的民众为捍卫中华的本位文化而斗争，他们一次又一次力挽狂澜，保留住了中华文明的传统。"⑥ 文化自觉的方法和途径很多，主要包括"学习、反思、传承、选择、研究、创新、推介、交流等"，其目的是"实现民族文化由传统到现代的转型，增强民族文化的适应力、生存力、发展力、创新力，提升民族文化在世界文化中的地位和作用"⑦，实现费孝通所提倡的"各美其美，美人之美，美美与共，天下大同"⑧，构建一个跨越文化界限的"文化

---

① 费孝通：《反思·对话·文化自觉》，《北京大学学报（哲社版）》1997年第3期。
② 费孝通著，麻国庆编：《美好生活与美美与共》，生活书店出版有限公司2019年版，第333页。
③ 费孝通著，麻国庆编：《美好生活与美美与共》，生活书店出版有限公司2019年版，第335页。
④ 林坚：《文化治理与文化创新》，中国人民大学出版社2019年版，第16－17页。
⑤⑦ 林坚：《文化治理与文化创新》，中国人民大学出版社2019年版，第17页。
⑥ 彭林：《礼乐文明与中国文化精神》，中国人民大学出版社2016年版，第314页。
⑧ 费孝通著，麻国庆编：《美好生活与美美与共》，生活书店出版有限公司2019年版，第294页。

共同体"和多元一体的国际社会。

中华民族自古以来就具有文化自觉意识，中华文化的连续性与中华民族的文化自觉意识密切相关。与古巴比伦、古埃及、古印度等文明古国相比，"中华文明具有突出的连续性"①。这种连续性，"首先要归功于儒家的文化自觉和历史意识。"②

二、文化自信

自信，是指"相信自己，对自己有信心"③，是指"相信自己有能力做好某件事情或成功应付某些情况。"④ 它"是一种发自内心的自我肯定，是一种促成目标达成、理想实现、梦想成真的精神力量。"⑤ 与"自信"相关的概念主要有"自卑""自负"等。"自卑"是指"轻视自己，认为自己不如别人"⑥。"自负"是指"自以为了不起"⑦。"自卑"是自我信心不足的一种心理状态，"自负"则是过于自信、盲目自信的心理状态，只有"自信"才是符合中道的心理状态。

文化自信是相对于文化自卑、文化他信而言的。文化自卑是由于自己文化落后而感到自卑的一种心理状态。文化他信是在文化比较中不相信、不认同自己的文化，反而认同和相信其他民族和国家的文化，并愿意接受

---

① 《习近平在文化传承发展座谈会上强调担负起新的文化使命 努力建设中华民族现代文明》，《人民日报》2023年06月03日。

② 陈来：《文化传承创新对于中华文化发展的重要意义》，微信公众号"人文日新陈来"，2021年8月11日。

③ 中国社会科学院语言研究所词典编辑室编：《现代汉语词典》（第7版），商务印书馆2016年版，第1739页。

④ 英国培生教育出版集团编，王莹等译：《朗文高阶英汉双解词典：新版》，外语教学与研究出版社2013年版，第466页。

⑤ 全国干部培训教材编审指导委员会组织编写：《推动社会主义文化繁荣兴盛》，人民出版社、党建读物出版社2019年版，第6页。

⑥ 中国社会科学院语言研究所词典编辑室编：《现代汉语词典》（第7版），商务印书馆2016年版，第1736页。

⑦ 中国社会科学院语言研究所词典编辑室编：《现代汉语词典》（第7版），商务印书馆2016年版，第1737页。

其他文化的洗礼和熏陶。与之相对，文化自信是在文化比较中产生的积极健康的心理状态，"是文化主体在文化自觉的基础上对自身文化感到自信和自豪的心理状态，是一个国家、一个民族、一个政党对自身文化价值的充分肯定和对自身文化生命力的坚定信念。"① 近代以来，部分中国人在"开眼看世界"、与西方文化交流比较中逐渐对中华文化丧失信心，而产生了文化自卑和文化他信等心理状态，提出了"打倒孔家店""全盘西化"等口号。在马克思主义的指导下，中国共产党带领中国人民经过革命、建设和改革等伟大实践，创造了新民主主义革命、社会主义革命和建设、改革开放和社会主义现代化建设，以及新时代中国特色社会主义的伟大成就，"创造了中国式现代化新道路，创造了人类文明新形态"②，极大地提高了中国人民的文化自信。党的十八大以来，习近平总书记"反复强调坚定文化自信，作出一系列重要论述，充分体现了我们党高度的文化自觉。"③

文化自信的主体是"中国共产党、中华人民共和国、中华民族和中国人民"④。习近平总书记在建党95周年大会讲话强调："当今世界，要说哪个政党、哪个国家、哪个民族能够自信的话，那中国共产党、中华人民共和国、中华民族是最有理由自信的。"⑤ 这表明，"文化自信的主体是中国共产党、中华人民共和国、中华民族。"⑥习近平总书记在哲学社会科学工作座谈会上讲话指出："要坚定中国特色社会主义道路自信、理论自信、制度自信，说到底是要坚定文化自信。……中国人民应该有这个信心，每一个中国人都应该有这个信心。"⑦ 这表明，"文化自信的主体还包括中国人民。"⑧

文化自信的客体是中国特色社会主义文化。"中国特色社会主义文化是激励全党全国各族人民奋勇前进的强大精神力量。"⑨习近平总书记在党的十九大报告中强调："中国特色社会主义文化，源自于中华民族五千多年文明历史所孕育的中华优秀传统文化，熔铸于党领导人民在革命、建设、

---

①④⑥⑧⑨　许亮：《习近平文化自信思想的科学内涵和当代价值》，《理论视野》2018年第12期。

②　《习近平谈治国理政》第4卷，人民出版社2022年版，第10页。

③　全国干部培训教材审编指导委员会组织编写：《推动社会主义文化繁荣兴盛》，人民出版社、党建读物出版社2019年版，第1页。

⑤　习近平：《在庆祝中国共产党成立95周年大会上的讲话》，人民出版社2016年版，第12页。

⑦　习近平：《在哲学社会科学工作座谈会上的讲话》，人民出版社2016年版，第17页。

改革中创造的革命文化和社会主义先进文化。"① 文化自信"是对作为整体的中国特色社会主义文化的自信"②，是"一个包括对中国传统文化、红色文化和社会主义先进文化在内的自信"③。

文化自信"在'四个自信'中处于基础地位"④，习近平总书记在中国文联第十次全国代表大会开幕式上的讲话中指出："文化自信是更基础、更广泛、更深厚的自信，是更基本、更深沉、更持久的力量。"⑤ 文化自信的作用"体现为'四个事关'，即文化自信事关国运兴衰，事关文化安全，事关民族精神独立，事关社会主义文化强国建设和中华民族伟大复兴。"⑥ 所以，"没有高度的文化自信，没有文化的繁荣兴盛，就没有中华民族伟大复兴。"⑦

三、文化自强

自强是指"自我努力向上"而"永远不懈怠"⑧，它是中华民族精神的重要体现。文化自强是指"立足自己的实际，依靠自己的力量，走自己的文化发展道路，……使我们的文化具有强大的吸引力影响力、强大的活力创造力、强大的实力竞争力，把我国建设成一个中国特色社会主义的文化强国。"⑨

文化自觉、文化自信与文化自强之间有着密切的联系："文化自觉是其逻辑起点，文化自信是其逻辑动力，文化自强是其逻辑旨归。"⑩ 一个民

---

①⑦ 习近平：《决胜全面建成小康社会 夺取新时代中国特色社会主义伟大胜利——在中国共产党第十九次全国代表大会上的报告》，人民出版社 2017 年版，第 41 页。
②④⑥ 许亮：《习近平文化自信思想的科学内涵和当代价值》，《理论视野》2018 年第 12 期。
③ 陈先达：《文化自信中的传统与当代》，北京师范大学出版社 2017 年版，第 118 页。
⑤ 《习近平谈治国理政》第 2 卷，外文出版社 2017 年版，第 349 页。
⑧ 中国社会科学院语言研究所词典编辑室编：《现代汉语词典》（第 7 版），商务印书馆 2016 年版，第 1738 页。
⑨ 云杉：《文化自觉 文化自信 文化自强——对繁荣发展中国特色社会主义文化的思考》（下），《红旗》2010 年第 15 期。
⑩ 邹慧：《文化自觉、文化自信、文化自强：习近平文化思维的逻辑理路》，《思想理论教育导刊》2017 年第 3 期。

族、一个国家如果没有文化自觉、文化自信，就不可能实现文化自强。"文化自觉、文化自信，最终目的还是要实现文化自强，建设社会主义文化强国。"①

　　树立文化自觉、坚定文化自信、实现文化自强在新时代具有非常重要的意义。习近平总书记在文艺工作座谈会上的讲话强调："增强文化自觉和文化自信，是坚定道路自信、理论自信、制度自信的题中应有之义。"②因此，树立文化自觉、坚定文化自信、实现文化自强，是"吹响推动中华民族复兴的精神号角，关乎中华民族的精神家园和新时代中国的文化主权"③，关乎国家文化安全和意识形态安全。新时代我们要高举中国特色社会主义伟大旗帜，以文化自觉来确立中华文化的主体性，以文化自信来支撑道路自信、理论自信和制度自信，以文化自强来为实现中国梦注入强大的精神动力。

---

①③　许亮：《习近平文化自信思想的科学内涵和当代价值》，《理论视野》2018年第12期。
②　习近平：《论党的宣传思想工作》，中央文献出版社2020年版，第114页。

第二章

新时代中国特色社会主义文化自信理论的研究现状述评

新时代中国特色社会主义文化自信理论是习近平新时代中国特色社会主义思想的重要组成部分,是习近平总书记运用马克思主义的基本理论、观点、方法思考中国特色社会主义文化问题的理论结晶,蕴含着真理的光芒。随着习近平新时代中国特色社会主义思想的形成,国内外学术界、理论界对这一指导思想展开了系统的学习和研究,对其中包含的文化自信思想亦展开了丰富的研究。目前,国内外学术界对新时代中国特色社会主义文化自信理论的研究主要集中在以下几个方面。

第一节 新时代中国特色社会主义文化自信理论的国内研究现状

国内对新时代中国特色社会主义文化自信理论的研究现状,主要集中在以下几个方面。

1. 关于文化自觉内涵、作用的研究

文化自觉是文化自信的前提。"文化自觉"概念最早是由晏阳初在民国时期提出的,他在《十年来的中国乡村建设》中说:"乡村建设运动……的发生完全由于民族自觉及文化自觉的心理所推迫而出。"新中国成立后,

费孝通最先对"文化自觉"理论进行了系统阐述,他在1997年北京大学举办的社会文化人类学高级研讨班上指出,"文化自觉只是指生活在一定文化中的人对其文化有'自知之明',明白它的来历、形成过程、所具有的特色和它发展的趋向。"① 他提出"文化自觉"理论,是"为了加强对文化转型的自主能力""主动承担起认识自己的文化及其定位、认识不同的文化及展开跨文化对话的任务"②。邹广文、金迪(2015)认为,"文化自觉是人在文化维度上的自我觉知。"③ 林坚(2019)认为,文化自觉是"人们对文化的自我觉醒和觉悟、对文化在社会生活中的地位和作用的深刻认识、对文化发展方向和规律的主动把握、对文化发展责任的果敢担当。"④ 楼宇烈(2016)认为,"文化自觉就是要把我们的文化根植到传统中去。"⑤

2. 关于文化自信的内涵、地位、作用及实现途径的研究

文化自信是文化自觉的深化。陈先达(2017)认为,文化自信"既是一种文化的自觉与自豪,又是吹响推动中华民族复兴的精神号角。"⑥ 李鹏程(2016)认为,"文化自信是对自身文化生命力的坚定信念,是一种基于理性认识上的精神成熟度的表现。"⑦ 张克兵(2017)认为,"文化自信,是文化主体对自身文化的高度认同和自觉践行,是基于心理优越性和行为坚定性的文化表现。"⑧ 秦宣(2017)认为,"文化自信说到底是人们对其文化价值的充分肯定、文化发展的饱满信心和文化价值取向的坚定信仰。"⑨ 刘水静(2016)认为,"文化自信是指一国民众对其国家主流文化的充分肯定、积极认同和倾心归依。"⑩ 沈壮海(2014)分析了构成文化自

---

① 费孝通:《反思·对话·文化自觉》,《北京大学学报(哲社版)》1997年第3期。
② 费孝通著,麻国庆编:《美好生活与美美与共》,生活书店出版有限公司2019年版,第320页。
③ 邹广文、金迪:《论文化自觉与人的自觉》,《理论视野》2015年第1期。
④ 林坚:《文化治理与文化创新》,中国人民大学出版社2019年版,第16页。
⑤ 楼宇烈:《中国文化的根本精神》,中华书局2016年版,第6页。
⑥ 陈先达:《文化自信中的传统与当代》,北京师范大学出版社2017年版,第113页。
⑦ 李鹏程:《在文化自信中自觉自强》,《中国艺术报》2016年07月26日。
⑧ 张克兵:《习近平关于当代中国文化自信力量源泉的三维审视》,《湖湘论坛》2017年第1期。
⑨ 秦宣:《文化自信实质是中国特色社会主义自信》,《求是》2017年第8期。
⑩ 刘水静:《当代中国文化自信建设的战略意义》,《教学与研究》2016年第11期。

信的五个维度，指出"文化自信的核心是价值观自信。"① 牛先锋、云付平（2016）从筑牢文化自信基础、融合文化组成部分、把握文化演进规律三个方面研究了坚定文化自信的实现途径。②

3. 关于文化自信与文化自觉、文化自强关系的研究

文化自信与文化自觉、文化自强之间既有区别，又有联系。云杉（2010）认为，文化自觉、文化自信，"最终目的还是要实现文化自强，即建设社会主义文化强国。"③ 邹慧（2017）认为，"文化自觉是其逻辑起点，文化自信是其逻辑动力，文化自强是其逻辑旨归"。④ 耿超、徐目坤（2019）认为，"文化自觉主要是指认识文化的视角，文化自信主要是指对待文化的态度，文化自强主要是指发展文化的思路，三者联系密切，有机统一。"⑤

4. 关于文化自信与中华优秀传统文化关系的研究

文化自信与中华优秀传统文化之间具有密切的联系。王伟光（2016）认为，"中华优秀传统文化是我们文化自信的重要来源。"⑥ 王蒙（2017）认为，"我们所说的文化自信就包括了对传统文化中积极的、优秀方面的自信。"⑦ 陈曙光（2017）认为，"中华优秀传统文化是文化自信的重要来源"，"坚定文化自信，要认真汲取传统文化的思想精华。"⑧ 林志友（2016）认为，"中华优秀传统文化是文化自信的历史根源。"⑨

5. 关于习近平文化自信思想、文化自信观的研究

徐伟新（2015）认为，习近平总书记把"文化自信"立为"三个自信"的根本，是"我们党对中华民族历史命运的高度自觉。"⑩ 胡建兰（2017）

---

① 沈壮海：《文化自信之核是价值观自信》，《求是》2014年第18期。
② 牛先锋、云付平：《文化自信，我们是想要表达什么?》，《科学社会主义》2016年第5期。
③ 云杉：《文化自觉 文化自信 文化自强——对繁荣发展中国特色社会主义文化的思考（下）》，《红旗》2010年第17期。
④ 邹慧：《文化自觉、文化自信、文化自强：习近平文化思维的逻辑理路》，《思想理论教育导刊》2017年第3期。
⑤ 耿超、徐目坤：《文化自信：中国自信的根本所在》，广西师范大学出版社2019年版，第19页。
⑥ 王伟光：《坚定文化自信 传承和弘扬中华优秀传统文化》，《求是》2016年第24期。
⑦ 王蒙：《王蒙谈文化自信》，人民出版社2017年版，第58页。
⑧ 陈曙光：《中华优秀传统文化是涵养文化自信的沃土》，《求是》2017年第8期。
⑨ 林志友：《坚定中国文化自信的根源》，《科学社会主义》2016年第5期。
⑩ 徐伟新：《坚定文化自信》，《理论视野》2015年第10期。

认为，习近平文化自信思想"赋予中国特色社会主义文化自信鲜明的实践性、人民性、辩证性。"① 王文俊、钟洁（2017）论述了习近平新时代文化自信思想的生成逻辑、核心要义和坐标导向。② 王尚君、刘娟（2018）认为，新时代中国特色社会主义文化自信是"凝聚中国建设经验、弘扬中华民族精神、汇聚中国人民智慧、具有中国特色的充满活力的新文化形态。"③ 赵付科、孙道壮（2016）认为，习近平文化自信观包括历史、价值和实践三重生成逻辑，包括"自信之根、自信之魄、自信之力、自信之源和自信之本五大方面内容。"④ 吴小英、王士昌（2017）认为，习近平文化自信观"是建立在充分的文化自觉基础上的以文化自信为心理表征的本民族文化观，是一种整体文化观。"⑤

6. 关于大学生文化自信培育的研究

刘静、李桂山（2013）认为，"大学生树立民族文化自信对于传承和创新民族文化、增强民族凝聚力具有重要意义。"⑥ 黄佳丽、杨文烨（2019）认为，当前我国大学生文化自信欠缺的主要成因是"西方文化的强势渗透、当代文化自信教育乏力、网络新媒体负面信息的冲击、大学生自身教育动力不足。"⑦ 张志娟、秦东方（2013）研究了大学生文化自信意识缺失的原因，提出了"开展理想信念教育、通识教育、传统文化教育、自我教育等培育大学生文化自觉与文化自信的实现路径"。⑧ 张晶、田秋实（2019）从"重视思想政治课堂教育、实现思政教育广覆盖全贯彻、丰富'第二课堂'内容以及搭建网络教育平台等方面提出了大学生文化自信提

---

① 胡建兰：《习近平"文化自信"思想的哲学思维》，《文化软实力研究》2017 年第 6 期。
② 王文俊、钟洁：《习近平新时代文化自信思想：生成逻辑、核心要义、坐标导向》，《广西社会科学》2017 年第 11 期。
③ 王尚君、刘娟：《新时代中国特色社会主义文化自信探析》，《毛泽东思想研究》2018 年第 3 期。
④ 赵付科、孙道壮：《习近平文化自信观论析》，《社会主义研究》2016 年第 5 期。
⑤ 吴小英、王士昌：《文化自信观的认知及其培育》，《观察与思考》2017 年第 10 期。
⑥ 刘静、李桂山：《多元文化视野下的大学生文化自信研究》，《教育理论与实践》2013 年第 6 期。
⑦ 黄佳丽、杨文烨：《新时代大学生文化自信的现状及其培育理路》，《现代交际》2019 年第 22 期。
⑧ 张志娟、秦东方：《大学生文化自觉与文化自信培育途径研究》，《思想政治教育研究》2013 年第 6 期。

升办法。"① 钟天娥（2021）认为，"大学生文化自信的培育是思想政治教育的重要内容。新时代，思想政治教育应切实把握好培育大学生文化自信的着力点，增强坚定文化自信的内在定力。"② 胡晓轩（2014）认为，"继承和弘扬传统文化是培育大学生文化自信的基石。"③

国内学术界开展的上述研究取得了丰硕的成果，但是也存在一些不足：一是在范畴研究和概念辨析方面，未深入研究习近平新时代文化自信思想与习近平文化自信观、传统文化与文化传统等概念之间的区别和联系；二是研究视域比较狭窄，未能从马克思主义哲学、文化哲学、文化学、心理学等角度来综合研究新时代中国特色社会主义文化自信理论的理论意蕴和实践价值；三是"主要侧重研究新时代中国特色社会主义文化自信理论在增强国家、民族、政党文化自信方面的意义"④，很少关注这一思想的形成基础、科学内涵和内在逻辑。

第二节 新时代中国特色社会主义文化自信理论的国外研究现状

国外对新时代中国特色社会主义文化自信理论的研究现状，主要集中在以下四个方面。

1. 关于"文化软实力"的研究

美国学者约瑟夫·奈最早提出"软实力"概念，用来指"一个国家'硬实力'之外的文化、制度、价值观的吸引力，以及在国际事务中制定规则和决定议题的能力"。⑤

---

① 张晶、田秋实：《新时代理工科高校大学生文化自信现状及培育——基于安徽省理工类高校的调查》，《安徽理工大学学报》（社会科学版）2019 年第 6 期。
② 钟天娥：《新时代大学生文化自信培育探析》，《高教论坛》2021 年第 7 期。
③ 胡晓轩：《培育当代大学生文化自信的途径探赜》，《学校党建与思想教育》2014 年第 8 期。
④ 许亮：《习近平文化自信思想的科学内涵和当代价值》，《理论视野》2018 年第 12 期。
⑤ [美] 约瑟夫·奈著，马娟娟译：《软实力》，中信出版社 2013 年版，第 10—11 页。

2. 关于"文化中国"的研究

海外新儒家杜维明提出"文化中国"概念,用来表征全世界华人的三个象征世界。杜维明认为,"文化中国"是"如何从文化的角度,而不单纯从政治、经济、社会的角度来看中国或者中华民族。"① 1990年夏天,杜维明在美国夏威夷东西文化中心主办的"做中国人的意义"国际学术会议中正式提出"文化中国"的英文表述;1991年春,杜维明发表了题为"Cultural China"的英文著作;同年2月,杜维明在夏威夷的国际学术会议上第一次用中文举办有关"文化中国"的学术研讨会。在杜维明看来,"文化中国"这个概念"不仅指大陆,还包括中国港澳台地区、新加坡,乃至散布在世界各地的华人群体,……是一个离散集群",这是因为"我们的文脉是一样的,那就是认同儒家文化。"② 他之所以提出"文化中国"概念,是"为了突出价值理念,强调人文反思,使得中国也成为超越特定的族群、地域和语言含意的想象社群。"③ 因此,"文化中国"概念含有文化软实力的含义,其实质是强化"文化认同"。

3. 关于"文明冲突论"的研究

美国哈佛大学教授塞缪尔·亨廷顿在1993年《外交事务》(Foreign Affairs)夏季号上发表了《文明的冲突》的文章,于1996年出版了《文明的冲突与世界秩序的重建》一书,提出了"文明的冲突"理论。他认为"在这个新世界中,……全球政治是文明的政治。文明的冲突取代了超级大国的竞争。"④ 上述观点认为,新世界人类社会冲突的主要根源在于文化,主要体现为西方文化与非西方文化(伊斯兰文化与儒家文化)之间的冲突。基于西方中心主义的立场和西方文化霸权论,亨廷顿主张西方文明的独特性和优越性。为了确立美国作为其他文明霸主的领导地位,亨廷顿在2004年出版的《我们是谁?——美国国家特性面临的挑战》一书中又主

---

① 杜维明:《文明对话中的儒家:21世纪访谈》,北京大学出版社2016年版,第261-262页。
② 杜维明:《文明对话中的儒家:21世纪访谈》,北京大学出版社2016年版,第262-263页。
③ 杜维明:《文明对话中的儒家:21世纪访谈》,北京大学出版社2016年版,第263页。
④ [美]塞缪尔·亨廷顿著,周琪、刘绯、张立平、王圆译:《文明的冲突与世界秩序的重建》,新华出版社1998年版,第7页。

张:"多元文化的理念与美国的整体国家认同以及美国的国家利益,是背道而驰的。现在的伊斯兰教的极端主义者和潜在的、非意识形态化的中国民族主义整体是美国的敌人。"①

4. 关于传统文化"创造的转化"的研究

美籍华裔学者林毓生提出"创造的转化"概念,指"把一些中国文化传统中的符号与价值加以改造,使经过创造的转化的符号与价值系统,变成有利于变迁的种子,同时在变迁过程中,继续保持文化的认同。"②

---

① [美]塞缪尔·亨廷顿著,程克雄译:《我们是谁?——美国国家特性面临的挑战》,新华出版社2005年版,第20页。
② 林毓生:《中国传统的创造性转化》,生活·读书·新知三联书店1988年版,第291页。

第三章

新时代中国特色社会主义文化自信理论的深厚基础

党的十九大报告指出,"十八大以来,国内外形势变化和我国各项事业发展都给我们提出了一个重大时代课题,这就是必须从理论和实践结合上系统回答新时代坚持和发展什么样的中国特色社会主义、怎样坚持和发展中国特色社会主义。……围绕这个重大时代课题,我们党坚持以马克思列宁主义、毛泽东思想、邓小平理论、'三个代表'重要思想、科学发展观为指导,坚持解放思想、实事求是、与时俱进、求真务实,坚持辩证唯物主义和历史唯物主义,紧密结合新的时代条件和实践要求,以全新的视野深化对共产党执政规律、社会主义建设规律、人类社会发展规律的认识,进行艰辛理论探索,取得重大理论创新成果,形成了新时代中国特色社会主义思想。"①

新时代中国特色社会主义文化自信理论,是习近平新时代中国特色社会主义思想的重要组成部分。它是以习近平同志为核心的党中央紧密结合新的时代条件和实践要求,以全新的视野深化对社会主义文化建设规律、中华文明发展规律的认识而取得的重大理论创新成果。它来自"中国特色社会主义的成功实践"②,具有深厚的实践基础;它来自"马克思主义的科

---

① 习近平:《决胜全面建成小康社会 夺取新时代中国特色社会主义伟大胜利——在中国共产党第十九次全国代表大会上的报告》,人民出版社2017年版,第18-19页。
② 颜晓峰:《坚持中国特色社会主义文化》,重庆出版社2019年版,第158页。

学指引",拥有深厚的理论基础;它来自"中华优秀传统文化的丰厚滋养",具有深厚的文化基础。

第一节 新时代中国特色社会主义文化自信理论的实践基础

时代是思想之母,实践是理论之源。历史唯物主义认为,社会存在决定社会意识、经济基础决定上层基础,文化的发展必须建立在物质生产力和经济、科技等物质条件发展的基础上。新时代中国特色社会主义文化自信理论,"植根于中国特色社会主义伟大实践"[1],有着深厚的实践基础。

党的十八大以来,以习近平同志为核心的党中央带领全国各族人民在社会主义现代化建设方面取得了一系列历史性成就,创造了人类社会发展史上惊天动地的奇迹,中国特色社会主义和中国梦深入人心,社会主义核心价值观广泛弘扬,国家文化软实力大幅提升,中国特色社会主义阔步进入新时代,中华民族迎来了从站起来、富起来到强起来的伟大飞跃。这些伟大的创造和成就,是新时代中国特色社会主义文化自信理论的实践基础,是"我们坚定文化自信、进而坚定'四个自信'的最大底气"[2]。

一、马克思主义在意识形态领域的指导地位更加鲜明

意识形态是上层建筑的组成部分即观念的上层建筑,是反映社会的经济关系、阶级关系的社会意识。意识形态对于文化发展具有重要的作用,它决定文化前进方向和发展道路。党的十八大以来,以习近平同志为核心的党中央准确把握世界范围内思想文化相互激荡、我国社会思想观念深刻

---

[1] 习近平:《决胜全面建成小康社会 夺取新时代中国特色社会主义伟大胜利——在中国共产党第十九次全国代表大会上的报告》,人民出版社2017年版,第41页。
[2] 求是杂志社编辑部:《文化自信是更基本更深沉更持久的力量》,《求是》2019年第12期。

变化的趋势，高度重视意识形态工作和宣传思想工作，坚持马克思主义指导思想，不断推进马克思主义中国化时代化，马克思主义在意识形态领域的指导地位更加鲜明；加强党对意识形态工作的领导，增强意识形态领域主导权和话语权；对意识形态领域的许多方向性、根本性、全局性问题作出部署，主流意识形态不断巩固壮大，主旋律更响亮、正能量更强劲，全党全社会思想上的团结统一更加巩固。

第一，强调意识形态的立心铸魂作用，指出意识形态工作是党的一项极端重要的工作。意识形态是党的一项极端重要的工作，具有立心铸魂作用，"决定着一个国家、一个政党的性质，决定着举什么旗、走什么路这一根本问题"①。2013年8月19日，习近平总书记在全国宣传思想工作会议上的讲话强调："意识形态工作是党的一项极端重要的工作。……宣传思想工作就是要巩固马克思主义在意识形态领域的指导地位，巩固全党全国人民团结奋斗的共同思想基础。"② 2016年2月19日，习近平总书记在党的新闻舆论工作座谈会上的讲话指出："在新的时代条件下，党的新闻舆论工作的职责和使命是，高举旗帜、引领导向，围绕中心、服务大局，团结人民、鼓舞士气，成风化人、凝心聚力，澄清谬误、明辨是非，联接中外、沟通世界。"③ 要承担起这个职责和使命，必须把政治方向摆在第一位，"牢牢坚持党性原则"④，"牢牢坚持马克思主义新闻观"⑤，"牢牢坚持正确舆论导向"⑥，"牢牢坚持正面宣传为主"⑦。新时代，实现伟大梦想、推进伟大事业、建设伟大工程，必须进行伟大斗争，弘扬主旋律，传播正能量，激发全社会团结奋进的强大力量。

第二，强调做好新形势下宣传思想工作，必须自觉承担起举旗帜、聚民心、育新人、兴文化、展形象的使命任务。2018年8月21日，习近平总书记在全国宣传思想工作会议上的讲话强调："中国特色社会主义进入新

---

① 新华社记者：《文化建设：东方风来春色新》，《求是》2022年第9期。
② 习近平：《论党的宣传思想工作》，中央文献出版社2020年版，第14页。
③④ 习近平：《论党的宣传思想工作》，中央文献出版社2020年版，第181页。
⑤ 习近平：《论党的宣传思想工作》，中央文献出版社2020年版，第184页。
⑥ 习近平：《论党的宣传思想工作》，中央文献出版社2020年版，第185页。
⑦ 习近平：《论党的宣传思想工作》，中央文献出版社2020年版，第186页。

时代，必须把统一思想、凝聚力量作为宣传思想工作的中心环节。……做好新形势下宣传思想工作，必须自觉承担起举旗帜、聚民心、育新人、兴文化、展形象的使命任务。"①"举旗帜"，就是要"高举马克思主义、中国特色社会主义的旗帜，坚持不懈用新时代中国特色社会主义思想武装全党、教育人民、推动工作"②，在学懂弄通做实上下功夫，推动当代中国马克思主义、21世纪马克思主义深入人心、落地生根。"聚民心"，就是要牢牢把握正确舆论导向，唱响主旋律，壮大正能量，做大做强主流思想舆论，把全党全国人民士气鼓舞起来、精神振奋起来，朝着党中央确定的宏伟目标团结一心向前进。"育新人"，就是要坚持立德树人、以文化人，建设社会主义精神文明、培育和践行社会主义核心价值观，提高人民思想觉悟、道德水准、文明素养，培养能够担当民族复兴大任的时代新人。"兴文化"，就是要坚持中国特色社会主义文化发展道路，"推动中华优秀传统文化创造性转化、创新性发展，继承革命文化，发展社会主义先进文化"③，激发全民族文化创新创造活力，建设社会主义文化强国。"展形象"，就是要"推进国际传播能力建设，讲好中国故事、传播好中国声音，向世界展现真实、立体、全面的中国，提高国家文化软实力和中华文化影响力。"④

习近平总书记还强调，"建设具有强大凝聚力和引领力的社会主义意识形态，是全党特别是宣传思想战线必须担负起的一个战略任务。"⑤ 完成好这一战略任务，一要做好做强马克思主义宣传教育工作，在学懂弄通做实习近平新时代中国特色社会主义思想上下功夫；二要把坚定"四个自信"作为建设社会主义意识形态的关键，坚持马克思主义在我国哲学社会科学领域的指导地位；三要把握正确舆论导向，提高新闻舆论传播力、引导力、影响力、公信力，巩固壮大主流思想舆论；四要加强传播手段和话语方式创新，让党的创新理论"飞入寻常百姓家"；五要旗帜鲜明坚持真理，立场坚定批驳谬误。

高校是意识形态工作的前沿阵地，承担着立德树人的根本任务和"育

---

①②③④ 习近平：《论党的宣传思想工作》，中央文献出版社2020年版，第338-340页。
⑤ 习近平：《论党的宣传思想工作》，中央文献出版社2020年版，第340页。

新人"的光荣使命。2016年12月7日,习近平总书记在全国高校思想政治工作会议上的讲话强调,"我国高等教育肩负着培养德智体美全面发展的社会主义事业建设者和接班人的重大任务,必须坚持正确政治方向。"①因此,思想政治工作关乎高校的办学定位和发展方向。抓好思想政治工作,高校就能沿着正确方向前进;放松或者丢弃了思想政治工作,高校就会迷失方向。思想政治工作从根本上说是做人的工作。高校做好思想政治工作,就要"坚持不懈传播马克思主义科学理论,抓好马克思主义理论教育,为学生一生成长奠定科学的思想基础"②。

第三,确立和坚持马克思主义在意识形态领域指导地位的根本制度,梳理和概括新时代党的意识形态工作采取的重大举措、取得的重大成效。党的十八大以来,以习近平同志为核心的党中央确立和坚持马克思主义在意识形态领域指导地位的根本制度,确保党和国家事业发展能够沿着正确方向前进。2015年8月发布的《中国共产党巡视工作条例》将落实意识形态工作责任制不到位列入"问题清单"。2015年10月印发的《党委(党组)意识形态工作责任制实施办法》,以党内法规形式明确了各级党委(党组)意识形态工作的政治责任和主体责任。2019年6月印发的《中国共产党宣传工作条例》,明确了我们党宣传思想工作的根本任务:"高举中国特色社会主义伟大旗帜,巩固马克思主义在意识形态领域的指导地位,巩固全党全国人民团结奋斗的共同思想基础,建设具有强大凝聚力和引领力的社会主义意识形态,建设具有强大生命力和创造力的社会主义精神文明,建设具有强大感召力和影响力的中华文化软实力。"③

2021年11月召开的党的十九届六中全会通过的《中共中央关于党的百年奋斗重大成就和历史经验的决议》,对新时代党的意识形态工作采取的重大举措、取得的重大成效进行梳理和概括。第一,"着力解决意识形态领域党的领导弱化问题,立破并举、激浊扬清,就意识形态领域许多方向

---

①② 习近平:《论党的宣传思想工作》,中央文献出版社2020年版,第276页。
③ 中共中央印发《中国共产党宣传工作条例》,新华网,http://www.xinhuanet.com/politics/2019-08/31/c_1124945630.htm。

性、战略性问题作出部署，确立和坚持马克思主义在意识形态领域指导地位的根本制度，健全意识形态工作责任制，推动全党动手抓宣传思想工作"①，守土有责、守土负责、守土尽责，敢抓敢管、敢于斗争，旗帜鲜明反对和抵制各种错误观点。第二，"从正本清源入手加强宣传思想工作"②，召开全国宣传思想工作会议，分别召开文艺工作、党的新闻舆论工作、网络安全和信息化工作、哲学社会科学工作座谈会和全国高校思想政治工作会议，就一系列根本性问题阐明原则立场，廓清了理论是非，校正了工作导向，思想文化领域向上向好态势不断发展。第三，"推动用党的创新理论武装全党、教育人民、指导实践，深化马克思主义理论研究和建设，推进中国特色哲学社会科学学科体系、学术体系、话语体系建设。"③ 第四，"高度重视传播手段建设和创新，推动媒体融合发展，提高新闻舆论传播力、引导力、影响力、公信力。"④ 第五，"高度重视互联网这个意识形态斗争的主阵地、主战场、最前沿"⑤，健全互联网领导和管理体制，坚持依法管网治网，营造清朗的网络空间。

二、中国特色社会主义和中国梦深入人心，全社会文明程度不断提高

人民有信仰，国家有力量，民族有希望。党的十八大以来，以习近平同志为核心的党中央大力推进中国特色社会主义和中国梦宣传教育，加强爱国主义、集体主义、社会主义教育，共产主义远大理想、中国特色社会主义共同理想和中华民族伟大复兴的中国梦更加深入人心，获得14亿中国人民的广泛认同；"深入实施公民道德建设工程，推进社会公德、职业道德、家庭美德、个人品德建设"⑥，全社会文明程度不断提高。

---

①② 《中共中央关于党的百年奋斗重大成就和历史经验的决议》，人民出版社2021年版，第44页。

③④⑤ 《中共中央关于党的百年奋斗重大成就和历史经验的决议》，人民出版社2021年版，第45页。

⑥ 习近平：《决胜全面建成小康社会 夺取新时代中国特色社会主义伟大胜利——在中国共产党第十九次全国代表大会上的报告》，人民出版社2017年版，第43页。

第一，广泛开展理想信念教育，大力推进中国特色社会主义和中国梦宣传教育。理想是人们在实践中形成的、有实现可能性的、对未来社会和自身发展目标的向往与追求，是人们的世界观、人生观和价值观在奋斗目标上的集中体现。信念是人们在一定的认识基础上确立的对某种思想或事物坚信不疑并身体力行的精神状态，是认知、情感和意志的有机统一体。

党的十八大以来，以习近平同志为核心的党中央高度重视理想信念对于中国共产党、中华民族、中国青年的重要作用，不仅提出"理想信念是精神之'钙'"的思想，而且广泛开展理想信念教育，大力推进中国特色社会主义和中国梦宣传教育。2012年11月17日，习近平总书记在十八届中央政治局第一次集体学习时的讲话强调，"对马克思主义的信仰，对社会主义和共产主义的信念，是共产党人的政治灵魂，是共产党人经受住任何考验的精神支柱。形象地说，理想信念就是共产党人精神上的'钙'，没有理想信念，理想信念不坚定，精神上就会'缺钙'，就会得'软骨病'。"① 2013年5月4日，习近平总书记在同各界优秀青年代表座谈时的讲话指出，"广大青年一定要坚定理想理念。……理想指引人生方向，信念决定事业成败。没有理想信念，就会导致精神上'缺钙'。中国梦是全国各族人民的共同理想，也是青年一代应该树立的远大理想。中国特色社会主义是我们党带领人民历经千辛万苦找到的实现中国梦的正确道路，也是广大青年应该牢固确立的人生信念。"② 2016年10月21日，习近平总书记在纪念红军长征胜利80周年大会上的讲话指出，"崇高的理想，坚定的信念，永远是中国共产党人的政治灵魂。中国共产党从成立之日起，就把共产主义确立为远大理想，始终团结带领中国人民朝着这个伟大理想前行。……长征的胜利，是中国共产党人理想的胜利，是中国共产党人信念的胜利。……在风雨如磐的长征路上，崇高的理想，坚定的信念，激励和指引着红军一路向前。"③ 2018年5月4日，习近平总书记在纪念马克思诞

---

① 《习近平谈治国理政》，外文出版社2014年版，第15页。
② 《习近平谈治国理政》，外文出版社2014年版，第50页。
③ 习近平：《在纪念红军长征胜利八十周年大会上的讲话》，人民出版社2016年版，第6页。

辰200周年大会上的讲话强调,"中国共产党是用马克思主义武装起来的政党,马克思主义是中国共产党人理想信念的灵魂。"① 上述系列讲话,不仅强调了理想信念对于党和国家的重要作用,而且明确了中国共产党人的政治灵魂,为踏上新征程、奋进新时代的中国人民提供了奋斗目标和前进动力。

中国特色社会主义是党和人民长期实践取得的根本成就,"承载着几代中国共产党人的理想和探索,寄托着无数仁人志士的夙愿和期盼,凝聚着亿万人民的奋斗和牺牲"②,是"近代以来中国发展的必然选择",是"发展中国、稳定中国的必由之路",是"中国共产党和中国人民团结的旗帜、奋进的旗帜、胜利的旗帜"③。因此,开展理想信念教育,要高举中国特色社会主义伟大旗帜,大力推进中国特色社会主义宣传教育,坚定对中国特色社会主义的道路自信、理论自信、制度自信和文化自信。

实现中华民族伟大复兴的中国梦,是"全国各族人民的共同理想"④,是"一百年来,中国共产党团结带领中国人民进行的一切奋斗、一切牺牲、一切创造"所归结起来的主题⑤。开展理想信念教育,就要"深入开展中国梦教育",引导人们深刻认识中华民族伟大复兴绝不是轻轻松松、敲锣打鼓就能实现的,要付出更为艰巨、更为艰苦的努力,要争做新时代的奋斗者、追梦人。

第二,大力加强新时代爱国主义、集体主义和社会主义教育。中共中央、国务院印发的《新时代爱国主义教育实施纲要》(以下简称《纲要》)指出,"爱国主义是中华民族的民族心、民族魂,是中华民族最重要的精神财富,是中国人民和中华民族维护民族独立和民族尊严的强大精神动力。"⑥ 党的十八大以来,以习近平同志为核心的党中央高度重视爱国主义教育,固本培元、凝心铸魂,作出一系列重要部署,推动爱国主义教育取

---

① 习近平:《在纪念马克思诞辰200周年大会上的讲话》,人民出版社2018年版,第24页。
②③《习近平谈治国理政》,外文出版社2014年版,第8页。
④《习近平谈治国理政》,外文出版社2014年版,第50页。
⑤《习近平谈治国理政》第4卷,外文出版社2022年版,第4页。
⑥《新时代爱国主义教育实施纲要》,人民出版社2019年版,第1页。

得显著成效。当前，中国特色社会主义进入新时代，中华民族伟大复兴正处于关键时期。新时代加强爱国主义教育，"对于振奋民族精神、凝聚全民族力量，决胜全面建成小康社会，夺取新时代中国特色社会主义伟大胜利，实现中华民族伟大复兴的中国梦，具有重大而深远的意义。"①

《纲要》强调，新时代加强爱国主义教育，要做好以下八个方面的工作：一是"坚持用习近平新时代中国特色社会主义思想武装全党、教育人民"②。二是"深入开展中国特色社会主义和中国梦教育"③，不断增强"四个自信"。三是"深入开展国情教育和形势政策教育"④，帮助人们了解我国发展新的历史方位、社会主要矛盾的变化，帮助人们了解世界正经历百年未有之大变局，引导人们清醒认识国际国内形势发展变化。四是"大力弘扬民族精神和时代精神"⑤，大力弘扬"中国人民在长期奋斗中形成的伟大创造精神、伟大奋斗精神、伟大团结精神、伟大梦想精神"⑥。五是"广泛开展党史、国史、改革开放史教育"⑦，反对历史虚无主义。六是"传承和弘扬中华优秀传统文化"⑧，反对文化虚无主义，推动中华文化创造性转化、创新性发展，增强民族自尊心、自信心和自豪感。七是"强化祖国统一和民族团结进步教育"⑨，铸牢中华民族共同体意识，加强各民族交往交流交融。八是"加强国家安全教育和国防教育，深入学习宣传总体国家安全观，增强全党全国人民国家安全意识。"⑩

第三，大力加强新时代公民道德建设，提高广大人民群众的道德水准和全社会文明程度。道德是反映社会经济关系的特殊意识形态，是一种调整人与人、人与社会、人与自然以及人与自身之间关系的特殊的行为规范，是一种旨在通过把握世界的善恶现象而规范人们的行为，并通过人们的实践活动体现出来的社会意识。社会主义道德是人类道德合乎规律发展的必

---

① 《新时代爱国主义教育实施纲要》，人民出版社2019年版，第1-2页。
② 《新时代爱国主义教育实施纲要》，人民出版社2019年版，第4页。
③④ 《新时代爱国主义教育实施纲要》，人民出版社2019年版，第5页。
⑤ 《新时代爱国主义教育实施纲要》，人民出版社2019年版，第6页。
⑥⑦ 《新时代爱国主义教育实施纲要》，人民出版社2019年版，第7页。
⑧⑨ 《新时代爱国主义教育实施纲要》，人民出版社2019年版，第8页。
⑩ 《新时代爱国主义教育实施纲要》，人民出版社2019年版，第9页。

然产物，是人类道德发展史上的一种崭新类型的道德。社会主义道德是社会主义经济基础的反映，是对人类优秀道德资源的批判继承和创新发展。为什么人服务是道德的核心问题，决定并体现道德建设的根本性质和发展方向。为人民服务，是社会主义道德的核心，是社会主义道德观的集中体现。习近平总书记在纪念毛泽东同志诞辰120周年座谈会上的讲话指出，"全心全意为人民服务，是我们党一切行动的根本出发点和落脚点，是我们党区别于其他一切政党的根本标志。党的一切工作，必须以最广大人民根本利益为最高标准。"① 所以，社会主义道德克服了以往阶级社会道德的片面性和局限性，坚持以为人民服务为核心，坚持以集体主义为原则，展现出真实而强大的道义力量。

党的十八大以来，党和国家大力加强新时代思想道德建设，深入实施公民道德建设工程，推进诚信建设和志愿服务制度化，着力提高广大人民群众的道德水准和全社会文明程度。2013年11月26日，习近平总书记在山东曲阜考察时的讲话强调，"必须加强全社会的思想道德建设，培育正确的道德判断和道德责任，提高道德实践能力尤其是自觉践行能力，引导人们向往和追求讲道德、尊道德、守道德的生活。"2019年10月，中共中央、国务院印发的《新时代公民道德建设实施纲要》（以下简称《纲要》）指出，"加强公民道德建设、提高全社会道德水平，是全面建成小康社会、全面建设社会主义现代化强国的战略任务，是适应社会主要矛盾变化、满足人民对美好生活向往的迫切需要，是促进社会全面进步、人的全面发展的必然要求。"②《纲要》强调，一要"把社会公德、职业道德、家庭美德、个人品德建设作为着力点"；二要"深化道德教育引导"，把立德树人贯穿学校教育全过程；三要"推动道德实践养成"，深化群众性创建活动，持续推进诚信建设；四要"抓好网络空间道德建设"，培养文明自律网络行为，营造良好网络道德环境；五要"发挥制度保障作用"，强化法律法规保障，彰显公共政策价值导向。

---

① 《习近平谈治国理政》，外文出版社2014年版，第28页。
② 《新时代公民道德建设实施纲要》，人民出版社2019年版，第1–2页。

三、社会主义核心价值观和中国精神广泛弘扬，社会正能量更加强劲

党的十八大以来，以习近平同志为核心的党中央以培养担当民族复兴大任的时代新人为着眼点，带领全国各族人民培育和践行社会主义核心价值观，更好构筑中国精神、中国价值、中国力量，社会主义核心价值观和中国精神广泛弘扬，社会正能量更加强劲，中国人民的价值观自信显著增强。

第一，社会主义核心价值观广泛弘扬，中国人民的价值观自信显著增强。社会主义核心价值观"是当代中国精神的集中体现"①。党的十八大报告明确提出，"倡导富强、民主、文明、和谐，倡导自由、平等、公正、法治，倡导爱国、敬业、诚信、友善，积极培育和践行社会主义核心价值观。"②"富强、民主、文明、和谐"，是我国社会主义现代化国家的建设目标，在社会主义核心价值观中居于最高层次。"自由、平等、公正、法治"，是对美好社会的生动表述，在社会主义核心价值观中居于中间层次。"爱国、敬业、诚信、友善"，是从个人行为层面对社会主义核心价值观基本理念的凝练，是公民必须恪守的基本道德准则。

2013年12月，中共中央办公厅印发的《关于培育和践行社会主义核心价值观的意见》明确指出：以"三个倡导"为基本内容的社会主义核心价值观，与中国特色社会主义发展要求相契合，与中华优秀传统文化和人类文明优秀成果相承接，是我们党凝聚全党全社会价值共识作出的重要论断。2017年10月18日，习近平总书记在党的十九大报告中指出，"社会主义核心价值观是当代中国精神的集中体现，凝结着全体人民共同的价值追求。"③要充分"发挥社会主义核心价值观对国民教育、精神文明创建、精神文化产品创作生产传播的引领作用，把社会主义核心价值观融入社

---

①③《习近平谈治国理政》第3卷，外文出版社2020年版，第33页。
②《胡锦涛文选》第3卷，人民出版社2016年版，第638页。

发展各方面，转化为人们的情感认同和行为习惯。"① 2018年3月11日，第十三届全国人民代表大会第一次会议通过中华人民共和国宪法修正案，将"国家提倡爱祖国、爱人民、爱劳动、爱科学、爱社会主义的公德"修改为"国家倡导社会主义核心价值观，提倡爱祖国、爱人民、爱劳动、爱科学、爱社会主义的公德"②。社会主义核心价值观被写入宪法修正案，成为我们每一个中国公民都必须践行的价值观。

第二，中国精神广泛弘扬，社会正能量更加强劲。中国精神是指中国人所具有的意识、思想观念、心理状态和情绪意志等，它既可指作为个体的中国人的精神状态，也可以指作为群体的中国人的精神面貌。中国精神是兴国强国之魂。实现中华民族伟大复兴的中国梦，开启社会主义现代化国家建设新征程，必须弘扬以爱国主义为核心的民族精神和以改革创新为核心的时代精神，振奋起全民族的"精气神"。

中华民族在漫长的历史发展中塑造出独特的精神气质和精神品格，形成了崇尚精神的优秀传统。这一优秀传统首先表现在对物质生活与精神生活相互关系的独到理解上，提倡重义轻利、见利思义的义利观和存理节欲、养性适欲的理欲观。其次，这一优秀传统表现为对理想的不懈追求，提倡"仁民爱物""民胞物与"的思想和"道法自然""天人合一"的理念。最后，这一优秀传统也表现为对品格养成的重视，提倡君子、圣人、至人等理想人格，提倡崇德向善、见贤思齐和慎独修身等修养方法。

中华民族崇尚精神的优秀传统在当代中国体现为对伟大中国精神的高度重视。习近平总书记在第十二届全国人民代表大会第一次会议上的讲话强调，"实现中国梦必须弘扬中国精神。这就是以爱国主义为核心的民族精神，以改革创新为核心的时代精神。"③ 习近平总书记在十三届全国人大一次会议上的讲话进一步把中国精神的内涵概括为四个"伟大精神"，强调"中国人民是具有伟大创造精神的人民。……中国人民是具有伟大奋斗

---

① 《习近平谈治国理政》第3卷，外文出版社2020年版，第33页。
② 《中华人民共和国宪法：最新修正版》，法律出版社2018年版，第51页。
③ 《习近平谈治国理政》，外文出版社2014年版，第40页。

精神的人民。……中国人民是具有伟大团结精神的人民。……中国人民是具有伟大梦想精神的人民。"①

2019年11月,中共中央、国务院印发的《新时代爱国主义教育实施纲要》指出,"以爱国主义为核心的民族精神和以改革创新为核心的时代精神,是凝心聚力的兴国之魂、强国之魂。"② 新时代加强爱国主义教育,要"大力弘扬民族精神和时代精神",大力弘扬中国人民在长期奋斗中形成的伟大创造精神、伟大奋斗精神、伟大团结精神、伟大梦想精神,生动展示人民群众在新时代的新实践、新业绩、新作为。

中国共产党是中国精神的忠实继承者和坚定弘扬者。百年来,在革命、建设、改革各个时期,一代又一代中国共产党人顽强拼搏、不懈奋斗,涌现出一大批视死如归的革命烈士、一大批顽强奋斗的英雄人物、一大批忘我奉献的先进模范,形成了伟大建党精神、井冈山精神、长征精神、遵义会议精神、延安精神、西柏坡精神、红岩精神、抗美援朝精神、"两弹一星"精神、特区精神、抗洪精神、抗震救灾精神、抗疫精神、脱贫攻坚精神等伟大精神,构筑起中国共产党人的精神谱系。

四、中华优秀传统文化焕发活力,革命文化与社会主义先进文化繁荣兴盛

党的十八大以来,以习近平同志为核心的党中央带领全国各族人民加强中国特色社会主义文化建设,以社会主义先进文化为引领,"大力实施中华优秀传统文化传承发展工程,深入挖掘中华优秀传统文化蕴含的思想观念、人文精神、道德规范"③,结合时代要求和现实需要创新发展中华优秀传统文化,使历史悠久、博大精深的中华优秀传统文化重新焕发活力;深入开展革命传统教育和红色文化教育,使昂扬向上的革命文化与社会主

---

① 《习近平谈治国理政》第3卷,外文出版社2020年版,第140-142页。
② 《新时代爱国主义教育实施纲要》,人民出版社2019年版,第6-7页。
③ 《关于实施中华优秀传统文化传承发展工程的意见》,《新华每日电讯》2017年01月25日。

义先进文化更加繁荣兴盛，迎来了社会主义文化大发展大繁荣的局面，创造了中华文化的新辉煌。

第一，实施中华优秀传统文化传承发展工程，完善中华优秀传统文化教育，使中华优秀传统文化重新焕发活力。党的十八大以来，以习近平同志为核心的党中央从社会主义文化强国建设、提高国家文化软实力、增强文化自信等战略高度出发，实施中华优秀传统文化传承发展工程和中华文明探源工程，"完善中华优秀传统文化教育，推动中华优秀传统文化的创造性转化、创新性发展"①。2014年3月，教育部发布《完善中华优秀传统文化教育指导纲要》，强调要"分学段有序推进中华优秀传统文化教育，培育小学生对中华优秀传统文化的亲切感和感受力；增强初中生对中华优秀传统文化的理解力，提高其对中华优秀传统文化的认同度；增强高中生对中华优秀传统文化的理性认识，增强其对中华优秀传统文化的自信心"②；提高大学生对中华优秀传统文化的自主学习和探究能力，培养其文化创新意识，增强其传承弘扬中华优秀传统文化的责任感和使命感。同时，围绕中华优秀传统文化教育的主要任务，一要"把中华优秀传统文化教育系统融入课程和教材体系"；二要"全面提升中华优秀传统文化教育的师资队伍水平"；三要"着力增强中华优秀传统文化教育的多元支撑"；四要"加强中华优秀传统文化教育的组织实施和条件保障"③。

2017年1月，中共中央办公厅、国务院办公厅印发的《关于实施中华优秀传统文化传承发展工程的意见》（以下简称《意见》）指出，"实施中华优秀传统文化传承发展工程，是建设社会主义文化强国的重大战略任务，对于传承中华文脉、全面提升人民群众文化素养、维护国家文化安全、增强国家文化软实力、推进国家治理体系和治理能力现代化，具有重要意义。"④《意见》提出了实施中华优秀传统文化传承发展工程的总体目标是"到2025年，中华优秀传统文化传承发展体系基本形成，文化自觉和文化自信显著增强，国家文化软实力的根基更为坚实，中华文化的国际影响力

---

①②③ 《完善中华优秀传统文化教育指导纲要》，《中国教育报》2014年04月02日。
④ 《关于实施中华优秀传统文化传承发展工程的意见》，《新华每日电讯》2017年01月25日。

明显提升。"①《意见》强调，实施中华优秀传统文化传承发展工程要围绕"核心思想理念""中华传统美德""中华人文精神"等主要内容，重点开展以下七项任务：一是"深入阐发文化精髓"②，研究阐释中华文化的历史渊源、发展脉络、基本走向，深刻阐明"中华优秀传统文化是发展当代中国马克思主义的丰厚滋养，传承发展中华优秀传统文化是建设中国特色社会主义事业的实践之需，丰富多彩的多民族文化是中华文化的基本构成，中华文明是在与其他文明不断交流互鉴中丰富发展的"③。二是贯穿国民教育始终，"按照一体化、分学段、有序推进的原则，把中华优秀传统文化全方位融入思想道德教育、文化知识教育、艺术体育教育、社会实践教育各环节，贯穿于启蒙教育、基础教育、职业教育、高等教育、继续教育各领域。"④ 三是"保护传承文化遗产，做好文物保护工作，加强历史文化名城名镇名村、历史文化街区、名人故居保护和城市特色风貌管理，做好传统民居、历史建筑、革命文化纪念地、农业遗产、工业遗产保护工作，规划建设一批国家文化公园，推进地名文化遗产保护，实施非物质文化遗产传承发展工程和传统工艺振兴计划。"⑤ 四是"滋养文艺创作，善于从中华文化资源宝库中提炼题材、获取灵感、汲取养分，"⑥ 推出一大批底蕴深厚、涵育人心的优秀文艺作品，加强对中华诗词、音乐舞蹈、书法绘画、曲艺杂技和历史文化纪录片、动画片、出版物等的扶持，实施中国经典民间故事动漫创作工程、中华文化电视传播工程。五是"融入生产生活，注重实践与养成、需求与供给、形式与内容相结合，把中华优秀传统文化内涵更好更多地融入生产生活各方面"⑦，挖掘整理传统建筑文化，加强"美丽乡村"文化建设，实施中华老字号保护发展工程、中国传统节日振兴工程。六是"加大宣传教育力度"⑧，综合运用报纸、书刊、电台、电视台、互联网站等各类载体，融通多媒体资源，统筹宣传、文化、文物等各方力量，创新表达方式，大力彰显中华文化魅力。七是"推动中外文化交流互鉴"⑨，加强对外文化交流合作，创新人文交流方式，充分运用海外中国文

---

①②③④⑤⑥⑦⑧⑨ 《关于实施中华优秀传统文化传承发展工程的意见》，《新华每日电讯》2017年01月25日。

化中心、孔子学院，文化节展等各类品牌活动助推中华优秀传统文化的国际传播，支持中华医药、中华武术、中华典籍等中华传统文化代表性项目"走出去"，积极宣传推介戏曲、民乐、书法等优秀传统文化艺术，加强"一带一路"合作伙伴文化交流合作，探索中华文化国际传播与交流新模式，构建全方位、多层次、宽领域的中华文化传播格局，"讲好中国故事、传播好中国声音、阐释好中国特色、展示好中国形象"①。

2019年11月，中共中央、国务院印发的《新时代爱国主义教育实施纲要》指出，新时代加强爱国主义教育，一要"传承和弘扬中华优秀传统文化"②，要引导人们了解中华民族的悠久历史和灿烂文化，从历史中汲取营养和智慧，自觉延续文化基因，增强民族自尊心、自信心和自豪感；二要"坚持古为今用、推陈出新，不忘本来、辩证取舍，深入实施中华优秀传统文化传承发展工程，推动中华文化创造性转化、创新性发展"③；三要"坚守正道、弘扬大道，反对文化虚无主义，引导人们树立和坚持正确的历史观、民族观、国家观、文化观，不断增强中华民族的归属感、认同感、尊严感、荣誉感。"④

第二，通过电视、网络等媒体推动中华优秀传统文化的传播，推动了传统文化和国学经典走入寻常百姓家。党的十八大以来，中央广播电视总台相继推出《中国汉字听写大会》《中国成语大会》《中国诗词大会》《经典咏流传》《平"语"近人——习近平总书记用典》等中华优秀传统文化电视节目，掀起了传媒领域的传统文化热。

《中国诗词大会》是中央广播电视总台于2016年2月开始播出的全民参与的诗词节目。该节目以"赏中华诗词、寻文化基因、品生活之美"为基本宗旨，力求通过对诗词知识的比拼及赏析，带动全民重温古诗词，分享诗词之美，感受诗词之趣，从古人的智慧和情怀中汲取营养，涵养心灵。《平"语"近人——习近平总书记用典》是中央广播电视总台于2018年10月推出的节目。该节目是中央广播电视总台与中共中央宣传部联合创作的

---

① 《关于实施中华优秀传统文化传承发展工程的意见》，《新华每日电讯》2017年01月25日。
②③④ 《新时代爱国主义教育实施纲要》，人民出版社2019年版，第8页。

特别节目，是以习近平总书记一系列重要讲话、文章、谈话中所引用的古代典籍和经典名句为切入点，旨在推动习近平新时代中国特色社会主义思想的生动阐释与广泛传播。该节目由"原声微视频""思想解读""经典释义""现场访谈""互动问答""经典诵读"六个环节构成。该节目的播出，在国内外引起了强烈的反响，进一步推动了中华优秀传统文化的学习热潮。《典籍里的中国》是中央广播电视总台于2021年2月推出的文化类创新节目。该节目聚焦中华优秀文化典籍，从中甄选最值得讲述的优秀传统文化作品，以"戏剧+影视+文化访谈"的形式，以《尚书》《本草纲目》《论语》《孙子兵法》《楚辞》《史记》《道德经》《传习录》等享誉中外、流传千古的典籍为脉络，讲述典籍的成书、核心思想以及流转中的闪亮故事，串联起中华文明史的文化之链，让书写在典籍里的文字"活"起来，展现典籍里蕴含的中国智慧、中国精神和中国价值。上述关于中华优秀传统文化的电视节目，掀起了一波波传媒领域的传统文化热，推动了传统文化和国学经典走入寻常百姓家，为老百姓提供了丰富的文化大餐和充足的精神食粮。

第三，深入开展革命传统教育和红色文化教育，使昂扬向上的革命文化与社会主义先进文化更加繁荣兴盛。党的十八大以来，以习近平同志为核心的党中央以社会主义先进文化为引领，大力弘扬革命文化和红色文化，深入开展革命传统教育和红色文化教育，使昂扬向上的革命文化与社会主义先进文化更加繁荣兴盛，迎来了社会主义文化大发展大繁荣的局面，创造了中华文化的新辉煌。

一是开展党史学习教育，开展以党史为重点的党史、新中国史、改革开放史、社会主义发展史学习教育。2021年2月20日，习近平总书记在党史学习教育动员大会上的讲话强调，"在全党开展党史学习教育，是牢记初心使命、推进中华民族伟大复兴历史伟业的必然要求，……是坚定信仰信念、在新时代坚持和发展中国特色社会主义的必然要求，……是推进党的自我革命、永葆党的生机活力的必然要求"①。全党同志要做到"学史明

---

① 习近平：《在党史学习教育动员大会上的讲话》，《求是》2021年第7期。

理、学史增信、学史崇德、学史力行",要学党史、悟思想、办实事、开新局。2020年6月27日,习近平总书记在给复旦大学《共产党宣言》展示馆党员志愿服务队回信指出:"面向未来,走好新时代的长征路,我们更需要坚定理想信念、矢志拼搏奋斗。希望广大党员特别是青年党员认真学习马克思主义理论,结合学习党史、新中国史、改革开放史、社会主义发展史,在学思践悟中坚定理想信念,在奋发有为中践行初心使命,努力为实现'两个一百年'奋斗目标、实现中华民族伟大复兴的中国梦贡献智慧和力量。"①

二是举办庆祝建党100周年系列活动。2021年是中国共产党成立100周年,为庆祝党的百年华诞,党和国家举行了一系列重大活动。2月20日,召开党史学习教育动员大会,部署和动员党史学习教育。6月18日,习近平总书记等党和国家领导人到新建成的中国共产党历史展览馆参观"不忘初心、牢记使命"中国共产党历史展览。6月25日,习近平总书记带领中央政治局同志到北大红楼和丰泽园毛泽东故居参观瞻仰。6月29日,习近平总书记出席"七一勋章"颁授仪式,颁发"七一勋章"。7月1日,庆祝中国共产党成立一百周年大会在天安门广场隆重举行,习近平总书记出席大会并发表重要讲话,把整个庆祝活动推向了高潮。其他纪念活动还包括演出大型情景史诗《伟大征程》,举行全国优秀县委书记和"两优一先"表彰会,印发党徽党旗条例,推出《觉醒年代》等优秀影视剧目和图书,召开全国理论研讨会等。

三是弘扬伟大建党精神,系统梳理阐释中国共产党人的精神谱系。习近平总书记在庆祝中国共产党成立一百周年大会上的讲话指出,"一百年前,中国共产党的先驱们创建了中国共产党,形成了坚持真理、坚守理想、践行初心、担当使命,不怕牺牲、英勇斗争,对党忠诚、不负人民的伟大建党精神,这是中国共产党的精神之源。一百年来,中国共产党弘扬伟大建党精神,在长期奋斗中构建起中国共产党人的精神谱系,锤炼出鲜明的政治品格。历史川流不息,精神代代相传。我们要继续弘扬光荣传统、

---

① 《习近平书信选集》第1卷,中央文献出版社2022年版,第283页。

赓续红色血脉,永远把伟大建党精神继承下去、发扬光大!"① 2021年9月底,党中央批准了第一批纳入中国共产党人精神谱系的伟大精神,包括"建党精神、井冈山精神、长征精神、遵义会议精神、延安精神、西柏坡精神、抗美援朝精神、'两弹一星'精神、雷锋精神、焦裕禄精神、西迁精神、改革开放精神、抗震救灾精神、载人航天精神、脱贫攻坚精神"②,等等。

四是建成中国共产党历史展览馆,加强革命旧址、革命文物保护利用,实施革命文化展陈传播工程。完善上海、嘉兴、井冈山、遵义、延安、西柏坡、香山、韶山等党史重要纪念地相关设施建设和改陈布展机制,加强革命文化资源网络空间和红色基因传承云平台建设,发挥革命文物在党史学习教育、革命传统教育、爱国主义教育等方面的作用,推出百年党史文物大展、北大红楼与中国共产党早期北京革命活动主题展等红色文化展览,播出《敢教日月换新天》《红船》等专题片、《建党伟业》《革命者》等影片、《觉醒年代》《功勋》等电视剧,实施国家影像典藏工程。

五是开展重大节日纪念活动,挖掘重大节日、重大历史事件等蕴含的革命文化资源,开展红色教育,传承红色基因。2015年9月3日,习近平总书记在纪念中国人民抗日战争暨世界反法西斯战争胜利70周年大会上的讲话指出:"中国人民抗日战争胜利,是近代以来中国抗击外敌入侵的第一次完全胜利。"这一伟大胜利,"彻底粉碎了日本军国主义殖民奴役中国的图谋,洗刷了近代以来中国抗击外来侵略屡战屡败的民族耻辱","重新确立了中国在世界上的大国地位","开辟了中华民族伟大复兴的光明前景"③。我们要"铭记历史、缅怀先烈、珍爱和平、开创未来"④。2020年10月23日,习近平总书记在纪念中国人民志愿军抗美援朝出国作战70周年大会上的讲话强调,"抗美援朝战争伟大胜利,是中国人民站起来后屹

---

① 《习近平谈治国理政》第4卷,外文出版社2022年版,第7页。
② 《中国共产党人精神谱系第一批伟大精神正式发布》,http://www.news.cn/politics/2021-09/29/c_1127917872.htm。
③ 《习近平谈治国理政》第2卷,外文出版社2017年版,第445页。
④ 《习近平谈治国理政》第2卷,外文出版社2017年版,第446页。

立于世界东方的宣言书，是中华民族走向伟大复兴的重要里程碑，对中国和世界都有着重大而深远的意义。"①铭记伟大胜利，推进伟大事业，必须"坚持中国共产党的领导，把党锻造得更加坚强有力"；必须"坚持以人民为中心，一切为了人民、一切依靠人民"；必须"坚持推进经济社会发展，不断壮大我国综合国力"；必须"加快推进国防和军队现代化，把人民军队全面建成世界一流军队"；必须"维护世界和平和正义，推动构建人类命运共同体"；必须"弘扬伟大抗美援朝精神，雄赳赳气昂昂，向着全面建设社会主义现代化国家新征程、向着实现中华民族伟大复兴的中国梦，继续奋勇前进"②。

上述成就为我们推进新时代中国特色社会主义文化建设奠定了坚实基础，增强了中国人民对革命文化和社会主义先进文化的自信。

五、社会主义文艺蓬勃发展，主旋律更加响亮

文艺是民族精神的火炬，是时代前进的号角，最能代表一个民族的风貌，最能引领一个时代的风气。实现中华民族伟大复兴，需要充分发挥社会主义文艺的作用，需要坚忍不拔的伟大精神和振奋人心的伟大作品。党的十八大以来，以习近平同志为核心的党中央从民族复兴的战略高度，深刻阐释文艺工作对于文化自信的重要作用，为社会主义文艺的繁荣发展指明了前进方向。2014年10月15日，习近平总书记在文艺工作座谈会上的讲话指出："社会主义文艺，从本质上讲，就是人民的文艺。……文艺要反映好人民心声，就要坚持为人民服务、为社会主义服务这个根本方向。这是党对文艺战线提出的一项基本要求，也是决定我国文艺事业前途命运的关键。只有牢固树立马克思主义文艺观，真正做到了以人民为中心，文艺才能发挥最大正能量。"③文艺工作座谈会后，一系列文艺发展新举措、新

---

① 《习近平谈治国理政》第4卷，外文出版社2022年版，第73页。
② 《习近平谈治国理政》第4卷，外文出版社2022年版，第76—79页。
③ 《习近平谈治国理政》第2卷，外文出版社2017年版，第314页。

规划陆续出台，环环相扣，布局谋篇，成为党中央治国理政新实践的重要组成部分。2015年10月印发的《中共中央关于繁荣发展社会主义文艺的意见》（以下简称《意见》）指出："实现中华民族伟大复兴，离不开中华文化繁荣兴盛，离不开文艺事业繁荣发展。举精神旗帜、立精神支柱、建精神家园，是当代中国文艺的崇高使命。弘扬中国精神、传播中国价值、凝聚中国力量，是文艺工作者的神圣职责。"①《意见》将文艺发展上升到国家战略的高度，为繁荣发展社会主义文艺绘制了清晰的路线图，提供了有力的政策与制度保障。

2017年10月18日，习近平总书记在中国共产党第十九次全国代表大会上的报告中指出：繁荣发展社会主义文艺，必须"坚持以人民为中心的创造导向，在深入生活、扎根人民中进行无愧于时代的文艺创造。……不断推出讴歌党、讴歌祖国、讴歌人民、讴歌英雄的精品力作。"②

2019年3月4日，习近平总书记在参加全国政协十三届二次会议文化艺术界、社会科学界委员联组会时的讲话指出："一个国家、一个民族不能没有灵魂"③，文化文艺作为精神事业，是一个灵魂的创作。文化文艺工作"在党和国家全局工作中居于十分重要的地位，在新时代坚持和发展中国特色社会主义中具有十分重要的作用"④。做好新形势下文化文艺工作，一要"坚持与时代同步伐"，从当代中国的伟大创造中发现创作的主题，为时代画像、为时代立传、为时代明德；二要"坚持以人民为中心"，观照人民生活，表达人民心声，抒写人民、描绘人民、歌唱人民；三要"坚持以精品奉献人民"，把当代中国发展进步和当代中国人精彩生活表现好展示好，提高作品的精神高度、文化内涵和艺术价值；四要"坚持用明德引领风尚"，以高远志向、良好品德、高尚情操为社会作出表率。

广大文艺工作者以习近平新时代中国特色社会主义思想为指导，全面贯彻"二为"方向和"双百"方针，坚持社会主义先进文化前进方向，坚

---

① 《中共中央关于繁荣发展社会主义文艺的意见》，《人民日报》2015年10月20日。
② 《习近平谈治国理政》第3卷，外文出版社2020年版，第34页。
③④ 《习近平谈治国理政》第3卷，外文出版社2020年版，第322页。

持以人民为中心的创作导向，坚持以社会主义核心价值观为引领、以中国精神为灵魂、以中国梦为时代主题、以中华优秀传统文化为根脉、以创作生产优秀作品为中心环节，深入实践、深入生活、深入群众，不断推出讴歌党、讴歌祖国、讴歌人民、讴歌英雄的精品力作和无愧于民族、无愧于时代的文艺精品，涌现出《中华好诗词》《中国汉字听写大会》等原创文化类节目，《我和我的祖国》《长津湖》等主题电影，《觉醒年代》《山海情》等主题电视剧，《乡村国是》《十八洞村的十八个故事》等报告文学，《人世间》《主角》等长篇小说，等等。

党的十八大以来，以习近平同志为核心的党中央高度重视网络文明建设，积极推进互联网内容建设，深化网络生态治理，网络文明建设取得明显成效。举办首届中国网络文明大会，制定加强网络文明建设的意见，开展文娱领域综合治理工作，亿万民众共同的精神家园不断汇聚向上向善力量。举办世界互联网大会乌镇峰会、中国网络媒体论坛，开展国家网络安全宣传周活动，"迈向数字文明新时代"形成更加广泛的共识，"互联网成为文化强国建设'最大增量'。"① 主旋律更响亮，正能量更强劲，网络空间更清朗。

六、文化事业和文化产业蓬勃发展，人民的文化生活日益丰富

要满足人民过上美好生活的新期待，必须提供丰富的精神食粮。党的十八大以来，以习近平同志为核心的党中央高度重视文化事业和文化产业发展，推动和深化文化体制改革，加快构建社会效益和经济效益相统一的体制机制；完善公共文化服务体系，深入实施文化惠民工程，丰富群众性文化活动；健全现代文化产业体系和市场体系，完善文化经济政策，培育新型文化业态。文化产业快速发展，文化事业成绩显著。

第一，文化事业建设不断加强。近年来，国家和地方政府"公共财政对文化建设的支持日益加强，公共文化设施不断完善，覆盖城乡的公共文

---

① 新华社记者：《文化建设：东方风来春色新》，《求是》2022年第9期。

化服务网络初步建立。"① 一是基本公共文化设施逐渐完善。截至 2017 年底，"全国共建成县级以上公共图书馆 3166 个，博物馆 4721 个，美术馆 499 个，乡镇（街道）综合文化站 33997 个，约 29 万个行政村、4 万多个社区建成基层综合性文化服务中心，开设广播电视播出机构 2656 个，直播卫星户户通用户总数达 1.29 亿户，全国广播、电视综合人口覆盖率分别为 98.71%、99.07%。"② 二是出版事业蓬勃发展。2017 年，"全国图书出版种数 51.2 万种，比 1978 年增加 49.8 万种，增长 33.2 倍；图书总印数 92.4 亿册，比 1978 年增加 54.7 亿册，增长 1.4 倍。全国期刊出版种数 10130 种，比 1978 年增加 9200 种，增长 9.9 倍。"③ 三是文化事业费逐年增加。2017 年，全国文化事业费已达 855.8 亿元，占国家财政总支出的 0.4%，与 1978 年的 4.4 亿元相比，增长 192 倍。

第二，文化产业发展成绩显著。一是文化产业固定投资显著增长。在国家政策的引导和各级政府的支持下，"我国文化产业固定资产投资规模逐年加大；……社会资本进入文化产业领域步伐不断加快，投资主体日趋多元。2017 年，我国文化产业固定资产投资额达 38280 亿元，比 2005 年增加 35484 亿元，增长 12.7 倍，2006~2017 年年均增长 24.4%；文化产业固定资产投资占全社会固定资产投资的比重为 6.1%，比 2005 年提高 2.8 个百分点。"④ 二是文化新业态发展强劲。党的十八大以来，"文化与互联网、旅游、体育等行业融合发展，跨界融合已成为文化产业发展最突出的特点。文化产品和服务的生产、传播、消费的数字化、网络化进程加快，新的文化业态应运而生。数字内容、动漫游戏、视频直播等基于互联网和移动互联网的新型文化业态成为文化产业发展的新动能和新增长点，'互联网+文化'成为文化产业发展的重要趋势。"⑤ 2017 年，全国规模以上文化信息传输服务业营业收入为 7990 亿元，比上年增长 34.6%；规模以上文化创意和设计服务业营业收入为 11891 亿元，比上年增长 8.6%。三是文化骨干企

---

①③④⑤ 国家统计局社科文司：《文化事业建设不断加强 文化产业发展成绩显著》，《中国信息报》2018 年 09 月 14 日。

② 全国干部培训教材编审指导委员会组织编写：《推动社会主义文化繁荣兴盛》，人民出版社、党建读物出版社 2019 年版，第 153-154 页。

业不断壮大。党的十八大以来，我国文化骨干企业快速发展，不断壮大。2017年，"全国共有文化骨干企业5.5万家，比2012年增长51.3%；从业人员为854万人，比2012年增长22.2%，年均增长4.1%；实现营业收入91950亿元，比2012年增长63.4%，年均增长10.3%。骨干企业已经成为文化产业实现较快发展的主体力量"①，有力支撑我国文化产业发展。四是文艺演出和电影市场快速发展。党的十八大以来，我国文化产业进入快速发展的新时期，呈现出朝气蓬勃的新局面。2017年，全国有艺术表演团体15742个，比1978年增加12592个，增长3.0倍；2017年，全国电影票房收入559亿元，比2006年增加502亿元，增长8.8倍；电影院线拥有银幕50776块，比2006年增加47742块，增长15.7倍。

七、文明交流互鉴成果卓著，国家文化软实力和中华文化影响力大幅提升

党的十八大以来，以习近平同志为核心的党中央带领全国各族人民积极构建人类命运共同体，开展"一带一路"建设，加强中外人文交流，推动中华文化"走出去"，展现真实、立体、全面的中国。文明交流互鉴成果卓著，国家文化软实力显著增强，中华文化影响力大幅提升。

第一，积极构建人类命运共同体，开展"一带一路"建设。"坚持推动构建人类命运共同体"是习近平新时代中国特色社会主义思想的重要内容，是新时代坚持和发展中国特色社会主义的一大基本方略。2013年3月23日，习近平总书记在莫斯科国际关系学院的演讲指出，"人类生活在同一个地球村里，生活在历史和现实交汇的同一个时空里，越来越成为你中有我、我中有你的命运共同体。"② 2015年9月28日，习近平总书记在美国纽约联合国总部举行的第七十届联合国大会一般性辩论时的讲话指出，

---

① 国家统计局社科文司：《文化事业建设不断加强 文化产业发展成绩显著》，《中国信息报》2018年09月14日。

② 《习近平谈治国理政》，外文出版社2014年版，第272页。

"当今世界，各国相互依存、休戚与共。我们要继承和弘扬联合国宪章的宗旨和原则，构建以合作共赢为核心的新型国际关系，打造人类命运共同体。"① 2017年1月18日，习近平总书记在联合国日内瓦总部的演讲指出，为了让和平的薪火代代相传，让发展的动力源源不断，让文明的光芒熠熠生辉，中国提出的方案是"构建人类命运共同体，实现共赢共享"②。构建人类命运共同体，一要"坚持对话协商，建设一个持久和平的世界"；二要"坚持共建共享，建设一个普遍安全的世界"；三要"坚持合作共赢，建设一个共同繁荣的世界"；四要"坚持交流互鉴，建设一个开放包容的世界"；五要"坚持绿色低碳，建设一个清洁美丽的世界"。③

2013年金秋，习近平总书记在哈萨克斯坦和印度尼西亚提出共建"丝绸之路经济带"和"21世纪'海上丝绸之路'"，即"一带一路"倡议。2013年9月7日，习近平总书记在纳扎尔巴耶夫大学演讲时指出，"为了使我们欧亚各国经济联系更加紧密、相互合作更加深入、发展空间更加广阔，我们可以用创新的合作模式，共同建设'丝绸之路经济带'。这是一项造福沿途各国人民的大事业。"④ 2013年10月3日，习近平总书记在印度尼西亚国会演讲时指出，"中国愿同东盟国家加强海上合作，使用好中国政府设立的中国—东盟海上合作基金，发展好海洋合作伙伴关系，共同建设21世纪'海上丝绸之路'。"⑤ "丝绸之路经济带"和"21世纪'海上丝绸之路'"构成了"一带一路"倡议。经过中国和共建国家的不懈努力，"一带一路"倡议逐渐从理念转化为行动，从愿景转变为现实，从经济交流转化为全方面交流，推动了中国与共建国家的"政策沟通、设施联通、贸易畅通、资金融通、民心相通，"⑥ 得到了共建国家的广泛认同。

第二，加强文明交流互鉴，积极推动中华文化"走出去"。习近平总书记在《致首届丝绸之路（敦煌）国际文化博览会的贺信》中指出，"世

---

① 《习近平谈治国理政》第2卷，外文出版社2017年版，第522页。
② 《习近平谈治国理政》第2卷，外文出版社2017年版，第539页。
③ 《习近平谈治国理政》第2卷，外文出版社2017年版，第541-544页。
④ 《习近平谈治国理政》，外文出版社2014年版，第289页。
⑤ 《习近平谈治国理政》，外文出版社2014年版，第293页。
⑥ 《习近平书信选集》第1卷，中央文献出版社2022年版，第87页。

界各民族文化互鉴共进是人类文明的基本特征，也是人类文明发展的重要动力。"① 中华文化在世界上曾经一直居于领先地位，中华文明与世界其他文明都有着密切的交流。张骞出使西域、玄奘西天取经、郑和七下西洋，都促进了中外文化的交流共进。党的十八大以来，以习近平同志为核心的党中央高度重视文明交流互鉴和中外文化交流，加快国际传播能力建设，全方位、多角度向世界介绍中国经验、传递中国声音、讲好中国故事。开展多层次的文化交流，举办中国文化年、欢乐春节等中国文化品牌活动，"在全球掀起感知中华文化魅力热潮"②，向世界展现出开放而自信的大国形象。

　　文明因交流而多彩，文明因互鉴而丰富。2014年9月24日，习近平总书记在纪念孔子诞辰2565周年国际学术研讨会暨国际儒学联合会第五届会员大会开幕会上的讲话指出，正确对待不同国家和民族的文明应该坚持以下原则：一是"维护世界文明多样性"③，加强相互交流、相互学习、相互借鉴。二是"尊重各国各民族文明"④，既要珍惜和维护自己的思想文化，又要虚心学习、积极借鉴别国别民族思想文化的长处和精华。三是"正确进行文明学习借鉴"⑤，学习借鉴人类社会创造的各种文明成果，积极吸纳其中的有益成分，使人类创造的一切文明中的优秀文化基因与当代文化相适应、与现代社会相协调。四是"科学对待文化传统。……善于把弘扬优秀传统文化和发展现实文化有机统一起来，紧密结合起来，在继承中发展，在发展中继承。"⑥ 2015年9月28日，习近平总书记在第七十届联合国大会一般性辩论时的讲话强调，"人类文明多样性赋予这个世界姹紫嫣红的色彩，多样带来交流，交流孕育融合，融合产生进步。……不同文明凝聚着不同民族的智慧和贡献，没有高低之别，更无优劣之分。文明之间要对话，不要排斥；要交流，不要取代。人类历史就是一幅不同文明相互交流、互鉴、融合的宏伟画卷。我们要尊重各种文明，平等相待，互学互鉴，兼

---

① 《习近平书信选集》第1卷，中央文献出版社2022年版，第94页。
② 新华社记者：《文化建设：东方风来春色新》，《求是》2022年第9期。
③④⑤⑥ 习近平：《在纪念孔子诞辰2565周年国际学术研讨会暨国际儒学联合会第五届会员大会开幕会上的讲话》，《人民日报》2014年09月25日。

收并蓄,推动人类文明实现创造性发展。"① 2017年1月18日,习近平总书记在联合国日内瓦总部的演讲指出,"人类文明多样性是世界的基本特征,也是人类进步的源泉。……文明差异不应该成为世界冲突的根源,而应该成为人类文明进步的动力。每种文明都有其独特魅力和深厚底蕴,都是人类的精神瑰宝。不同文明要取长补短、共同进步,让文明交流互鉴成为推动人类社会进步的动力、维护世界和平的纽带。"② 习近平总书记在党的十九大报告中亦强调,"要尊重世界文明多样性,以文明交流超越文明隔阂、文明互鉴超越文明冲突、文明共存超越文明优越。"③

党的十八大以来,海外孔子学院和孔子课堂的设立,促进了中华文化和中国故事的对外传播。"一带一路"倡议的提出,加深了不同文明交流的步伐。大批外国留学生来华访学,增进了国外民众对中国文化的了解和认同。内罗毕大学孔子学院的金若曦同学说:"通过学习中国舞蹈,我了解到了中国人做事的守时和负责,而通过方方正正的汉字,我看到了中国人内在的品质。"这些都表明,中国正走向世界舞台中央,中华文化的强大基因正成为中华民族自信的牢固基石。

第三,讲好中国故事,传播中国价值,展现真实、立体、全面的中国。党的十八大以来,随着中国综合国力的提高、国际影响力的扩大,国际社会对中国的关注度越来越高,他们想了解真实立体的中国,想知道中国历史和文化,想了解中国人的世界观、人生观和价值观,想与中国人民交朋友。面对这样的国际背景和时代召唤,广大文艺工作者、哲学社会科学工作者不断从中华民族深厚的文化底蕴、多元丰富的现代生活、宽松和谐的社会氛围中汲取养分,以弘扬中国精神、传播中国价值、凝聚中国力量的精品力作来讲好中国故事、传播好中国声音,全方位展现中国文化软实力和中国风貌,深化了外国民众对中国历史与现实的了解。大量反映中国政治、历史文化、现实国情的书籍被翻译成各种语言,走出国门,走向世界。

---

① 《习近平谈治国理政》第2卷,外文出版社2017年版,第524-525页。
② 《习近平谈治国理政》第2卷,外文出版社2017年版,第543-544页。
③ 《习近平谈治国理政》第3卷,外文出版社2020年版,第46页。

截至2016年11月，《习近平谈治国理政》已在100多个国家和地区发行12种文字、50多万册，创造了近年来我国政治类图书短时间内海外发行量最高纪录。美国前国务卿基辛格写下这样的推介词："这本书为了解一位领袖、一个国家和一个几千年的文明打开了一扇清晰而深刻的窗口。"《中华文明的根柢——民族复兴的核心价值》等书籍输出到美国、越南等国家和地区；"剑桥中国文库"初具规模，向世界介绍最具中国特色、最具时代风貌的当代中国文化。这些讲述中国故事、传播中国价值、反映中国文化的作品正在吸引着世界注目，进一步激发当代国人的自觉探索与开放创新。

继2012年中国作家莫言获得诺贝尔文学奖之后，中国作家开始在世界文坛大放异彩。2015年8月，中国科幻作家刘慈欣凭借科幻小说《三体》获第73届雨果奖最佳长篇故事奖，这是亚洲人首次获得雨果奖。2016年8月，中国女作家郝景芳的小说《北京折叠》获得第74届雨果奖，这是我国作家第二次获得该奖项。2016年4月，中国儿童文学作家曹文轩获国际安徒生奖，这是中国作家首次获此殊荣。中国作家在国际获奖，很好地向世界讲述了中国故事，传播了中国价值。文以载道，文以化人。中国的文艺工作者正在不断创造出丰富多样的中国故事、中国形象、中国旋律，来展现中国人民的文化自信，开启了新时代中国文化发展的新纪元。

党的十八大以来，随着我国改革开放不断深入，中华文化"在国际话语体系中占据越来越重要的位置，逐步构建起'讲好中国故事、展现中国风貌'的国际传播新体系。截至2016年底，我国国际广播电台在全球拥有101家海外整频率播出电台，每天播出近3000小时节目，覆盖50多个国家的首都或主要城市约5亿人口；在海外建有地区总站、驻外记者站、节目制作室、广播孔子课堂等近100个机构和4115个听众俱乐部，汉语覆盖全球98%以上的受众。2016年，国际广播电台受众反馈总量达5530万；开设社交媒体账号228个，粉丝总数8117万；媒体日均阅听量约2600万。"[1]

---

[1] 国家统计局社科文司：《文化事业建设不断加强 文化产业发展成绩显著》，《中国信息报》2018年09月14日。

综上所述，党的十八大以来，社会主义文化强国建设、中国特色社会主义文化发展开启了崭新一页。"马克思主义在意识形态领域的指导地位更加鲜明，中国特色社会主义和中国梦深入人心，社会主义核心价值观和中华优秀传统文化广泛弘扬"①，革命文化和社会主义先进文化繁荣兴盛，社会主义文艺蓬勃发展，文化事业与产业显著增长，国家文化软实力和中华文化影响力大幅提升，党和国家文化建设取得历史性成就、发生历史性变革，"中华民族迎来了从站起来、富起来到强起来的伟大飞跃，实现中华民族伟大复兴进入了不可逆转的历史进程！"② 上述历史性成就和历史性变革，成为新时代中国特色社会主义文化自信理论的实践基础，增强中国人民坚定文化自信，进而坚定"四个自信"的底气。

第二节　新时代中国特色社会主义文化自信理论的理论基础

马克思主义文化理论是中国特色社会主义文化理论的理论来源和哲学基础。马克思主义经典作家的文化自觉与自信思想，毛泽东、邓小平、江泽民、胡锦涛的文化自觉与自信思想，为新时代中国特色社会主义文化自信理论奠定了理论基础，为新时代坚定中国特色社会主义文化自信、建设社会主义文化强国提供了行动指南。

一、马克思主义经典作家的文化自觉与自信思想

马克思主义经典作家的文化自觉与自信思想主要是指马克思、恩格斯、列宁的文化自觉和文化自信思想。马克思、恩格斯、列宁所创立的科学理

---

① 习近平：《决胜全面建成小康社会 夺取新时代中国特色社会主义伟大胜利——在中国共产党第十九次全国代表大会上的报告》，人民出版社2017年版，第4页。
② 《习近平谈治国理政》第4卷，外文出版社2022年版，第6页。

论——马克思列宁主义中包含着强烈的文化自觉意识与丰富的文化自信意蕴,为新时代中国特色社会主义文化自信理论奠定了理论基础,为我们坚定中国特色社会主义文化自信提供了理论指导。

马克思恩格斯是马克思主义经典作家中最早思考文化与文明问题的人。他们开创了马克思主义文化理论,为文化自觉和自信思想提供了科学的方法论。

第一,马克思恩格斯一方面继承批判了德国古典哲学、英国古典政治经济学、法国空想社会主义,创立了辩证唯物主义和历史唯物主义,发现了人类社会发展和历史演进的规律,即生产力和生产关系、经济基础和上层建筑之间矛盾运动决定了社会的更替和历史的发展。另一方面,他们"接受了当时'文化'概念的基本方面,即文化是与自然相对立的人的创造性行为及其成果,文化高于自然。"① 马克思从文化与自然比较的角度来阐述工人比农民先进的原因,指出:"如果说城市工人比农村劳动者发展,这只是由于他的劳动方式使他生活在社会之中,而农村劳动者的劳动方式则使他直接靠自然生活。"② 恩格斯在《反杜林论》中也强调"文化上的每一个进步,都是迈向自由的一步。"③ 在此基础上,马克思恩格斯揭示了文化的本质,即人的本质力量的对象化,这"既适用于对广义文化的揭示,也适用于对狭义文化的揭示。"④ 马克思恩格斯还认为,思想文化作为一种上层建筑,由经济基础决定,"在不同的经济和社会环境中,人们生产不同的思想和文化,思想文化建设虽然决定于经济基础,但又对经济基础发生反作用。先进的思想文化一旦被群众掌握,就会转化为强大的物质力量;反之,落后的、错误的观念如果不破除,就会成为社会发展进步的桎梏。"⑤

第二,马克思恩格斯还批判了"文化史观"的唯心主义性质。例如,

---

① 黄力之:《论马克思主义文化哲学的当代建构》,《山东社会科学》2002年第2期。
② 《马克思恩格斯全集》第34卷,人民出版社2008年版,第259页。
③ 《马克思恩格斯文集》第9卷,人民出版社2009年版,第120页。
④ 黄力之:《论马克思主义文化哲学的当代建构》,《山东社会科学》2002年第2期。
⑤ 习近平:《在纪念马克思诞辰200周年大会上的讲话》,人民出版社2018年版,第19页。

马克思在《1844年经济学哲学手稿》中批判了那种排除人的物质生产实践的"文化史观",指出:"在异化范围内活动的人们仅仅把人的普遍存在,宗教,或者具有抽象普遍本质的历史,如政治、艺术和文学等等,理解为人的本质力量的现实性和人的类活动。"① 这种理解"只关注人的精神世界,并把精神文化看成是历史的决定性因素时,人的生产实践行为就会在历史的视野中消失,这就与唯物主义历史观相矛盾了。"② 恩格斯也指出,"旧的、还没有被排除掉的唯心主义历史观不知道任何基于物质利益的阶级斗争,而且根本不知道任何物质利益;生产和一切经济关系,在它那里只是被当做'文化史'的从属因素顺便提一下"。③

第三,马克思恩格斯在批判资本主义的同时,肯定了资本主义在解放生产力、促进各民族之间文明交流、带动世界文化发展方面的积极作用。在《共产党宣言》中,马克思恩格斯指出:资本主义的发展,不仅创造了"比过去一切时代创造的全部生产力还要多,还要大"的生产力,开拓了世界市场,而且打破了"过去那种地方的和民族的自给自足和闭关自守状态"④,促进了各民族之间的互相往来和互相依赖,带动了世界文化的大发展,使"各民族的精神产品成了公共的财产",使"民族的片面性和局限性日益成为不可能"⑤。因此,资产阶级就"把一切民族甚至最野蛮的民族都卷到文明中来了"⑥,导致"由许多种民族的和地方的文学形成了一种世界的文学(德文是'Literatur',泛指科学、艺术、哲学、政治等等方面的著作)。"⑦ 资产阶级在同封建地主阶级开展经济和政治斗争的过程中发动了文艺复兴、启蒙运动等文化运动,占领了思想高地,促进了人的自由和解放。

第四,马克思恩格斯对文化、文明的思考,不仅开创了马克思主义文化理论,而且为文化自觉和自信思想提供了科学的方法论。习近平总书记在纪念马克思诞辰200周年大会上的讲话指出,"马克思、恩格斯高度肯定

---

① 《马克思恩格斯文集》第1卷,人民出版社2009年版,第192页。
② 黄力之:《论马克思主义文化哲学的当代建构》,《山东社会科学》2002年第2期。
③ 《马克思恩格斯文集》第9卷,人民出版社2009年版,第29页。
④⑤⑥⑦ 《马克思恩格斯文集》第2卷,人民出版社2009年版,第35页。

中华文明对人类文明进步的贡献,科学预见了'中国社会主义'的出现,甚至为他们心中的新中国取了靓丽的名字——'中华共和国'。"① 因此,我们学习马克思,就要"学习和实践马克思主义关于文化建设的思想"②,学会用马克思主义的基本立场、观点和方法研究和思考文化问题。例如,马克思恩格斯在强调经济作用的同时不忽视文化的价值,既强调文化对经济、政治的反作用,又主张对文化传统、文化遗产的继承。马克思指出:"人们创造自己的历史,但是他们并不是随心所欲地创造,并不是在他们自己选定的条件下创造,而是在直接碰到的、既定的、从过去承继下来的条件下创造。一切已死的先辈们的传统,像梦魇一样纠缠着活人的头脑。"③ 恩格斯在《自然辩证法》中强调文化具有传承性,指出:"在希腊哲学的多种多样的形式中,几乎可以发现以后的所有看法的胚胎、萌芽。"④

列宁继承和发展了马克思主义文化理论,具有丰富的文化自觉与自信思想。在领导十月革命和俄国社会主义建设的实践中,列宁非常重视文化建设,提出了文化革命和建设思想,在"晚年遗嘱"中指出俄国文化落后制约国家经济建设和社会发展。列宁在《俄国社会民主党人的任务》中说:"没有革命的理论,就不会有革命的运动。"⑤ 列宁文化理论中的文化自觉与自信思想,为我们坚定中国特色社会主义文化自信奠定了理论基础。

第一,列宁提出文化与经济、政治协调发展的构想,强调文化建设对于社会主义建设的重要作用。十月革命后的俄国,建设社会主义面临着各种困难,文化落后是其中一大制约因素,当时俄国国民的文化水平非常低,文盲率很高,即使是党的领导干部、政府工作人员也存在文化水平低、官僚主义作风和"奥勃洛摩夫习气"严重等问题。列宁在《论苏维埃共和国

---

① 习近平:《在纪念马克思诞辰200周年大会上的讲话》,人民出版社2018年版,第12页。
② 习近平:《在纪念马克思诞辰200周年大会上的讲话》,人民出版社2018年版,第19页。
③ 《马克思恩格斯文集》第2卷,人民出版社2009年版,第470-471页。
④ 《马克思恩格斯文集》第9卷,人民出版社2009年版,第439页。
⑤ 《列宁选集》第1卷,人民出版社2012年版,第153页。

所处的国际和国内形势》中批判了"俄国人的奥勃洛摩夫习气"①，他说："俄国完成了三次革命，但奥勃洛摩夫们仍然存在，因为奥勃洛摩夫不仅是地主，而且是农民，不仅是农民，而且是知识分子，不仅是知识分子，而且是工人和共产党员。"②列宁认为，文化建设的落后，制约着经济建设、政治建设和社会发展，阻碍着整个社会主义建设。基于此，他提出了文化与经济、政治协调发展的总体构想，强调文化建设的重要性，认为扫除文盲、提高人民群众的文化水平是摆在我们面前的最迫切的"文化任务"③。

第二，列宁重视共产主义思想教育，提出培育和造就共产主义新人的思想。建设社会主义、实现共产主义，需要造就一大批具有马克思主义世界观、人生观和价值观，具有共产主义觉悟和较高文化素养的全面发展的共产主义新人。列宁指出，作为俄国共产主义革命开创者的工人阶级在十月革命后积极参与新社会即社会主义社会建设，但是由于缺乏马克思主义世界观和文化观，还没有"抛掉资产阶级制度以前的糟糕之极的文化，即官僚或农奴制等等的文化"④，还没有去除从旧社会继承下来的各种弱点和毛病，所以他们"还没有变成新人，没有清除掉旧世界的污泥"，"还站在这种没膝的污泥里面"⑤。因此，要培养和造就具有共产主义理想信念和思想觉悟、具有较高文化素养的新人，就需要加强思想政治教育和共产主义道德教育，用马克思主义世界观和无产阶级文化自觉自信思想武装广大青年的头脑。列宁强调，"现代历史的全部经验，特别是《共产党宣言》发表后半个多世纪以来世界各国无产阶级的革命斗争，都无可争辩地证明，只有马克思主义的世界观才正确地反映了革命无产阶级的利益、观点和文化。"⑥由此可见，马克思主义是真理，是科学的世界观和方法论，是无产

---

① "奥勃洛摩夫习气"是指因循守旧、懒散懈怠的习气。奥勃洛摩夫是俄国作家伊·亚·冈察洛夫的长篇小说《奥勃洛摩夫》的主人公，他是一个怠惰成性、害怕变动、终日耽于幻想、对生活抱消极态度的地主（参见《列宁全集》第43卷，人民出版社2017年版，第3页，第488页。）
② 《列宁全集》第43卷，人民出版社2017年版，第12页。
③ 《列宁专题文集·论社会主义》，人民出版社2009年版，第263页。
④ 《列宁全集》第43卷，人民出版社2017年版，第382页。
⑤ 《列宁专题文集·论社会主义》，人民出版社2009年版，第394页。
⑥ 《列宁专题文集·论社会主义》，人民出版社2009年版，第167页。

阶级和广大人民群众进行革命斗争、求得解放的思想武器，也是培养和造就共产主义新人的思想武器。

第三，列宁提出"无产阶级文化"概念，重视对人类文化遗产的批判继承和创造转化。列宁在吸收改造人类思想和文化发展成果、批判继承俄国历史文化遗产的基础上提出了"无产阶级文化"概念，强调在文化教育事业中要坚持马克思主义世界观和无产阶级的革命目标。他在《关于无产阶级文化》中指出，"马克思主义这一革命无产阶级的思想体系赢得了世界历史性的意义，是因为它并没有抛弃资产阶级时代最宝贵的成就，相反却吸收和改造了两千多年来人类思想和文化发展中一切有价值的东西。只有在这个基础上，按照这个方向，在无产阶级专政的实际经验的鼓舞下继续进行工作，才能认为是发展真正的无产阶级文化。"[①]

无产阶级文化与人类其他文化一样，具有历史继承性，是对人类历史文化和文明成果的批判继承和创新发展。列宁在《青年团的任务》中强调，"只有确切地了解人类全部发展过程所创造的文化，只有对这种文化加以改造，才能建设无产阶级的文化。"[②] 这是因为，无产阶级文化并不是"从天上掉下来的，也不是那些自命为无产阶级文化专家的人杜撰出来的"[③]，而是"人类在资本主义社会、地主社会和官僚社会压迫下创造出来的全部知识合乎规律的发展"[④]。列宁还强调，"共产主义是从人类知识的总和中产生出来的，马克思主义就是这方面的典范。"[⑤] 马克思所创立的共产主义的科学理论之所以能够"掌握最革命阶级的千百万人的心灵"，是因为马克思"依靠了人类在资本主义制度下所获得的全部知识的坚固基础"[⑥]，有批判地重新研究和探讨"人类社会所创造的一切"和"人类思想所建树的一切"[⑦]，从而得出了"资本主义的发展必然导致共产主义"的结论。因此，社会主义社会发展无产阶级文化，离不开对封建社会、资本主义社会文化和文明成果的批判继承。新时代发展中国特色社会主义文化，

---

① 《列宁专题文集·论社会主义》，人民出版社2009年版，第167页。
②③④ 《列宁专题文集·论社会主义》，人民出版社2009年版，第394-395页。
⑤⑥⑦ 《列宁选集》第4卷，人民出版社2012年版，第284页。

建设社会主义文化强国,既要继承中华优秀传统文化和革命文化,又要借鉴其他文明优秀成果,在吸收人类全部文化精华的基础上"实现和提升中国特色社会主义文化自信"①。

第四,列宁提出了"两种文化"理论,论述了文化的民族性和阶级性。在如何对待俄罗斯民族文化的问题上,列宁与"路标派"展开了激烈争论。"路标派"批评"俄国民主派"在世界无产阶级的名义下背叛了俄罗斯的国家和民族文化。列宁针锋相对,在《路标派和民族主义》中批判了"路标派"的观点,指出他们的言论是反革命叛变行为,其目的是挑起民族斗争。

在《关于民族问题的批判意见》中,列宁深入研究了民族文化问题,提出了著名的"两种文化"理论,论述了文化的民族性和阶级性。他指出:"一切民族的资产阶级都高喊'民族文化'这个口号,……工人民主派的口号不是'民族文化',而是民主主义的和全世界工人运动的各民族共同的文化"。② 自由派资产阶级提出"民族文化"的口号,一方面反映了他们的"阴险、虚伪和愚蠢",另一方面是"以'民族文化'的口号作掩护","干反动肮脏的勾当"③。列宁还指出,"每个民族文化,都有一些民主主义的和社会主义的即使是不发达的文化成分,因为每个民族都有被剥削劳动群众,他们的生活条件必然会产生民主主义的和社会主义的意识形态。但是,每个民族也都有资产阶级的文化(大多数还是黑帮的和教权派的),而且这不仅表现为一些'成分',而表现为占统治地位的文化。因此,笼统说的'民族文化'就是地主、神父、资产阶级的文化。"④ 崩得分子⑤和

---

① 耿超、徐目坤:《文化自信:中国自信的根本所在》,广西师范大学出版社2019年版,第50页。
② 《列宁选集》第2卷,人民出版社2012年版,第334页。
③ 《列宁选集》第2卷,人民出版社2012年版,第335页。
④ 《列宁选集》第2卷,人民出版社2012年版,第336页。
⑤ "崩得分子"是指崩得的成员。"崩得"是立陶宛、波兰和俄罗斯犹太工人总联盟的简称,1897年9月在维尔诺成立。参加这个组织的主要是俄国西部各省的犹太手工业者。崩得在成立初期曾进行社会主义宣传,后来在争取废除反犹太特别法律的斗争过程中滑到了民族主义立场上。从1901年起,崩得是俄国工人运动中民族主义和分离主义的代表。它在俄国社会民主工党内一贯支持机会主义派别(经济派、孟什维克和取消派),反对布尔什维克。第一次世界大战期间,崩得分子采取社会沙文主义立场。1917年二月革命后,崩得支持资产阶级临时政府。1921年3月,崩得自行解散,部分成员加入俄国共产党(布)。(参见《列宁选集》第2卷,人民出版社2012年版,第833-834页。)

资产阶级一样,他们否认这个最基本的道理而大谈其空话,实际上就是"反对揭露和阐明阶级鸿沟,把阶级鸿沟掩盖起来,使读者看不清楚"①。列宁这里揭示了文化的阶级属性。由于资产阶级代表和主导了俄罗斯的"民族文化",无产阶级为了与资产阶级进行论战,就必须反对资产阶级主导的"民族文化"。列宁强调,"我们提出'民主主义的和全世界工人运动的各民族共同的文化'这个口号,只是从每一个民族的文化中抽出民主主义和社会主义的成分,我们抽出这些成分只是并且绝对是为了对抗每个民族的资产阶级文化、资产阶级民族主义。"② 所以,列宁并没有否认民族文化的现实存在,而是否定和批判了以"路标派"、崩得分子为代表的资产阶级自由派的"民族文化"口号,揭示了这一口号的虚伪性,防止这一口号分裂工人、削弱民主派、侵蚀全世界工人阶级的团结和利益。在此基础上,列宁指出我们的任务是"同占统治地位的、黑帮和资产阶级的大俄罗斯民族文化作斗争,完全用国际主义精神并通过别国的工人结成最紧密的联盟,来培植那些在我国民主工人运动史上出现的幼苗","为建立工人运动的各民族共同的文化作出自己的贡献"。③

二、毛泽东的文化自觉与自信思想

毛泽东继承了马克思主义经典作家的文化思想,开创了马克思主义中国化的文化理论,提出了新民主主义文化论等文化理论。这一重要思想和理论包含着强烈的文化自觉意识与丰富的文化自信意蕴,为新时代中国特色社会主义文化自信理论奠定了理论基础。

第一,毛泽东对中国文明和文化充满高度自信,强调了中国文明在世界文明中的重要地位。毛泽东指出:"世界文明分东西两流,东方文明在世界文明内,要占个半壁的地位。然东方文明可以说是中国文明。"④ 既然中

---

①② 《列宁选集》第2卷,人民出版社2012年版,第336页。
③ 《列宁选集》第2卷,人民出版社2012年版,第338页。
④ 中央文献研究室:《毛泽东传(一)》,中央文献出版社2011年版,第47页。

国文明代表着东方文明，在世界文明中占据重要地位，那么，我们就要在马克思主义的指导下，"把马克思主义基本原理同中国具体实际相结合、同中华优秀传统文化相结合"①，深入研究和把握中国文明和中国文化的历史和特质，形成具有中国特色、中国气派的新文化，为革命和建设提供精神动力。

第二，毛泽东坚持马克思主义的立场、观点和方法，揭示出文化与经济、政治之间的辩证关系，提出了"新民主主义的文化"的科学内涵。毛泽东运用辩证唯物主义和历史唯物主义的方法研究文化问题，把文化放在上层建筑的意义来进行理解，科学揭示了文化与经济、政治之间的辩证关系。他说："一定的文化（当作观念形态的文化）是一定社会的政治和经济的反映，又给予伟大影响和作用于一定社会的政治和经济。"② 在《新民主主义论》中，毛泽东还强调了作为文化重要内容的共产主义思想对于中国民主革命的重要作用，指出："中国的民主革命，没有共产主义去指导是决不能成功的。"③ 在此基础上，毛泽东提出了新民主主义的文化的科学内涵，即"无产阶级领导的人民大众的反帝反封建的文化"④。这种文化体现了五四运动以后中国新文化的性质，即新民主主义性质的文化，它"属于世界无产阶级的社会主义的文化革命的一部分"⑤。毛泽东还指出，新民主主义文化是民族的，"主张中华民族的尊严和独立"；是科学的，"主张实事求是，主张客观真理，主张理论和实践一致"；是大众的、民主的，"应为全民族中百分之九十以上的工农劳苦民众服务，并逐渐成为他们的文化。"⑥

第三，毛泽东辩证看待中国传统文化，提倡"古为今用"和"取其精华、弃其糟粕"的方针。毛泽东指出，中国传统文化既有民主的精华，又有封建性的糟粕。所以，对待中国传统文化要坚持"古为今用"和"取其

---

① 《习近平谈治国理政》第4卷，外文出版社2022年版。第10页。
② 《毛泽东选集》第2卷，人民出版社1991年版，第663–664页。
③ 《毛泽东选集》第2卷，人民出版社1991年版，第686页。
④ 《毛泽东选集》第2卷，人民出版社1991年版，第698页。
⑤⑥ 《毛泽东选集》第2卷，人民出版社1991年版，第708页。

精华、弃其糟粕"的方针，摒弃虚无主义和复古主义的态度，坚持科学辩证的原则，"继承一切优秀的文学艺术遗产，批判地吸收其中一切有益的东西，作为我们从此时此地的人民生活中的文学艺术原料创造作品时候的借鉴"①。这是我们发展民族新文化、提高民族自信和文化自信的必要条件和思想根基。对待外来文化，毛泽东提倡"洋为中用"的方针，强调经过我们的"口腔咀嚼和肠胃运动"来吸收外来文化，而反对"生吞活剥、全盘照搬"和"不分优劣、盲目抵制"的错误态度。

第四，毛泽东阐述了社会主义文化建设在社会主义现代化建设中的重要地位，提出了"社会主义文艺为工农兵服务、为社会主义服务"的方向和"百花齐放，百家争鸣"的方针。新中国成立后，毛泽东深刻阐述了文化建设在社会主义现代化建设中的重要地位，指出："随着经济建设的高潮的到来，不可避免地将要出现一个文化建设的高潮。中国人被人认为不文明的时代已经过去了，我们将以一个具有高度文化的民族出现于世界。"② 这里充分体现出"毛泽东对社会主义现代化建设、社会主义文化以及中国发展前景高度的文化自信"③。毛泽东在延安文艺座谈会上的讲话最早提出，我们的文艺是为最广大的人民即"工人、农民、兵士和城市小资产阶级"④ 服务的问题。后来，这一思想逐渐发展社会主义文艺为人民服务、为社会主义服务的"二为"方向。1956年4月，毛泽东在中共中央政治局扩大会议上的总结讲话提出，"艺术问题上的百花齐放，学术问题上的百家争鸣，我看应该成为我们的方针。……讲学术，这种学术也可以讲，那种学术也可以讲，不要拿一种学术压倒一切。你讲的如果是真理，信的人势必就会越来越多。"⑤ 这就是著名的"双百"方针。从此，"二为"方向和"双百"方针成为促进我国文艺发展和学术进步、繁荣社会主义文化的重要指导原则。

---

① 《毛泽东选集》第3卷，人民出版社1991年版，第860页。
② 《毛泽东文集》第5卷，人民出版社1996年版，第345页。
③ 耿超、徐目坤：《文化自信：中国自信的根本所在》，广西师范大学出版社2019年版，第54页。
④ 《毛泽东选集》第3卷，人民出版社1991年版，第855页。
⑤ 《毛泽东文集》第7卷，人民出版社1999年版，第54-55页。

第五，毛泽东批评了"言必称希腊"、不注重研究自己历史文化的作风，强调马克思主义与中国具体实际、与中国历史文化传统相结合的必要性，提出了"马克思主义中国化"命题。在《改造我们的学习》中，毛泽东指出了"言必称希腊"、不注重研究历史的极坏作风，说："不论是近百年的和古代的中国史，在许多党员的心目中还是漆黑一团。许多马克思列宁主义的学者也是言必称希腊，对于自己的祖宗，则对不住，忘记了。"① 毛泽东还批评了主观主义的态度，指出："在这种态度下，就是割断历史，只懂得希腊，不懂得中国，对于中国昨天和前天的面目漆黑一团。"②

在《中国共产党在民族战争中的地位》中，毛泽东强调了学习继承中华民族历史文化遗产、用马克思主义的方法给以批判总结的重要性。他说："我们这个民族有数千年的历史，有它的特点，有它的许多珍贵品。对于这些，我们还是小学生。今天的中国是历史的中国的一个发展；我们是马克思主义的历史主义者，我们不应当割断历史。从孔夫子到孙中山，我们应当给以总结，承继这一份珍贵的遗产。这对于指导当前的伟大的运动，是有重要的帮助。"③ 马克思主义"必须和我国的具体特点相结合并通过一定的民族形式才能实现"④。中国共产党"要学会把马克思列宁主义的理论应用于中国的具体的环境"⑤。这是因为，"成为伟大中华民族的一部分而和这个民族血肉相联的共产党员，离开中国特点来谈马克思主义，只是抽象的空洞的马克思主义。"⑥ 因此，"使马克思主义在中国具体化，使之在其每一表现中带着必须有的中国的特性，即是说，按照中国的特点去应用它，成为全党亟待了解并亟须解决的问题。"⑦ 这里毛泽东第一次提出了"马克思主义中国化"命题。推进马克思主义中国化，必须把国际主义的内容和民族形式"紧密地结合起来"⑧，必须废止洋八股、教条主义和"空洞抽象的调头"，而代之以"新鲜活泼的、为中国老百姓所喜闻乐见的中国作风和中国气派"⑨。

---

① 《毛泽东选集》第3卷，人民出版社1991年版，第797页。
② 《毛泽东选集》第3卷，人民出版社1991年版，第799页。
③ 《毛泽东选集》第2卷，人民出版社1991年版，第533–534页。
④⑤⑥⑦⑧⑨ 《毛泽东选集》第2卷，人民出版社1991年版，第534页。

三、邓小平的文化自觉与文化自信思想

邓小平继承发展了马克思主义文化理论，提出了社会主义精神文明理论。这一重要理论包含着强烈的文化自觉意识与丰富的文化自信意蕴，为新时代中国特色社会主义文化自信理论奠定了理论基础。

第一，邓小平提出了社会主义精神文明这一重要概念，提出了物质文明与精神文明"两手抓，两手都要硬"的著名理论。邓小平在继承马克思主义文化理论的基础上，提出了社会主义精神文明理论。他指出："我们要建设的社会主义国家，不但要有高度的物质文明，而且要有高度的精神文明。所谓精神文明，不但是指教育、科学、文化（这是完全必要的），而且是指共产主义的思想、理想、信念、道德、纪律，革命的立场和原则，人与人的同志式关系，等等。……没有这种精神文明，没有共产主义思想，没有共产主义道德，怎么能建设社会主义？"①他不仅"把社会主义精神文明看作社会主义制度先进性、优越性的重要体现，而且把它看作实现社会主义现代化的重要保障。在此基础上，邓小平提出了社会主义物质文明和精神文明'两手抓，两手都要硬'的理论"②，强调"我们在建设具有中国特色的社会主义社会时，一定要坚持发展物质文明和精神文明"③，认为两个文明建设都要超过亚洲"四小龙"，"才是有中国特色的社会主义"④。

邓小平认为，"不加强精神文明的建设，物质文明的建设也要受破坏，走弯路"⑤，从而影响社会主义建设的成功。邓小平在《建设社会主义的物质文明和精神文明》中强调，"现在我们要特别注意建设物质文明。与此同时，还要建设社会主义的精神文明，最根本的是要使广大人民有共产主义的理想，有道德，有文化，守纪律。"⑥所以，加强社会主义精神文明建

---

① 《邓小平文选》第2卷，人民出版社1994年版，第367页。
② 许亮：《习近平文化自信思想的科学内涵和当代价值》，《理论视野》2018年第12期。
③ 《邓小平文选》第3卷，人民出版社1993年版，第110页。
④ 《邓小平文选》第3卷，人民出版社1993年版，第378页。
⑤ 《邓小平文选》第3卷，人民出版社1993年版，第144页。
⑥ 《邓小平文选》第3卷，人民出版社1993年版，第28页。

设,要"着眼于党风和社会风气的根本好转",要"端正党风""改善社会风气"①,要培养"有理想、有道德、有文化、有纪律"的"'四有'人民"②,提高社会的文明程度和广大人民群众的文化素养。

第二,邓小平强调"双百"方针的目的是促进社会主义文化的繁荣,而不是为传播资产阶级自由化思潮等错误思想提供自由空间。邓小平在《党在组织战线和思想战线上的迫切任务》中指出,"'双百'方针的目的是促进社会主义文化的繁荣。……有些人把'双百'方针理解为鸣放绝对自由,甚至只让错误的东西放,不让马克思主义争。这还叫什么百家争鸣?这就把'双百'方针这个无产阶级的马克思主义的方针,歪曲为资产阶级的自由主义的方针了。"③ 因此,要旗帜鲜明地反对资产阶级自由化思潮和"否定社会主义和党的领导的思潮",敢于批评理论界文艺界流行的错误言论、有害作品和低级表演,学会用马克思主义的立场、观点和方法分析、鉴别和批判"西方各种哲学的、经济学的、社会政治的和文学艺术的思潮"④,清除腐蚀人们的灵魂和意志的精神污染、消极现象和歪风邪气。

第三,邓小平揭示了文艺与文化自信的关系,强调坚持社会主义文艺"二为"方向的重要性。邓小平指出,"一些人对党中央提出的文艺为人民服务,为社会主义服务的口号表示淡漠,对文艺的社会主义方向表示淡漠,对党和人民的革命历史和他们为社会主义现代化而奋斗的英雄业绩,缺少加以表现和歌颂的热忱,对社会主义事业中需要解决的问题,很少站在党的积极的革命的立场上提高群众的认识,激发他们的热情,坚定他们的信心。"⑤ 这里所讲的坚定人民群众对社会主义事业的信心,包括坚定对社会主义文化的自信。社会主义文艺是社会主义文化的重要组成部分,文艺的方向关乎民族精神的独立、关乎党和国家的文化自信。社会主义文艺如果偏离了"二为"方向,不去讴歌革命文化和社会主义先进文化,而是鼓吹

---

① 《邓小平文选》第3卷,人民出版社1993年版,第144页。
② 《邓小平文选》第3卷,人民出版社1993年版,第205页。
③ 《邓小平文选》第3卷,人民出版社1993年版,第47页。
④ 《邓小平文选》第3卷,人民出版社1993年版,第44页。
⑤ 《邓小平文选》第3卷,人民出版社1993年版,第42–43页。

"西方的所谓'现代派'思潮"和各种"阴暗的、灰色的、以至胡编乱造、歪曲革命的历史和现实的东西"①，宣传"抽象的人性论、人道主义"等现代西方资产阶级文化，就会"在人民中混淆是非界限，造成消极涣散、离心离德的情绪"②，就会"腐蚀人们的灵魂和意志"③，造成思想战线的混乱，甚至会"祸国误民"④。基于此，邓小平强调在重视经济工作的同时，要大力"加强党对思想战线的领导"⑤，采取批评和自我批评的方法解决思想战线混乱问题，使"马克思主义的和社会主义、共产主义的宣传，特别是在一切重大理论性、原创性问题上的正确观点，在思想界真正发挥主导作用"⑥。这样，我们才会创造"社会主义思想文化更加繁荣昌盛的新局面"⑦。

第四，邓小平把革命文化的核心概括为五大革命精神，强调革命精神对于社会主义建设和实现四个现代化的重要作用。在《贯彻调整方针，保证安定团结》中，邓小平把革命文化概括为"五大革命精神"，他指出："在长期革命战争中，我们在正确的政治方向指导下，从分析实际情况出发，发扬革命和拚命精神，严守纪律和自我牺牲精神，大公无私和先人后己精神，压倒一切敌人、压倒一切困难的精神，坚持革命乐观主义、排除万难去争取胜利的精神，取得了伟大的胜利。搞社会主义建设，实现四个现代化，同样要在党中央的正确领导下，大大发扬这些精神。"⑧邓小平还强调，共产党员不仅要发扬这五大革命精神，而且还要"把这些精神推广到全体人民、全体青少年中间去，使之成为中华人民共和国的精神文明的主要支柱，为世界上一切要求革命、要求进步的人们所向往，也为世界上许多精神空虚、思想苦闷的人们所羡慕"⑨。这里体现出邓小平对以革命精神为主要内容的中国精神和中国文化的高度自信。

第五，邓小平指出了中国共产党在坚定中国人自信中的重要作用，强

---

① 《邓小平文选》第3卷，人民出版社1993年版，第43页。
②③④ 《邓小平文选》第3卷，人民出版社1993年版，第44页。
⑤ 《邓小平文选》第3卷，人民出版社1993年版，第45页。
⑥ 《邓小平文选》第3卷，人民出版社1993年版，第46页。
⑦ 《邓小平文选》第3卷，人民出版社1993年版，第48页。
⑧ 《邓小平文选》第2卷，人民出版社1994年版，第367-368页。
⑨ 《邓小平文选》第2卷，人民出版社1994年版，第368页。

调坚定马克思主义理论自信和吸收借鉴人类文明成果的重要性。邓小平在《我们有信心把中国的事情做得更好》中强调,"中国人有自信心,自卑没有出路。过去自卑了一个多世纪,在中国共产党领导下站起来了。"① 中华民族从站起来、富起来到强起来的伟大飞跃,离不开中国共产党的正确领导,也离不开对中国特色社会主义道路、制度、理论体系和文化的自信。邓小平在武昌、深圳、珠海、上海等地的谈话指出,"我坚信,世界上赞成马克思主义的人会多起来的,因为马克思主义是科学。"② 这里体现了邓小平对马克思主义的高度自信。马克思主义是科学真理,包含着丰富的文化理论。所以,对马克思主义的自信,包含着对马克思主义文化和社会主义精神文明的自信,包含着对马克思主义基本原理与中华优秀传统文化相结合的文化成果的自信。邓小平还强调,"社会主义要赢得与资本主义相比较的优势,就必须大胆吸收和借鉴人类社会创造一切文明成果。"③

四、江泽民的文化自觉与文化自信思想

江泽民继承发展了马克思主义文化理论,提出了"三个代表"重要思想,提出了社会主义先进文化理论和建设有中国特色社会主义文化理论。这些重要思想包含着强烈的文化自觉意识与丰富的文化自信意蕴,为新时代中国特色社会主义文化自信理论奠定了理论基础,为我们坚定中国特色社会主义文化自信提供了指导思想。

第一,江泽民提出了"三个代表"重要思想,强调中国共产党始终代表中国先进文化的前进方向,为坚定文化自信提供了内在动力。2000年2月,江泽民在广东省考察工作时首次提出"三个代表"重要思想,强调:"我们党所以赢得人民的拥护,是因为我们党在革命、建设、改革的各个历史时期,总是代表着中国先进生产力的发展要求,代表着中国先进文化的

---

① 《邓小平文选》第3卷,人民出版社1993年版,第326页。
② 《邓小平文选》第3卷,人民出版社1993年版,第382页。
③ 《邓小平文选》第3卷,人民出版社1993年版,第373页。

前进方向，代表着中国最广大人民的根本利益，并通过制定正确的路线方针政策，为实现国家和人民的根本利益而不懈奋斗。"① 江泽民在庆祝中国共产党成立八十周年大会上的讲话指出，"我们党要继续站在时代前列，带领人民胜利前进，归结起来，就是必须始终代表中国先进生产力的发展要求，代表中国先进文化的前进方向，代表中国最广大人民的根本利益。"② 这是中国共产党的"立党之本、执政之基、力量之源"③。

我们党要始终"代表中国先进文化的前进方向"④，就要使"党的理论、路线、纲领、方针、政策和各项工作，必须努力体现发展面向现代化、面向世界、面向未来的，民族的科学的大众的社会主义文化的要求，促进全民族思想道德素质和科学文化素质的不断提高，为我国经济发展和社会进步提供精神动力和智力支持。"⑤

第二，江泽民明确了社会主义先进文化的性质和内涵，提出了发展社会主义先进文化的原则和要求，为文化自信思想提供了丰富内容。江泽民在中国共产党第十六次全国代表大会上的报告指出，"在当代中国，发展先进文化，就是发展面向现代化、面向世界、面向未来的，民族的科学的大众的社会主义文化，以不断丰富人们的精神世界，增强人们的精神力量。"⑥ 江泽民还强调，"发展先进文化，就是发展有中国特色社会主义的文化，就是建设社会主义精神文明。"⑦社会主义先进文化的性质是有中国特色社会主义的文化，是社会主义文化而非其他文化。

发展社会主义先进文化，要以马克思主义为指导，牢牢把握先进文化的前进方向。江泽民强调，发展社会主义先进文化，要"牢牢把握中国先进文化的发展趋势和要求，坚持以马克思列宁主义、毛泽东思想、邓小平理论为指导，立足于建设有中国特色社会主义的实践，着眼于世界科学文化发展的前沿，不断发展健康向上、丰富多彩的，具有中国风格、中国特

---

① 《江泽民文选》第3卷，人民出版社2006年版，第2页。
②③④ 《江泽民文选》第3卷，人民出版社2006年版，第272页。
⑤⑦ 《江泽民文选》第3卷，人民出版社2006年版，第276页。
⑥ 《江泽民文选》第3卷，人民出版社2006年版，第559页。

色的社会主义文化,满足人民群众日益增长的精神文化需求。"① 江泽民还强调,我们要"牢牢把握先进文化的前进方向"②,坚持马克思主义在意识形态领域的指导地位。

发展社会主义先进文化的原则和要求主要包括以下四点:一要"坚持为人民服务、为社会主义服务的方向和百花齐放、百家争鸣的方针"③,支持健康有益文化,努力改造落后文化,坚持抵制腐朽文化;二要围绕"培养一代又一代有理想、有道德、有文化、有纪律的公民"④ 这一根本任务,坚持"以科学的理论武装人,以正确的舆论引导人,以高尚的精神塑造人,以优秀的作品鼓舞人"⑤;三要"加强社会主义道德建设"⑥ 这一中心环节,"在全社会倡导爱国主义、集体主义、社会主义思想,反对和抵制拜金主义、享乐主义、极端个人主义等腐朽思想,增强全国人民的民族自尊心、自信心、自豪感"⑦;四要"继承和发扬一切优秀的文化"⑧,并"结合新的实践和时代的要求,结合人民群众精神生活的需要,积极进行文化创新,努力繁荣先进文化,把亿万人民紧紧吸引在有中国特色社会主义文化的伟大旗帜下。"⑨

第三,江泽民提出了"有中国特色社会主义文化"理论,强调文化在国家发展和社会进步中的基础地位和重要作用,为明确文化自信的地位和作用提供了理论基础。江泽民在广东省考察工作时指出,"全党同志必须始终坚持以马克思主义为指导,努力继承和发扬中华民族的一切优秀文化传统,努力学习和吸收外国的一切优秀文化成果,从而不断创造和推进有中国特色社会主义文化,使社会主义物质文明和精神文明协调发展,使社会全面进步。"⑩ 江泽民还强调,有中国特色社会主义文化是衡量一个国家综合国力强弱的重要标志,是凝聚和激励人民群众的重要力量。一个国家如果没有自己的文化,没有自己的民族精神,就会失去灵魂、丧失精神支

---

① 《江泽民文选》第3卷,人民出版社2006年版,第276-277页。
②③ 《江泽民文选》第3卷,人民出版社2006年版,第559页。
④⑤ 《江泽民文选》第3卷,人民出版社2006年版,第277页。
⑥⑦⑧⑨ 《江泽民文选》第3卷,人民出版社2006年版,第278-279页。
⑩ 《江泽民文选》第3卷,人民出版社2006年版,第2页。

柱，就难以在国际社会立足。

建设有中国特色社会主义文化，就要继承和发扬人类社会创造的一切先进文明成果和一切优秀的文化。江泽民在庆祝中国共产党成立八十周年大会上的讲话指出，我们必须"继承和发扬一切优秀的文化。……中华民族的优秀文化传统，党和人民从五四运动以来形成的革命文化传统，人类社会创造的一切先进文明成果，我们都要积极继承和发扬。"① 江泽民在中国共产党第十六次全国代表大会上的报告指出，"社会主义精神文明是中国特色社会主义的重要特征。必须立足中国现实，继承民族文化优秀传统，吸取外国文化有益成果，建设社会主义精神文明，不断提高全民族的思想道德素质和科学文化素质，为现代化建设提供强大的精神动力和智力支持。"② 所以，有中国特色社会主义文化是"对中华优秀传统文化、革命文化和人类一切优秀文化的继承发展和融合创新，是建设社会主义精神文明的题中应有之义"③，是提高全民族文化素养和全社会文明程度的重要途径。

五、胡锦涛的文化自觉与文化自信思想

胡锦涛继承发展了马克思主义文化理论，明确了发展中国特色社会主义文化的根本目的，提出了坚持中国特色社会主义文化发展道路、建设社会文化强国的重大战略，为新时代中国特色社会主义文化自信理论奠定了理论基础，为我们坚定中国特色社会主义文化自信提供了指导思想。

第一，胡锦涛强调文化对于提高综合国力的重要作用，提出了"高度的文化自觉和文化自信"的命题。胡锦涛在庆祝中国共产党成立九十周年大会上的讲话中指出，"面对当今文化越来越成为综合国力竞争重要因素的新形势，我们必须以高度的文化自觉和文化自信，着眼于提高民族素质

---

① 《江泽民文选》第3卷，人民出版社2006年版，第278页。
② 《江泽民文选》第3卷，人民出版社2006年版，第534页。
③ 许亮：《习近平文化自信思想的科学内涵和当代价值》，《理论视野》2018年第12期。

和塑造高尚人格,以更大力度推进文化改革发展,在中国特色社会主义伟大实践中进行文化创造,让人民共享文化发展成果。"① 胡锦涛在中国共产党第十八次全国代表大会上的报告强调,我们一定要"坚持社会主义先进文化前进方向,树立高度的文化自觉和文化自信,向着建设社会主义文化强国宏伟目标阔步前进。"②

第二,胡锦涛阐明了社会主义文化大发展大繁荣的重要地位,强调坚定不移发展社会主义先进文化的重要性。胡锦涛在庆祝中国共产党成立九十周年大会上的讲话中指出,"我们要继续大力推动社会主义文化大发展大繁荣,坚定不移发展社会主义先进文化。"③ 具体来讲,就要"坚持发展面向现代化、面向世界、面向未来的,民族的科学的大众的社会主义文化,推动社会主义先进文化更加深入人心,推动社会主义精神文明和物质文明全面发展,不断开创全民族文化创造活力持续迸发、社会文化生活更加丰富多彩、人民基本文化权益得到更好保障、人民思想道德素质和科学文化素质全面提高的新局面,建设中华民族共有精神家园。"④ 胡锦涛强调,发展社会主义先进文化,一是"必须把社会主义核心价值体系建设融入国民教育、精神文明建设和党的建设全过程"⑤;二是"要坚持用马克思主义中国化最新成果武装全党、教育人民,引导广大干部群众深刻领会党的理论创新成果,坚定理想信念";⑥ 三是"要在全体人民中大力弘扬以爱国主义为核心的民族精神和以改革创新为核心的时代精神,增强民族自尊心、自信心、自豪感,激励全党全国各族人民为实现中华民族伟大复兴而团结奋斗";⑦ 四是"要坚持用社会主义荣辱观引领社会风尚,深入推进社会公德、职业道德、家庭美德、个人品德建设,加强对青少年的德育培养,在全社会形成积极向上的精神追求和健康文明的生活方式";⑧ 五是"要加快文化体制改革,加快构建公共文化服务体系,加快发展文化事业和文化产业";⑨ 六是"要着眼于推动中华文化走向世界,形成与我国国际地位相对

---

①④⑤⑥⑦⑧⑨ 《胡锦涛文选》第3卷,人民出版社2016年版,第539页。
② 《胡锦涛文选》第3卷,人民出版社2016年版,第640页。
③ 《胡锦涛文选》第3卷,人民出版社2016年版,第538页。

称的文化软实力,提高中华文化国际影响力"。①

第三,胡锦涛指出"满足人民精神文化需求、促进人的全面发展"是发展中国特色社会主义文化的根本目的,强调打牢中国特色社会主义文化发展根基的重要性。胡锦涛强调,坚持中国特色社会主义文化发展道路,推动社会主义文化大发展大繁荣,"必须坚持以人为本,以满足人民精神文化需求、促进人的全面发展为根本目的,不断提高全民族思想道德素质和科学文化素质,培育有理想、有道德、有文化、有纪律的社会主义公民。"②胡锦涛还强调,我们"只有坚持以马克思主义为指导、以社会主义先进文化为引领,才能打牢中国特色社会主义文化发展的根基。"③

第四,胡锦涛提出坚持中国特色社会主义文化发展道路,建设社会主义文化强国的重大战略。胡锦涛在中共十七届六中全会第二次全体会议上的讲话指出,"坚持中国特色社会主义文化发展道路,必须坚持以马克思主义为指导,坚持社会主义先进文化前进方向。"④胡锦涛在中国共产党第十八次全国代表大会上的报告提出,建设社会主义文化强国的重要战略和宏伟目标。建设社会主义文化强国,一是"必须走中国特色社会主义文化发展道路,坚持为人民服务、为社会主义服务的方向,坚持百花齐放、百家争鸣的方针,坚持贴近实际、贴近生活、贴近群众的原则,推动社会主义精神文明和物质文明全面发展,建设面向现代化、面向世界、面向未来的,民族的科学的大众的社会主义文化";⑤二是"必须推动社会主义文化大发展大繁荣,兴起社会主义文化建设新高潮,提高国家文化软实力,发挥文化引领风尚、教育人民、服务社会、推动发展的作用";⑥三是"必须大力弘扬中华优秀文化传统,大力弘扬五四运动以来形成的革命文化传统,大力弘扬改革开放以来文化领域形成的一系列新思想新观念新风尚,立足中国特色社会主义伟大实践,发展社会主义先进文化"。⑦

---

① 《胡锦涛文选》第3卷,人民出版社2016年版,第539-540页。
② 《胡锦涛文选》第3卷,人民出版社2016年版,第564页。
③④ 《胡锦涛文选》第3卷,人民出版社2016年版,第563页。
⑤⑥ 《胡锦涛文选》第3卷,人民出版社2016年版,第637页。
⑦ 《胡锦涛文选》第3卷,人民出版社2016年版,第565页。

上述思想和理论都是新时代中国特色社会主义文化自信理论的理论基础，为我们坚定中国特色社会主义文化自信提供了指导思想。

第三节　新时代中国特色社会主义文化自信理论的文化基础

文化自信是中华民族的优良传统。中华民族自古以来具有高度的文化自信，对自己所创造的文化和文明的价值、生命力、影响力都具有高度的信心。中国自古以来就以文化立国、以王道安定天下，而非依靠武力、霸道来统治天下。中国对世界的影响也主要依靠中华文化的软实力和亲和力。中华优秀传统文化，"是中华文明的智慧结晶和精华所在，是中华民族的根和魂"①，是习近平新时代中国特色社会主义思想的文化基础，也是新时代中国特色社会主义文化自信理论的文化基础。

第一，中华优秀传统文化是新时代中国特色社会主义文化自信理论的文化根基，为我们坚定文化自信增添了深厚的历史底蕴。

中华优秀传统文化"观乎人文，以化成天下"的崇德尚文传统铸就了中华民族博采众长的文化自信。中华民族是一个有着无比文化自信的民族。"文化是立国之本，古代圣贤重视的是文化的高明，是仁政，是弘扬人的善性从而靠拢与把握天道的天人合一。"②毛泽东在《新民主主义论》中说："中国现时的新政治新经济是从古代的旧政治旧经济发展而来的，中国现时的新文化也是从古代的旧文化发展而来，因此，我们必须尊重自己的历史，决不能割断历史。"③习近平总书记指出："中华文明5000多年绵延不断、经久不衰，在长期演进过程中，形成了中国人看待世界、看待社会、看待人生的独特价值体系、文化内涵和精神品质，这是我们区别于其他国

---

① 习近平：《把中国文明历史研究引向深入 增强历史自觉坚定文化自信》，《求是》2022年第14期。
② 王蒙：《王蒙谈文化自信》，人民出版社2017年版，第33—34页。
③ 《毛泽东选集》第2卷，人民出版社2009年，第708页。

家和民族的根本特征，也铸就了中华民族博采众长的文化自信。"①

中华民族是世界上伟大的民族，有着源远流长的文明历史，为人类文明进步作出了不可磨灭的贡献。在5000多年的历史发展中，中华民族创造了辉煌灿烂的中华文明和博大精深的中华文化。习近平总书记指出："中国是有着悠久文明的国家。在世界几大古代文明中，中华文明是没有中断、延续发展至今的文明，已经有5000多年历史了。我们的祖先在几千年前创造的文字至今仍在使用。2000多年前，中国就出现了诸子百家的盛况，老子、孔子、墨子等思想家上究天文、下穷地理，广泛探讨人与人、人与社会、人与自然关系的真谛，提出了博大精深的思想体系。……中国人独特而悠久的精神世界，让中国人具有很强的民族自信心，也培育了以爱国主义为核心的民族精神。"② 中共中央办公厅、国务院办公厅印发的《关于实施中华优秀传统文化传承发展工程的意见》指出："中华文化独一无二的理念、智慧、气度、神韵，增添了中国人民和中华民族内心深处的自信和自豪。"③ 所以，中华优秀传统文化是"文化自信的根基"④，增添了中国人民和中华民族内心深处的自信和自豪。坚定文化自信对于全面建成社会主义现代化强国、实现中华民族伟大复兴的中国梦都具有举足轻重的作用。

第二，中国共产党坚持把马克思主义基本原理同中国具体实际相结合、同中华优秀传统文化相结合，是新时代中国特色社会主义文化自信理论的方法逻辑，为我们坚定文化自信提供了强大的内生动力。

中国是四大文明古国，有着悠久的历史和灿烂的文明。明朝中叶以前，中国是世界上经济、政治、文化、教育等最发达的国家，"有素称发达的农业和手工业，有许多伟大的思想家、科学家、发明家、政治家、军事家、文学家和艺术家，有丰富的文化典籍"⑤。中华文明对周边国家和世界产生了巨大的影响，"中国的造纸术、火药、印刷术、指南针、天文历法、哲学

---

① 习近平：《在敦煌研究院座谈时的讲话》，《求是》2020年第3期。
② 习近平：《在布鲁日欧洲学院的演讲》，《人民日报》2014年04月02日。
③ 中共中央办公厅 国务院办公厅：《关于实施中华优秀传统文化传承发展工程的意见》，《新华每日电讯》2017年01月25日。
④ 李环宇：《讲好历史故事 坚定文化自信》，《中国社会科学报》，2020年07月20日。
⑤ 《毛泽东选集》第2卷，人民出版社1991年版，第622页。

思想、民本理念等在世界上影响深远，有力推动了人类文明发展进程。"①

中华文明的辉煌随着近代中国的衰落而陷入了停滞，面临着"国家蒙辱、人民蒙难、文明蒙尘"②的重重危机，中华民族遭受了前所未有的劫难。面对严重的民族危机和文化危机，中国人丧失了民族自信与文化自信，产生了文化焦虑与文化自卑。晚清国学大师、清华国学院教授王国维在北伐军进入北京前夕自杀，称自己"经此事变，义无再辱"。王国维之所以在知天命的年纪选择自杀，是因为"他感觉到中国文化面临着灭顶之灾"③。文化大师王国维的自杀，恰恰体现出民国初年中华文化的危机。这种危机的重要表现之一是民族自信和文化自信的丧失，是对中华传统文化的自卑和自弃。在新文化运动中，许多学者和知识分子在引进西方文化、提倡"德先生"（democracy，即民主）和"赛先生"（science，即科学）的同时对中华传统文化采取激烈的批判态度。例如，"胡适等一些人提出了打倒孔家店，……吴稚晖提出来'把线装书扔到茅厕里去'，……钱玄同提出来'废除中文'。"④

中国共产党诞生后，秉持马克思主义的立场、观点和方法，在推动马克思主义中国化的进程中坚持把马克思主义基本原理同中国具体实际相结合、同中华优秀传统文化相结合，承担起继承和弘扬中华优秀传统文化的光荣使命，推动了中华优秀传统文化的创造性转化、创新性发展，铸造了中华文化新辉煌。毛泽东坚持把马克思主义基本原理与中国革命具体实践相结合，指出对待中华传统文化要"取其精华，去其糟粕"，提出"从孔夫子到孙中山，我们应当给以总结，承继这一份珍贵的遗产"⑤，"中国人被人认为不文明的时代已经过去了，我们将以一个具有高度文化的民族出现于世界"⑥等著名论断，体现了"马克思主义与中华传统文化精华的接轨"⑦。

---

① 《习近平谈治国理政》第3卷，外文出版社2020年版，第471页。
② 《习近平谈治国理政》第4卷，外文出版社2022年版，第4页。
③ 王蒙：《王蒙谈文化自信》，人民出版社2017年版，第35页。
④ 王蒙：《王蒙谈文化自信》，人民出版社2017年版，第52页。
⑤ 《毛泽东选集》第2卷，人民出版社1991年版，第534页。
⑥ 《毛泽东文集》第5卷，人民出版社1996年版，第345页。
⑦ 王蒙：《王蒙谈文化自信》，人民出版社2017年版，第19页。

进入新时代，以习近平同志为核心的党中央从中华民族伟大复兴的战略高度看待中华优秀传统文化的当代价值，提出"坚定文化自信"①和"推动中华优秀传统文化创造性转化、创新性发展"②等重要论断。习近平总书记在党的十九大报告中指出，"没有高度的文化自信，没有文化的繁荣兴盛，就没有中华民族伟大复兴。"③习近平总书记在福建武夷山朱熹园考察时的讲话强调，"我们走中国特色社会主义道路，一定要推进马克思主义中国化。如果没有中华五千年文明，哪里有什么中国特色？如果不是中国特色，哪有我们今天成功的中国特色社会主义道路？我们要特别重视挖掘中华五千年文明中的精华，把弘扬优秀传统文化同马克思主义立场观点方法结合起来，坚定不移走中国特色社会主义道路。"④习近平总书记在庆祝中国共产党成立一百周年大会上的讲话亦强调，新的征程上，我们必须"坚持把马克思主义基本原理同中国具体实际相结合、同中华优秀传统文化相结合，用马克思主义观察时代、把握时代、引领时代，继续发展当代中国马克思主义、21世纪马克思主义！"⑤踏上实现第二个百年奋斗目标的新征程，实现中华民族伟大复兴的中国梦，不仅要在硬实力方面把我国建成经济强国、工业强国、科技强国和军事强国，而且要在软实力方面把我国建成教育强国、人才强国和文化强国，要能够"在文化领域与西方发达国家平等对话，把中国自己的事情，用中国话语叙述出来，向世界传播。"⑥因此，文化自信是一个时代性极强的命题。它"既是基于我们民族苦难和奋斗史的文化自觉与自豪，又是我们民族寻找自身伟大复兴之路的文化史的历史展示"⑦。它既"是反对'西方文化中心论'，反对由于清中后期列强入侵、中国落后于西方所产生的民族自卑和文化自卑，又是吹响

---

① 《习近平谈治国理政》第2卷，外文出版社2017年版，第339页。
② 《习近平谈治国理政》第3卷，外文出版社2020年版，第18页。
③ 《习近平谈治国理政》第3卷，外文出版社2020年版，第32页。
④ 《习近平谈治国理政》第4卷，外文出版社2022年版，第315页。
⑤ 《习近平谈治国理政》第4卷，外文出版社2022年版，第10页。
⑥ 李环宇：《讲好历史故事 坚定文化自信》，《中国社会科学报》，2020年07月20日。
⑦ 陈先达：《文化自信中的传统与当代》，北京师范大学出版社2017年版，第111页。

推动中华民族复兴的精神号角。"① 总之，文化自信为摆脱近代以来的文化自卑心理、化解近代以来的文化危机、吹响中华民族复兴的精神号角增添了坚定信念和强大动力。

第三，习近平传统文化观是新时代中国特色社会主义文化自信理论的逻辑前提，为我们坚定文化自信提供了科学的理论指导。

党的十八大以来，习近平总书记高度重视传统文化的优质资源，发表了关于继承弘扬、创新发展中华优秀传统文化的系列重要讲话，如提出"中华优秀传统文化……是我们最深厚的文化软实力"②，"优秀传统文化是一个国家、一个民族传承和发展的根本。……要善于把弘扬优秀传统文化和发展现实文化有机统一起来，……要坚持古为今用、以古鉴今，……努力实现传统文化的创造性转化、创新性发展"等思想③，形成了习近平传统文化观。习近平传统文化观，"体现了高度的文化自觉和文化自信"④，"充分展示了当代中国的文化自信，为理论自信、道路自信与制度自信奠定了更为深厚的思想基础"⑤，为新时代中国特色社会主义文化自信理论提供了逻辑前提，为我们坚定文化自信提供了科学的理论指导。

---

① 陈先达：《文化自信中的传统与当代》，北京师范大学出版社2017年版，第113页。
② 《习近平谈治国理政》，外文出版社2014年版，第155页。
③ 《习近平谈治国理政》第2卷，外文出版社2017年版，第313页。
④ 李燕、周良书：《习近平传统文化观述论》，《观察与思考》2015年第6期。
⑤ 李翔海：《论习近平中国传统文化观的时代意义》，《中共中央党校学报》2015年第6期。

第四章

新时代中国特色社会主义文化自信理论的丰富内涵

新时代中国特色社会主义文化自信理论不仅具有广阔的文化视域、深厚的理论渊源以及坚实的实践基础,而且具有丰富的科学内涵。这一重要思想主要从实现中华民族伟大复兴、建设社会主义文化强国、坚持中国特色社会主义文化发展道路、完成中国共产党人担负文化使命的战略高度出发,对文化自信的主题、主体、内容、地位和作用进行了系统阐释,为我们坚定文化自信提供了指导思想。

第一节 文化自信的主题和主体

一、文化自信的主题

新时代中国特色社会主义文化自信理论首先明确了文化自信的主题,强调文化自信的主题是中国特色社会主义,而不是其他理论、制度和思想体系。习近平总书记在省部级主要领导干部"学习习近平总书记重要讲话精神,迎接党的十九大"专题研讨班开班式上的讲话指出:"中国特色社会主义是改革开放以来党的全部理论和实践的主题,全党必须高举中国特色社会主义伟大旗帜,牢固树立中国特色社会主义道路自信、理论自信、制度自信、文化自信,确保党和国家事业始终沿着正确方向胜利前进。"①所以,中国特色社会主义既是习近平新时代中国特色社会主义思想的主题,又是新时代中国特色社会主义文化自信理论的主题。

历史唯物主义认为,文化是社会经济、政治的反映,同时又反作用于社会的经济、政治,影响着国家的发展道路、理论体系和制度规范。中国特色社会主义文化、道路、理论体系和制度统一于中国特色社会主义伟大事业。因此,"中国特色社会主义是文化自信的主题。"②文化自信是"对中国特色社会主义的信念和认同"③,是"中国特色社会主义的精神内核,深层次体现中国特色社会主义"④。

二、文化自信的主体

文化自信是"一定的文化主体对自身文化价值的总体认可和充分肯定,对自身文化生命力的自豪感和坚定信念"⑤。文化自信主要包括三大结构要素:一是文化自信的主体;二是文化自信的客体;三是文化自信的主体与客体之间的关系。文化自信的主体"可以分为个人主体、集团主体和社会主体"⑥。个人主体是现实存在的相对独立的个人;集团主体是按照一定的思想文化、意识形态、价值观念等组织起来的群体,如企业、学校等;社会主体是"以共同思想体系、价值观为基础而联系起来的人们的总体,包括一定社会的全体公民,如国家、民族等"⑦。新时代中国特色社会主义文化自信理论"厘清了文化自信的主体,指出文化自信主体是中国共产党、中华人民共和国、中华民族和中国人民"⑧。

首先,文化自信的主体是指中国共产党。习近平总书记在庆祝中国共产党成立95周年大会上的讲话指出:"当今世界,要说哪个政党、哪个国

---

① 《习近平谈治国理政》第2卷,外文出版社2017年版,第59页。
②③⑧ 许亮:《习近平文化自信思想的科学内涵和当代价值》,《理论视野》2018年第12期。
④ 秦宣:《文化自信实质是中国特色社会主义自信》,《求是》2017年第8期,第36页。
⑤ 耿超、徐目坤:《文化自信:中国自信的根本所在》,广西师范大学出版社2019年版,第10页。
⑥⑦ 耿超、徐目坤:《文化自信:中国自信的根本所在》,广西师范大学出版社2019年版,第10-11页。

家、哪个民族能够自信的话,那中国共产党、中华人民共和国、中华民族是最有理由自信的。"① 这表明,"文化自信的主体包括中国共产党、中华人民共和国、中华民族,其中中国共产党又是最重要的文化自信主体。"② 这是由中国共产党在中国特色社会主义伟大事业中所处的核心地位决定的。中国共产党是中国工人阶级的先锋队,也是中华民族和中国人民的先锋队,是党和国家事业的领导核心。所以,党的文化自信对于国家和民族的文化自信都具有决定意义。

其次,文化自信的主体还包括中华人民共和国。习近平总书记强调:"当今世界,要说哪个政党、哪个国家、哪个民族能够自信的话,那中国共产党、中华人民共和国、中华民族是最有理由自信的。"③ 这表明,文化自信的主体还包括中华人民共和国。中华人民共和国作为一种"社会主体"④,也是文化自信的重要主体。一个国家的文化自信对于这个国家经济、政治、文化的发展和繁荣都具有重要的影响。

再次,文化自信的主体还包括中华民族。习近平总书记强调:"当今世界,要说哪个政党、哪个国家、哪个民族能够自信的话,那中国共产党、中华人民共和国、中华民族是最有理由自信的。"⑤ 这表明,文化自信的主体还包括中华民族。中华民族作为一种"社会主体"⑥,也是文化自信的重要主体。中华民族的文化自信是中华民族伟大复兴的题中应有之义,决定了中华民族的未来发展。

最后,文化自信的主体还包括中国人民。习近平总书记在哲学社会科学工作座谈会上的讲话强调:"坚定中国特色社会主义道路自信、理论自信、制度自信,说到底是要坚定文化自信。……中国人民应该有这个信心,每一个中国人都应该有这个信心。"⑦ 这表明,文化自信的主体还包括中国人民。

---

①③⑤ 习近平:《在庆祝中国共产党成立95周年大会上的讲话》,人民出版社2016年版,第12页。
② 许亮:《习近平文化自信思想的科学内涵和当代价值》,《理论视野》2018年第12期。
④⑥ 耿超、徐目坤:《文化自信:中国自信的根本所在》,广西师范大学出版社2019年版,第11页。
⑦ 习近平:《在哲学社会科学工作座谈会上的讲话》,人民出版社2016年版,第17页。

中国人民是一个集合概念，也是一种"社会主体"，主要包括工人、农民、知识分子、学生等不同的群体。中国人民的文化自信主要包括青年的文化自信、文艺工作者的文化自信、文博工作者的文化自信、哲学社会科学工作者的文化自信，等等。

"青年者，国家之魂。"① 当代中国青年"是中国特色社会主义事业的建设者和接班人，是堪当民族复兴重任的时代新人，是文化自信的重要主体"②。习近平总书记在北京大学师生座谈会上的讲话强调："我们是中华儿女，要了解中华民族历史，秉承中华文化基因，有民族自豪感和文化自信心。"③ 习近平总书记在庆祝中国共产主义青年团成立100周年大会上的讲话指出，"新时代的中国青年，更加自信自强、富于思辨精神，同时也面临各种社会思潮的现实影响，……更加需要深入细致的教育和引导。"④ 共青团要帮助广大青年"早立志、立大志，从内心深处厚植对党的信赖、对中国特色社会主义的信心、对马克思主义的信仰，……不断增强做中国人的志气、骨气、底气，让革命薪火代代相传！"⑤

文艺工作者是文化自信的重要主体。习近平总书记在中国文联第十次全国代表大会、中国作协第九次全国代表大会开幕式上的讲话强调，"实现中华民族伟大复兴，必须坚定中国特色社会主义道路自信、理论自信、制度自信、文化自信。创作出具有鲜明民族特点和个性的优秀作品，要对博大精深的中华文化有深刻的理解，更要有高度的文化自信。"⑥ 所以，广大文艺工作者要"坚定文化自信，用文艺振奋民族精神"，要"善于从中华文化宝库中萃取精华、汲取能量，保持对自身文化理想、文化价值的高度信心，保持对自身文化生命力、创造力的高度信心，使自己的作品成为激励中国人民和中华民族不断前行的精神力量。"⑦

文博工作者是文化自信的重要主体。习近平总书记在给中国国家博物

---

① 中国李大钊研究会：《李大钊全集》第1卷，人民出版社2013年版，第332-333页。
② 许亮：《习近平文化自信思想的科学内涵和当代价值》，《理论视野》2018年第12期。
③ 习近平：《在北京大学师生座谈会上的讲话》，人民出版社2018年版，第12页。
④⑤ 习近平：《在庆祝中国共产主义青年团成立100周年大会上的讲话》，《人民日报》2022年05月11日。
⑥⑦ 《习近平谈治国理政》第2卷，外文出版社2017年版，第349页。

馆的老专家回信中强调,"博物馆是保护和传承人类文明的重要场所,文博工作者使命光荣、责任重大。希望同志们坚持正确政治方向,坚定文化自信,深化学术研究,创新展览展示,推动文物活化利用,推进文明交流互鉴,守护好、传承好、展示好中华文明优秀成果,为发展文博事业、为建设社会主义文化强国不断作出新贡献。"①

哲学社会科学工作者是文化自信的重要主体。习近平总书记在哲学社会科学工作座谈会上的讲话指出,"哲学社会科学的特色、风格、气派,是发展到一定阶段的产物,是成熟的标志,是实力的象征,也是自信的体现。……要按照立足中国、借鉴国外,挖掘历史、把握当代,关怀人类、面向未来的思路,着力构建中国特色哲学社会科学,在指导思想、学科体系、学术体系、话语体系等方面充分体现中国特色、中国风格、中国气派。"② 习近平总书记在《致〈大辞海〉出版暨〈辞海〉第一版面世八十周年的贺信》中强调,"希望大家坚定文化自信,坚持改革创新,打造传世精品,通过不断实施高质量的重大文化工程,为培育和践行社会主义核心价值观、增强国家文化软实力、建设社会主义文化强国作出新的更大的贡献!"③ 中国特色哲学社会科学的特点之一是"继承性、民族性",中华文化是中国特色哲学社会科学成长发展的深厚基础。广大哲学社会科学工作者"要坚定中国特色社会主义道路自信、理论自信、制度自信,说到底是要坚定文化自信。"④。这是因为,"文化自信是更基本、更深沉、更持久的力量"⑤。

新闻舆论工作者是宣传党的理论主张和方针政策、报道中国人民的伟大实践、传播中国声音的主体,也是文化自信的重要主体。2017年11月8日,习近平总书记在《致中国记协成立八十周年的贺信》中强调,"希望广大新闻工作者坚定'四个自信',保持人民情怀,记录伟大时代,讲好

---

① 《习近平给中国国家博物馆老专家的回信》,新华网,2022年7月9日,http://www.news.cn/politics/leaders/2022-07/09/c_1128818039.htm。
② 《习近平谈治国理政》第2卷,外文出版社2017年版,第338页。
③ 《习近平书信选集》第1卷,中央文献出版社2022年版,第106页。
④⑤ 《习近平谈治国理政》第2卷,外文出版社2017年版,第339页。

中国故事,传播中国声音,唱响奋进凯歌,凝聚民族力量,为实现'两个一百年'奋斗目标、实现中华民族伟大复兴的中国梦不断作出新的更大的贡献!"① 2018年7月4日,习近平总书记在《致〈求是〉暨〈红旗〉杂志创刊六十周年的贺信》中强调,"希望同志们深入贯彻落实党的十九大精神,高扬党的理论旗帜,增强'四个意识',坚定'四个自信',自觉在思想上政治上行动上同党中央保持高度一致,牢牢把握正确政治方向和舆论导向,……不断提高理论宣传水平,更好服务党和国家工作大局。"②

第二节 文化自信的内容和体系

文化自信的内容和体系也就是文化自信的客体和对象。文化自信的客体"可能是各种类型的文化,比如中国传统文化、中国特色社会主义文化等。"③ 在中国古代,中国人民对中华文化充满了自信,中华文化就是古代文化自信的客体和对象。近代以来,西学东渐,西方文化传入中国,先进的中国人开始"开眼看世界",在中西方文化交流对比的过程中发现了自身文化的不足,开始逐渐丧失文化自信,甚至变得文化自卑起来。许多人认为,中国传统文化是导致中国落后的主要原因,主张向西方学习器物、制度、思想文化,提倡主张"科学"(德先生)和"民主"(赛先生)的新文化,反对以儒家纲常伦理为主要内容的封建旧文化。这一时期,"人们对新文化创造表现出很大的自信,这里说的自信的客体就是新文化。"④ 当前,我们提倡和强调的"文化自信的对象和客体则是中国特色社会主义文化。中国特色社会主义文化才是文化自信的客体,也是文化自信的内容。"⑤

新时代中国特色社会主义文化自信理论"界定了文化自信的内容,认

---

① 《习近平书信选集》第1卷,中央文献出版社2022年版,第143-144页。
② 《习近平书信选集》第1卷,中央文献出版社2022年版,第182-183页。
③④ 耿超、徐目坤:《文化自信:中国自信的根本所在》,广西师范大学出版社2019年版,第11页。
⑤ 许亮:《习近平文化自信思想的科学内涵和当代价值》,《理论视野》2018年第12期。

为文化自信是对包括中华优秀传统文化、革命文化、社会主义在内的中国特色社会主义文化这一有机整体的自信，而不仅仅是关于某一种类、某一部分文化的自信。"① 中国特色社会主义文化"是激励全党全国各族人民奋勇前进的强大精神力量，主要包括中华优秀传统文化、革命文化和社会主义先进文化三部分"②。习近平总书记在党的十九大报告中强调："中国特色社会主义文化，源自于中华民族五千多年文明历史所孕育的中华优秀传统文化，熔铸于党领导人民在革命、建设、改革中创造的革命文化和社会主义先进文化。"③ 这一重要论述，"既深刻阐述了中国特色社会主义文化的丰富内涵，也鲜明界定了当今中国文化自信的本质特征。"④ 文化自信"是一个包括对中国传统文化、红色文化和社会主义先进文化在内的自信"⑤，而不仅仅是对其中某一部分文化的自信。所以，只讲对中华优秀传统文化的自信，而不讲我们党在马克思主义指导下创造的红色革命文化和社会主义先进文化，是错误的。反过来，"只讲对红色革命文化和社会主义先进文化的自信，而丢掉中华优秀传统文化这一文化自信的根基"⑥，也是错误的。这两种讲法都隔断了马克思主义文化与中华优秀传统文化的联系，没有充分地实现马克思主义基本原理与中华优秀传统文化的有效结合。

一、坚定对中华优秀传统文化的自信

坚定文化自信，首先就是要坚定对中国特色社会主义文化之源即中华优秀传统文化的高度自信，继承和弘扬中华优秀传统文化所蕴含的核心思想理念、传统美德和人文精神，推动中华优秀传统文化的创造性转化、创新性发展。

第一，中华优秀传统文化是中华传统文化的精华，体现了中华民族的

---

①②⑥ 许亮：《习近平文化自信思想的科学内涵和当代价值》，《理论视野》2018 年第 12 期。

③ 习近平：《决胜全面建成小康社会 夺取新时代中国特色社会主义伟大胜利——在中国共产党第十九次全国代表大会上的报告》，北京：人民出版社 2017 年版，第 41 页。

④ 本刊编辑部：《文化自信是更基本更深沉更持久的力量》，《求是》2019 年第 12 期。

⑤ 陈先达：《文化自信中的传统与当代》，北京师范大学出版社 2017 年版，第 118 页。

精神追求，反映了中华民族的文化品格，激发了中华民族的民族自尊和文化自信，为推进马克思主义中国化提供文化资源，为实现中华民族伟大复兴的中国梦提供精神动力。

传统文化是"历史上遗留下来的文化财富、文化事项"①，是"某个特定民族与国家的人们在过往的社会生产、交往和生活实践中创制和积淀起来的精神体系""精神结构"和"信息符码"②。从历时性即时间维度看，传统文化属于过去，是"某种既包含'精华'、也包含'糟粕'的有机统一体"。③

中华传统文化是中华民族及其祖先所创造的、为中华民族世世代代所继承发展的、具有鲜明民族特色和悠久历史的文化。它有广义和狭义之分。广义的中华传统文化是指"中华民族从上古到清代几千年的历史实践中的物质创造、制度创造、精神创造的总和"④，是指中华民族5000多年历史进程中存在过的物质、制度和精神方面的文化总和，包含语言文字、哲学思想、文学艺术、科技发明、风土人情、传统习俗、思维方法和生活方式等。狭义的中华传统文化则专指精神文化的创造活动及其结果，主要包括"中华民族的独特的语言文字、文化典籍、文学艺术、哲学宗教、道德伦理等。"⑤ 中华传统文化的基本特征主要包括天人合一、知行合一、情景合一、刚健有为、厚德载物、崇德重道、贵和尚中，等等。

中华传统文化"是一个包含许多相辅相成的子系统的庞大而复杂体系"⑥，其中既包括积极因素和精华部分，又包括消极因素和糟粕内容。概括来说，中华传统文化的精华主要体现为以下六个方面："第一，人本观：突出人本、人伦，具有民本思想；第二，自然观：尊重和顺应自然，强调'天人合一'；第三，实践观：强调实事求是、自强不息；第四，价值观：注重和谐，憧憬大同，以真善美的统一为价值标准；第五，道德观：注重

---

① 林坚：《文化治理与文化创新》，中国人民大学出版社2019年版，第119页。
② 晏辉：《辩护与批判：传统文化现代转换的双重逻辑》，《学术界》2020年第5期。
③ 霍桂桓：《文化哲学论要》，北京出版社2006年版，第142页。
④⑤ 陈来：《文化传承创新对于中华文化发展的重要意义》，微信公众号"人文日新陈来"，2021年8月11日。
⑥ 张岱年、程宜山：《中国文化精神》，北京大学出版社2015年版，第162页。

精神，强调伦理道德的价值和作用；第六，发展观：具有朴素的辩证法思想，兼容并包，不断变革。"① 中华传统文化的消极因素则主要表现为："第一，中庸取向的价值观和保守思想；第二，传统的思维方式和文化观念带有粗糙性和封闭性；第三，重人伦轻自然、重人文轻科技的学术倾向；第四，重群体轻个体；第五，重视礼教、等级，'身份意识'。"② 中华传统文化所蕴含的思维方式、价值观念、行为准则，一方面具有强烈的历史性、遗传性；另一方面又具有鲜活的现实性、变异性，它无时无刻不在影响着今天的中国人，为我们开创新文化提供了历史根据和文化基础。中华传统文化在当今时代仍然具有重要价值，我们应该继承和弘扬其中的优秀成分和精华精髓，并结合现实需要和时代要求赋予其新的时代内涵和现代表达形式，"实现传统文化的现代转化，为新时代中国特色社会主义文化建设提供丰厚滋养。"③

中华优秀传统文化是中华传统文化的精华部分，是"中国传统文化的精华所在、精神所在、气魄所在"④。具体而言，它是指"那些经过了实践检验、时间检验和社会择优继承检验而保留下来并能传之久远的文化"⑤，是指在我国 5000 多年的历史发展过程中形成并流传下来的、对当代中国社会和国民仍具有积极作用的文化。它"培育了中华民族的伦理道德、价值观念、审美情趣、宗教信仰等；建构了中华民族的政治文明、经济文明、精神文明、制度文明、生态文明；激发了中华民族自强不息、厚德载物的民族自信心、自尊心、自立心、自律心"⑥。中华优秀传统文化所蕴含的天人合一、以和为贵的哲学思想，修身治国、立命为民的人生理想，助人为乐、扶危济困的正义品格，求同存异、海纳百川的包容精神，家国和谐、世界大同的经世方略，刚健有为、自强不息的奋斗精神，天下兴亡、匹夫

---

① 林坚：《文化治理与文化创新》，中国人民大学出版社 2019 年版，第 120－123 页。
② 林坚：《文化治理与文化创新》，中国人民大学出版社 2019 年版，第 124－125 页。
③ 许亮：《习近平文化自信思想的科学内涵和当代价值》，《理论视野》2018 年第 12 期。
④ 李宗桂：《中国优秀传统文化的现代价值》，人民出版社 2019 年版，第 7 页。
⑤ 李申申等：《传承的使命：中华优秀传统文化传统教育问题研究》，人民出版社 2011 年版，第 92 页。
⑥ 张立文：《中国传统文化与人类命运共同体》，中国人民大学出版社 2018 年版，第 208－209 页。

有责的家国情怀等,既为中华文明发展和世界文明进步作出了独特的贡献,又为马克思主义中国化时代化和中国特色社会主义提供文化资源。因此,中华优秀传统文化不仅在中华民族发展历程中起过积极作用,而且迄今仍然具有重要的价值。

第二,马克思主义经典作家在对待文化传统和历史文化遗产的问题上坚持辩证唯物主义和历史唯物主义,反对历史虚无主义和文化虚无主义,强调创造新文化必须继承传统文化蕴含的文化基因和优秀成分。

马克思主义是辩证唯物主义和历史唯物主义,而不是历史虚无主义和文化虚无主义。"在对待文化传统问题上,马克思主义的观点是明确的。"① 马克思恩格斯在创立马克思主义的过程中,充分吸收了德国古典哲学、英国政治经济学和法国空想社会主义的积极成果。马克思指出:"人们自己创造自己的历史,但是他们并不是随心所欲地创造,并不是在他们自己选定的条件下创造,而是在直接碰到的、既定的、从过去承继下来的条件下创造。一切已死的先辈们的传统,像梦魇一样纠缠着活人的头脑。"② 恩格斯在《自然辩证法》中强调文化具有传承性,指出:"在希腊哲学的多种多样的形式中,几乎可以发现以后的所有看法的胚胎、萌芽。"③ 因此,人作为文化存在物,始终生活在前人创造的文化传统之中,任何国家和民族创造新文化,都必须继承传统文化中蕴含的文化基因和优秀成分。

列宁在《我们究竟拒绝什么遗产?》《论无产阶级文化》《青年团的任务》等文献中都指出了马克思主义者对待传统文化和历史文化遗产的正确态度。他强调,"无产阶级阶级文化并不是从天下掉下来的,也不是那些自命为无产阶级文化专家的人杜撰出来的。……无产阶级文化应当是人类在资本主义社会、地主社会和官僚社会压迫下创造出来的全部知识合乎规律的发展。"④ 我们"只有确切地了解人类全部发展过程所创造的文化,只有

---

① 陈先达:《文化自信中的传统与当代》,北京师范大学出版社2017年版,第121页。
② 《马克思恩格斯文集》第2卷,人民出版社2009年版,第470−471页。
③ 《马克思恩格斯文集》第9卷,人民出版社2009年版,第439页。
④ 《列宁选集》第4卷,人民出版社2012年版,第285页。

对这种文化加以改造,才能建设无产阶级的文化"①。列宁还强调,"共产主义是从人类知识的总和中产生出来的,马克思主义就是这方面的规范。"②马克思所创立的共产主义的科学理论之所以能够"掌握最革命阶级的千百万人的心灵",是因为马克思"依靠了人类在资本主义制度下所获得的全部知识的坚固基础"③,有批判地重新研究和探讨了"人类社会所创造的一切"和"人类思想所建树的一切"④,从而得出了"资本主义的发展必然导致共产主义"的结论。

第三,中国共产党从成立之日起始终坚持"把马克思主义基本原理同中国具体实际相结合、同中华优秀传统文化相结合"⑤,始终坚持高度的文化自觉和文化自信,推进了马克思主义中国化时代化,铸造了中华文化新辉煌。

在革命时期,中国共产党始终坚持把马克思主义基本原理同中国革命具体实际相结合,在坚持革命斗争的同时加强革命文化建设,实现了马克思主义中国化的第一次飞跃。毛泽东在《中国共产党在民族战争中的地位》《中国革命和中国共产党》《新民主主义论》《改造我们的学习》等著作中都谈到如何对待中国传统文化的问题,强调了继承和学习中华民族历史文化遗产的重要性。例如,毛泽东在《中国共产党在民族战争中的地位》一文中指出:"学习我们的历史遗产,用马克思主义的方法给以批判的总结,是我们学习的另一任务。我们这个民族有数千年的历史,有它的特点,有它的许多珍贵品。对于这些,我们还是小学生。今天的中国是历史的中国的一个发展;我们是马克思主义的历史主义者,我们不应当割断历史。从孔夫子到孙中山,我们应当给以总结,承继这一份珍贵的遗产。这对于指导当前的伟大的运动,是有重要的帮助的。"⑥ 毛泽东还强调,"马克思列宁主义的伟大力量,就在于它是和各个国家具体的革命实践相

---

① 《列宁选集》第4卷,人民出版社2012年版,第285页。
②③④ 《列宁选集》第4卷,人民出版社2012年版,第284页。
⑤ 《习近平谈治国理政》第4卷,外文出版社2022年版,第10页。
⑥ 《毛泽东选集》第2卷,人民出版社1991年版,第533—534页。

联系的。"① 对于中国而言，马克思主义"必须和我国的具体特点相结合并通过一定的民族形式才能实现。"② 对于中国共产党而言，"就是要学会把马克思列宁主义的理论应用于中国的具体的环境。"这是因为，"成为伟大中华民族的一部分而和这个民族血肉相联的共产党员，离开中国特点来谈马克思主义，只是抽象的空洞的马克思主义。"③ 通过上述分析，毛泽东提出了"马克思主义中国化"的重要命题，他说："使马克思主义在中国具体化，使之在其每一表现中带着必须有的中国的特性，即是说，按照中国的特点去应用它，成为全党亟待了解并亟须解决的问题。洋八股必须废止，空洞抽象的调头必须少唱，教条主义必须休息，而代之以新鲜活泼的、为中国老百姓所喜闻乐见的中国作风和中国气派。"④ 毛泽东在《改造我们的学习》中还指出了不注重研究中国历史的极坏作风，他说："不论是近百年的和古代的中国史，在许多党员的心目中还是漆黑一团。许多马克思列宁主义的学者也是言必称希腊，对于自己的祖宗，则对不住，忘记了。"⑤ 毛泽东还批评了主观主义的态度，指出："在这种态度下，就是割断历史，只懂得希腊，不懂得中国，对于中国昨天和前天的面目漆黑一团。"⑥ 由此可见，毛泽东在领导中国新民主主义革命和社会主义革命的实践中始终秉持高度的文化自觉和文化自信，善于把马克思主义基本原理同中国革命具体实际相结合，产生了马克思主义中国化的第一大理论成果——毛泽东思想，为团结带领全国各族人民进行革命斗争、战胜强大敌人、实现民族独立和人民解放提供了强大的精神动力。

在社会主义建设时期，中国共产党人始终坚持"把马克思主义基本原理同中国具体实际相结合、同中华优秀传统文化相结合"⑦，在推进中国特色社会主义伟大事业、实现中华民族现代化的征程中弘扬中华文化、建设社会主义精神文明，建设中华民族共有精神家园，创造出中华文化新的辉煌，实现了马克思主义中国化的第二次飞跃。

---

①②③④ 《毛泽东选集》第2卷，人民出版社1991年版，第533－534页。
⑤ 《毛泽东选集》第3卷，人民出版社1991年版，第797页。
⑥ 《毛泽东选集》第3卷，人民出版社1991年版，第799页。
⑦ 《习近平谈治国理政》第4卷，外文出版社2022年版，第10页。

江泽民非常重视继承和发扬中华民族优秀文化传统和历史文化遗产，强调在建设社会主义精神文明时要继承民族文化优秀传统，为现代化建设提供强大的精神动力和智力支持。他在庆祝中国共产党成立八十周年大会上的讲话指出，我们"必须继承和发扬一切优秀的文化。……中华民族的优秀文化传统，党和人民从五四运动以来形成的革命文化传统，人类社会创造的一切先进文明成果，我们都要积极继承和发扬。我国几千年历史留下了丰富的文化遗产，我们应该取其精华、去其糟粕，结合时代精神加以继承和发展，做到古为今用。"① 江泽民在中国共产党第十六次全国代表大会上的报告也指出，"社会主义精神文明是中国特色社会主义的重要特征。必须立足中国现实，继承民族文化优秀传统，吸取外国文化有益成果，建设社会主义精神文明，不断提高全民族的思想道德素质和科学文化素质，为现代化建设提供强大的精神动力和智力支持。"②

胡锦涛非常重视中华优秀传统文化在建设社会主义文化强国和中华民族共有精神家园中的重要作用，强调必须继承和发扬中华优秀文化传统，大力弘扬中华文化。他在庆祝中国共产党成立九十周年大会上的讲话中指出，"中华民族创造了源远流长、博大精深的中华文化，中华民族也一定能够在弘扬中华优秀传统文化的基础上创造出中华文化新的辉煌。"③ 胡锦涛在中共十七届六中全会第二次全体会议上的讲话中强调，"坚持中国特色社会主义文化发展道路，必须继承和发扬中华优秀文化传统，大力弘扬中华文化，建设中华民族共有精神家园。"④ 这是因为，中华文化"积淀着中华民族的深厚精神追求，是中华民族生生不息、团结奋进的不竭动力，是发展中国特色社会主义文化的深厚基础。"⑤ 推动社会主义文化大发展大繁荣，必须"大力弘扬中华优秀文化传统，大力弘扬五四运动以来形成的革命文化传统，大力弘扬改革开放以来文化领域形成的一系列新思想新观念

---

① 《江泽民文选》第3卷，人民出版社2006年版，第278页。
② 《江泽民文选》第3卷，人民出版社2006年版，第534页。
③ 《胡锦涛文选》第3卷，人民出版社2016年版，第540页。
④⑤ 《胡锦涛文选》第3卷，人民出版社2016年版，第565页。

新风尚,立足中国特色社会主义伟大实践,发展社会主义先进文化。"①胡锦涛在中国共产党第十八次全国代表大会上的报告也指出,建设社会主义文化强国,要"建设优秀传统文化传承体系,弘扬中华优秀传统文化。"②

党的十八大以来,习近平总书记站在民族复兴的高度对中华优秀传统文化的功能、作用和地位进行了重新定位,强调中华优秀传统文化是"中华民族的突出优势,是我们最深厚的文化软实力"③,指出当代中国思想文化"是中国传统思想文化的传承和升华,要认识今天的中国、今天的中国人,就要深入了解中国的文化血脉,准确把握滋养中国人的文化土壤。"④新时代中国要发展壮大,实现"两个一百年"奋斗目标和中华民族伟大复兴的中国梦,需要从中华优秀传统文化的沃土中吸收营养,需要从中华传统美德和中华人文精神中汲取力量,这样才能稳住文化根基、延续精神命脉。反之,如果我们抛弃传统、丢掉根本,"就割断了精神命脉。"⑤习近平总书记在全国宣传思想工作会议上的讲话也强调:"独特的文化传统,独特的历史命运,独特的基本国情,注定了我们必然要走适合自己特点的发展道路。对我国传统文化,对国外的东西,要坚持古为今用、洋为中用,去粗取精、去伪存真,经过科学的扬弃后使之为我所用。"⑥由此可知,中华优秀传统文化"是巩固民族和合一体大家庭、维护国家统一局面的精神支柱,是民族凝聚力、向心力、亲和力和民族认同感、归属感、安顿感的生命活水"⑦,为中华民族的生存发展提供了强大的精神支撑,在中华文明史上发挥了极其重要的作用。所以,习近平总书记在党的十九大报告强调,"中国特色社会主义文化,源自于中华民族五千多年文明历史所孕育的中华优秀传统文化,熔铸于党领导人民在革命、建设、改革中创造的革命文化和社会主义先进文化,植根于中国特色社会主义伟大实践。发展中国特色社会主义文化,就是以马克思主义为指导,坚守中华

---

① 《胡锦涛文选》第3卷,人民出版社2016年版,第565页。
② 《胡锦涛文选》第3卷,人民出版社2016年版,第639页。
③⑥ 《习近平谈治国理政》,外文出版社2014年版,第155-156页。
④⑤ 习近平:《在纪念孔子诞辰2565周年国际学术研讨会暨国际儒学联合会第五届会员大会开幕会上的讲话》,《人民日报》2014年09月25日。
⑦ 张立文:《中国传统文化与人类命运共同体》,中国人民大学出版社2018年版,第208页。

文化立场，……坚持创造性转化、创新性发展，不断铸就中华文化新辉煌。"①

二、坚定对革命文化的自信

坚定文化自信，还要坚定对中国特色社会主义文化之本即革命文化的高度自信，继承和弘扬革命文化所包含的革命精神、优良传统和红色基因，推动革命传统和红色基因的传承发展。坚持和发展中国特色社会主义文化，必须继承中国文化传统。中国有两个文化传统，一个是中华优秀文化传统，另一个是"中国人民在革命斗争中以鲜血和生命创造的革命传统"②。中国革命传统是对中华优秀文化传统的积极成果"在新的形式中的延展和再创造"。我们是在继承弘扬上述两个文化传统的基础上建设社会主义先进文化、发展中国特色社会主义文化的。如果我们抛弃上述两个传统，数典忘祖，我们就无法发展社会主义文化，更不可能建设社会主义文化强国。因此，我们还要坚定对昂扬向上的中国革命文化的自信。

第一，革命文化是中国共产党领导中国人民在新民主主义革命、社会主义革命、社会主义建设等伟大实践中创造的以革命理论、革命经验和革命精神为核心的新型文化形态，是新时代中国共产党和中国人民坚定文化自信的重要支点。

革命是人们在改造社会的过程中所进行的重大变革，是"对一个社会居主导地位的价值观念和神话，及其政治制度、社会结构、领导体系、政治活动和政策，进行一场急速的、根本性的、暴烈的国内变革"③。20世纪的中国历史一直与革命形影不离，在马克思列宁主义的指导下，中国革命实现了从旧民主主义革命向新民主主义革命的转变，进而以社会主义革命的形式继续推进。在这一革命历程中形成的革命理论、革命精神和革命文

---

① 《习近平谈治国理政》第3卷，外文出版社2020年版，第32页。
② 陈先达：《文化自信中的传统与当代》，北京师范大学出版社2017年版，第121页。
③ ［美］塞缪尔·亨廷顿著，王冠华等译：《变化社会中的政治秩序》，三联书店1989年版，第241页。

化,"是 20 世纪中国文化最为耀目的文化景观之一"①,也是 20 世纪中国最强劲的文化形态之一。革命文化是中国共产党领导中国人民在新民主主义革命、社会主义革命、社会主义建设等伟大实践中创造的一种新型文化形态,是"在中国共产党带领中国人民争取自由和解放历程中形成的、与中国文化和中国革命发展密切相关的特有的文化形态"②,是"中国共产党带领广大人民群众共同创造而形成的以革命理论、革命经验和革命精神为核心的文化"③。它既是中国共产党和中华民族的宝贵精神财富,又是"当今时代中国共产党和中国人民坚定文化自信的重要支点"④。

革命文化有广义和狭义之分。广义的革命文化包括革命物质文化、革命精神文化和革命制度文化。狭义的革命文化专指革命精神文化,它是一种"在新民主主义革命中产生、形成,在中国革命的红土地上孕育出来的一种独特的文化类型"⑤,是"中国共产党在依靠和团结中国人民完成争取民族独立、人民解放斗争过程中,以马克思主义为指导,汲取中外优秀文化思想,凝聚中国共产党人和人民群众的革命思想与精神风貌的总和"⑥。革命文化的主流和源泉是新民主主义文化。毛泽东在《新民主主义论》中指出,"新民主主义的政治、新民主主义的经济和新民主主义的文化相结合,这就是新民主主义共和国,这就是名副其实的中华民国,这就是我们要造成的新中国。"⑦ 毛泽东还把"新民主主义的文化"界定为"民族的科学的大众的文化和人民大众反帝反封建的文化"⑧,并指出"这就是中华民族的新文化"⑨。

革命文化的表现形式有两种:一种是物质形态的革命文化,它是指"革命文化的外在表现形式"或"革命理论、革命精神、革命传统等精神

---

① 魏本权:《从革命文化到红色文化:一项概念史的研究与分析》,《井冈山大学学报》(社会科学版),2012 年第 1 期。
②④ 张江:《建设新时代社会主义文化强国》,中国社会科学出版社 2019 年版,第 47 页。
③ 张海峰、刘焕峰、樊军娟:《弘扬革命文化 传承红色基因》,重庆出版社 2019 年版,第 69 页。
⑤⑥ 张海峰、刘焕峰、樊军娟:《弘扬革命文化 传承红色基因》,重庆出版社 2019 年版,第 26 页。
⑦ 《毛泽东选集》第 2 卷,人民出版社 1991 年版,第 708 页。
⑧⑨ 《毛泽东选集》第 2 卷,人民出版社 1991 年版,第 709 页。

遗产的物质载体"①，如革命遗址、领袖故居、革命文献等；另一种是指精神形态的革命文化，它是指"在马克思主义传播和马克思主义中国化、时代化、大众化过程中，所形成的具有中国风格、中国语言、中国气派的革命精神和优良传统"②，如伟大建党精神、井冈山精神、延安精神等。革命文化主要包括"以马克思主义为指导的革命思想""中国革命的理论路线方针政策""坚定的革命理想和高尚的革命道德""辉煌的革命业绩和不朽的革命精神""革命遗迹和文化艺术作品"③等核心内容。革命文化具有革命性、阶级性、群众性、时代性等主要特征。

第二，革命文化是以红色基因为精髓的红色文化，反映了中国共产党人的精神追求和精神境界，成为中国共产党区别于其他政党的文化特质，是新时代加强理想信念教育的优秀资源。

革命文化是"以红色基因为精髓的红色文化"④，反映了中国共产党人的精神追求和精神境界。红色基因是革命文化的精髓和遗传密码，是以党的光荣传统和优良作风为主要内容的一种"文化基因"，是不同类型的革命文化共同蕴含的内在因素。它主要由四个基本要素组成，一是"先进的无产阶级思想理论"；二是"伟大的民族精神和革命精神"；三是"无产阶级的价值观"；四是"优良的传统和高尚的道德品质"⑤。这四个方面构成的红色基因，已经深深地融入中国共产党人的精神血脉之中，成为中国共产党区别于其他政党的文化特质。

革命文化"蕴含着中国共产党人的政治理想、爱国情怀、思想观念和道德追求，彰显了中国共产党人的崇高精神和优良传统"⑥。它既是中华民族和中国共产党宝贵的精神财富，又是新时代坚定革命文化自信的文化底蕴。

第三，革命文化是中国革命实践的产物，对于中国革命、建设、改革和社会发展都具有极其重要的作用。

---

① 张海峰、刘焕峰、樊军娟：《弘扬革命文化 传承红色基因》，重庆出版社2019年版，第26页。
②⑥ 张海峰、刘焕峰、樊军娟：《弘扬革命文化 传承红色基因》，重庆出版社2019年版，第27页。
③ 张海峰、刘焕峰、樊军娟：《弘扬革命文化 传承红色基因》，重庆出版社2019年版，第27-32页。
④ 张海峰、刘焕峰、樊军娟：《弘扬革命文化 传承红色基因》，重庆出版社2019年版，第144页。
⑤ 张海峰、刘焕峰、樊军娟：《弘扬革命文化 传承红色基因》，重庆出版社2019年版，第145页。

革命文化是"党内政治文化的源头"①，是中国道路、中国理论和中国制度的深厚土壤，是中国共产党初心使命的重要体现，是构筑中国精神、传播中国价值、凝聚中国力量的精神动力。列宁在《俄国社会民主党人的任务》中说："没有革命的理论，就不会有革命的运动。"② 毛泽东在《中国共产党在民族战争中的地位》中指出："指导一个伟大的革命运动的政党，如果没有革命理论，没有历史知识，没有对于实际运动的深刻的了解，要取得胜利是不可能的。"③ 毛泽东在《新民主主义论》中亦指出："中国的民主革命，没有共产主义去指导是决不能成功的。"④ 他还强调，"革命文化，对于人民大众，是革命的有力武器。"⑤ 在革命前，"革命文化是'革命的思想准备'；在革命中，革命文化是'革命总战线中的一条必要和重要的战线'"⑥。因此，"革命的文化运动对于革命的实践运动具有何等的重要性。"⑦ 邓小平在《贯彻调整方针，保证安定团结》中把革命文化概括为五大革命精神，指出："革命和拼命精神，严守纪律和自我牺牲精神，大公无私和先人后己精神，压倒一切敌人、压倒一切困难的精神，坚持革命乐观主义、排除万难去争取胜利的精神。"⑧ 我们不仅应该把是否具有上述革命精神作为衡量共产党员是否合格的标准，而且"还要大声疾呼和以身作则地把这些精神推广到全体人民、全体青少年中间去，使之成为中华人民共和国的精神文明的主要支柱。"⑨ 江泽民在庆祝中国共产党成立八十周年大会上的讲话强调，"中华民族的优秀文化传统，党和人民从五四运动以来形成的革命文化传统，人类社会创造的一切先进文明成果，我们都要积极继承和发扬。"⑩ 胡锦涛在中共十七届六中全会第二次全体会议上的讲话中指出，推动社会主义文化大发展大繁荣，"必须大力弘扬中华优秀文化传统，大力弘扬五四运动以来形成的革命文化传统，大力弘扬改革开放

---

① 张海峰、刘焕峰、樊军娟：《弘扬革命文化 传承红色基因》，重庆出版社2019年版，第41页。
② 《列宁选集》第1卷，人民出版社2012年版，第153页。
③ 《毛泽东选集》第2卷，人民出版社1991年版，第533-534页。
④ 《毛泽东选集》第2卷，人民出版社1991年版，第686页。
⑤⑥⑦ 《毛泽东选集》第2卷，人民出版社1991年版，第708页。
⑧⑨ 《邓小平文选》第2卷，人民出版社1994年版，第367-368页。
⑩ 《江泽民文选》第3卷，人民出版社2006年版，第278页。

以来文化领域形成的一系列新思想新观念新风尚。"①

习近平总书记在党的十九大报告指出,"中国特色社会主义文化,源自于中华民族五千多年文明历史所孕育的中华优秀传统文化,熔铸于党领导人民在革命、建设、改革中创造的革命文化和社会主义先进文化,植根于中国特色社会主义伟大实践。发展中国特色社会主义文化,就是以马克思主义为指导,坚守中华文化立场,立足当代中国现实,结合当今时代条件,发展面向现代化、面向世界、面向未来的,民族的科学的大众的社会主义文化,推动社会主义精神文明和物质文明协调发展。"② 习近平总书记还指出,"我们的党内政治文化,是以马克思主义为指导、以中华优秀传统文化为基础、以革命文化为源头、以社会主义先进文化为主体、充分体现中国共产党党性的文化。"③ 因此,革命文化与中华优秀传统文化、社会主义先进文化构成了中国共产党文化自信的主要来源和"理想信念的丰厚沃土"④。

第四,进入新时代、踏上新征程,坚定革命文化自信,弘扬革命精神,传承红色基因,赓续红色血脉,可以鼓起迈进新征程、奋进新时代的精气神,为实现中国梦注入强大的精神动力。

中国共产党是一个有强大精神力量的马克思主义政党。在中国革命、建设和改革的历史征程中,中国共产党面对各种考验,不仅涌现了一大批革命烈士、英雄人物、先进模范,而且锤炼了一系列伟大崇高的革命精神。习近平总书记在《弘扬"红船精神",走在时代前列》一文中把"红船精神"的内涵精辟概括为"开天辟地、敢为人先的首创精神,坚定理想、百折不挠的奋斗精神,立党为公、忠诚为民的奉献精神"⑤,指出了"红船精神"与中国共产党历史上形成的优良传统和革命精神的渊源关系。

习近平总书记在党史学习教育动员大会的讲话上第一次提出了"中国

---

① 《胡锦涛文选》第3卷,人民出版社2016年版,第565页。
② 《习近平谈治国理政》第3卷,外文出版社2020年版,第32页。
③ 《党的十九大报告辅导读本》编写组编著:《党的十九大报告辅导读本》,人民出版社2017年版,第431页。
④ 张海峰、刘焕峰、樊军娟:《弘扬革命文化 传承红色基因》,重庆出版社2019年版,第68页。
⑤ 习近平:《弘扬"红船精神",走在时代前列》,《光明日报》2005年06月21日。

共产党人精神谱系"这一概念,指出:"一百年来,在应对各种困难挑战中,我们党锤炼了不畏强敌、不惧风险、敢于斗争、勇于胜利的风骨和品质。这是我们党最鲜明的特质和特点。在一百年的非凡奋斗历程中,一代又一代中国共产党人顽强拼搏、不懈奋斗,涌现了一大批视死如归的革命烈士、一大批顽强奋斗的英雄人物、一大批忘我奉献的先进模范,形成了井冈山精神、长征精神、遵义会议精神、延安精神……抗疫精神等伟大精神,构筑起了中国共产党人的精神谱系。……这些宝贵精神财富跨越时空、历久弥新,集中体现了党的坚定信念、根本宗旨、优良作风,凝聚着中国共产党人艰苦奋斗、牺牲奉献、开拓进取的伟大品格,深深融入我们党、国家、民族、人民的血脉之中,为我们立党兴党强党提供了丰厚滋养。"①习近平总书记还强调,我们要"进一步发扬革命精神,始终保持艰苦奋斗的昂扬精神"②,要"教育引导全党大力发扬红色传统、传承红色基因,赓续共产党人精神血脉,始终保持革命者的大无畏奋斗精神,鼓起迈进新征程、奋进新时代的精气神"③。

习近平总书记在庆祝中国共产党成立一百周年大会上的讲话第一次提出"伟大建党精神",指出:"一百年前,中国共产党的先驱们创建了中国共产党,形成了坚持真理、坚守理想,践行初心、担当使命,不怕牺牲、英勇斗争,对党忠诚、不负人民的伟大建党精神,这是中国共产党的精神之源。……我们要继续弘扬光荣传统、赓续红色血脉,永远把伟大建党精神继承下去、发扬光大!"④ 2021年10月26日,习近平总书记在《致人民出版社成立一百周年的贺信》中强调,"希望人民出版社赓续红色血脉,始终紧跟中国特色社会主义发展步伐,着力传播马克思主义和党的创新理论;……始终坚持高质量发展,着力改革创新,为推动社会主义文化繁荣发展、建设社会主义文化强国作出新的更大的贡献!"⑤ 2021年11月6日,习近平总书记在《致新华社建社九十周年的贺信》中强调,"在全面建设

---

①② 《习近平谈治国理政》第4卷,外文出版社2022年版,第514-515页。
③ 《习近平谈治国理政》第4卷,外文出版社2022年版,第515页。
④ 《习近平谈治国理政》第4卷,外文出版社2022年版,第7页。
⑤ 《习近平书信选集》第1卷,中央文献出版社2022年版,第366页。

社会主义现代化国家新征程上，新华社要在党的领导下，把握正确政治方向，坚定理想信念，坚守人民情怀，赓续红色血脉，坚持守正创新，加快融合发展，加强对外传播，努力建成国际一流新型全媒体机构，为实现中华民族伟大复兴的中国梦、推动构建人类命运共同体作出新的更大的贡献。"① 所以，中国共产党人在长期奋斗中形成的精神谱系、政治品格、光荣传统、红色血脉，是革命文化的核心内容，是激励中国共产党和中国人民百年奋斗、踔厉奋发的强大精神动力。进入新时代、踏上新征程，广大党员和人民群众要坚定对革命文化的自信，弘扬革命精神，赓续红色血脉，为实现全面建设社会主义现代化国家的奋斗目标和中华民族伟大复兴的中国梦注入强大的精神动力。

2021年9月底，党中央批准了第一批纳入中国共产党人精神谱系的伟大精神，这些精神主要包括：建党精神；井冈山精神、苏区精神、长征精神、遵义会议精神、延安精神……抗美援朝精神、"两弹一星"精神、雷锋精神……"两路"精神、老西藏精神（孔繁森精神）、西迁精神、王杰精神；改革开放精神……"三牛"精神、科学家精神、企业家精神、探月精神、新时代北斗精神、丝路精神。这些精神集中彰显了中华民族和中国人民长期以来形成的"伟大创造精神、伟大奋斗精神、伟大团结精神、伟大梦想精神"②，彰显了"共产党人'为有牺牲多壮志，敢教日月换新天'的奋斗精神。"③

三、坚定对社会主义先进文化的自信

坚定文化自信，还要坚定对中国特色社会主义文化之魂即社会主义先进文化的高度自信，坚持马克思主义指导思想、中国特色社会主义共同理想、社会主义核心价值观和社会主义荣辱观，建设面向现代化、面向世界、

---

① 《习近平书信选集》第1卷，中央文献出版社2022年版，第367页。
② 《习近平谈治国理政》第3卷，外文出版社2020年版，第32页。
③ 《习近平谈治国理政》第4卷，外文出版社2022年版，第515页。

面向未来的，民族的科学的大众的社会主义文化，建设社会主义文化强国和中华民族现代文明。

第一，社会主义先进文化是中国共产党领导中国人民在改革开放和社会主义现代化建设的伟大实践中创造的一种新型文化形态，是对中华优秀传统文化和革命文化的继承和发展，是马克思主义政党思想精神上的旗帜，决定了中国特色社会主义文化的发展方向。

文化具有社会属性。社会主义先进文化是"社会主义性质的文化"①，而非其他性质的文化如封建主义文化、资本主义文化。社会主义文化是"中国共产党领导的、以马克思主义为指导的、人民大众的、反对资产阶级和一切剥削阶级思想意识以及一切危害社会主义的势力和行为的文化"②，是"以马克思主义为指导、充分吸收西方文化和中国传统文化的优秀成果，与社会主义的经济制度和政治制度相适应的文化形态"③。中国特色社会主义文化是具有中国特色的社会主义性质的文化。要使中国特色社会主义文化保持社会主义性质，必须"坚持以马克思列宁主义、毛泽东思想、邓小平建设有中国特色社会主义理论为指导"。④

社会主义先进文化是中国共产党领导中国人民在改革开放和社会主义现代化建设的伟大实践中创造的一种新型文化形态。它是"新的时代条件下中国共产党和中华民族在文化上的伟大创造"⑤，是"马克思主义政党思想精神上的旗帜"⑥，决定了中国特色社会主义文化的发展方向。社会主义文化具有丰富的内容。它主要由共产主义远大理想和中国特色社会主义共同理想、以民族精神和时代精神为基本内容的中国精神、社会主义核心价值体系等内容构成。它引领中华文明的前进方向，也影响人类文明的发展进步。

第二，中国共产党从成立之日起，既传承了博大精深的中华优秀传统

---

① 颜晓峰：《坚持中国特色社会主义文化》，重庆出版社2019年版，第110页。
② 颜晓峰：《坚持中国特色社会主义文化》，重庆出版社2019年版，第111页。
③ 陈先达：《文化自信中的传统与当代》，北京师范大学出版社2017年版，第142页。
④ 陈先达：《文化自信中的传统与当代》，北京师范大学出版社2017年版，第147页。
⑤ 张江：《建设新时代社会主义文化强国》，中国社会科学出版社2019年版，第48页。
⑥ 《胡锦涛文选》第3卷，人民出版社2016年版，第539页。

文化，又创造了昂扬向上的革命文化，还成为中国先进文化的积极引领者和践行者，始终代表着中国先进文化的前进方向。

2000年2月，江泽民在广东省考察工作时首次提出"三个代表"重要思想，强调"我们党所以赢得人民的拥护，是因为我们党在革命、建设、改革的各个历史时期，总是代表着中国先进生产力的发展要求，代表着中国先进文化的前进方向，代表着中国最广大人民的根本利益。……因为我们党是代表先进文化的前进方向的，所以全党同志必须始终坚持以马克思主义为指导，努力继承和发扬中华民族的一切优秀文化传统，努力学习和吸收外国的一切优秀文化成果，从而不断创造和推进有中国特色社会主义文化。"① 江泽民在庆祝中国共产党成立八十周年大会上的讲话指出，"我们党要继续站在时代前列，带领人民胜利前进，归结起来，就是必须始终代表中国先进生产力的发展要求，代表中国先进文化的前进方向，代表中国最广大人民的根本利益。"② 江泽民在中国共产党第十六次全国代表大会上的报告也指出，"在当代中国，发展先进文化，就是发展面向现代化、面向世界、面向未来的，民族的科学的大众的社会主义文化。"③

当今世界，文化的地位和作用越来越突出，"深深熔铸在民族的生命力、创造力和凝聚力之中。"④ 在此时代背景下，我们既要深刻认识文化建设的战略意义，又要深刻认识"三个代表"要求的重大意义。它是中国共产党的"立党之本、执政之基、力量之源"⑤。中国共产党要"始终代表中国先进文化的前进方向，就是党的理论、路线、纲领、方针、政策和各项工作，必须努力体现发展面向现代化、面向世界、面向未来的，民族的科学的大众的社会主义文化的要求，促进全民族思想道德素质和科学文化素质的不断提高，为我国经济发展和社会进步提供精神动力和智力支持。"⑥ 在当代中国，发展社会主义先进文化，要"牢牢把握中国先进文化的发展

---

① 《江泽民文选》第3卷，人民出版社2006年版，第2页。
②⑤ 《江泽民文选》第3卷，人民出版社2006年版，第272页。
③ 《江泽民文选》第3卷，人民出版社2006年版，第559页。
④ 《江泽民文选》第3卷，人民出版社2006年版，第558页。
⑥ 《江泽民文选》第3卷，人民出版社2006年版，第276页。

趋势和要求,坚持以马克思列宁主义、毛泽东思想、邓小平理论为指导,立足于建设有中国特色社会主义的实践,着眼于世界科学文化发展的前沿,不断发展健康向上、丰富多彩的,具有中国风格、中国特色的社会主义文化。"① 这是我们党始终站在时代前列、保持先进性的根本体现和根本要求。

第三,坚定对社会主义先进文化的自信,要牢牢把握先进文化的前进方向,坚持以马克思主义为指导,坚持"二为"方向和"双百"方针,坚持中国特色社会主义文化发展道路,努力实现建设社会主义文化强国、提高国家文化软实力的宏伟目标。

坚定对社会主义先进文化的自信,要"坚持以马克思主义为指导,坚持社会主义先进文化前进方向"②,用马克思主义中国化的最新理论成果指导社会主义文化建设。马克思主义是我们立党立国的根本指导思想,是我们认识世界、改造世界的思想武器,是激励全国各族人民为实现中华民族伟大复兴的中国梦而团结奋斗的精神动力。马克思主义是"先进的思想体系"③,具有科学性、真理性和先进性。社会主义文化以马克思主义为指导,所以也具有先进性。因此,我们只有坚持以马克思主义为指导,才能"打牢中国特色社会主义文化发展的根基。"④胡锦涛在庆祝中国共产党成立九十周年大会上的讲话中指出,我们"要继续大力推动社会主义文化大发展大繁荣,坚定不移发展社会主义先进文化。"⑤ 要"坚持发展面向现代化、面向世界、面向未来的,民族的科学的大众的社会主义文化,推动社会主义先进文化更加深入人心,推动社会主义精神文明和物质文明全面发展,不断开创全民族文化创造活力持续迸发、社会文化生活更加丰富多彩、人民基本文化权益得到更好保障、人民思想道德素质和科学文化素质全面提高的新局面,建设中华民族共有精神家园。"⑥ 因此,坚持以马克思主义

---

① 《江泽民文选》第3卷,人民出版社2006年版,第276－277页。
②④ 《胡锦涛文选》第3卷,人民出版社2016年版,第563页。
③ 《江泽民文选》第3卷,人民出版社2006年版,第228页。
⑤ 《胡锦涛文选》第3卷,人民出版社2016年版,第538页。
⑥ 《胡锦涛文选》第3卷,人民出版社2016年版,第539页。

为指导、以社会主义先进文化为引领来发展中国特色社会主义文化、建设中华民族共有精神家园,一要坚持为人民服务、为社会主义服务的"二为"方向和百花齐放、百家争鸣的"双百"方针;二要紧紧围绕"培养一代又一代有理想、有道德、有文化、有纪律的公民"这一根本任务,①"坚持以科学的理论武装人,以正确的舆论引导人,以高尚的精神塑造人,以优秀的作品鼓舞人"②;三要加强社会主义道德建设,在全社会"倡导爱国主义、集体主义、社会主义思想,反对和抵制拜金主义、享乐主义、极端个人主义等腐朽思想,增强全国各族人民的民族自尊心、自信心、自豪感"③;四要"充分体现时代精神和创造精神"④,"结合新的实践和时代的要求,结合人民群众精神生活的需要,积极进行文化创新,努力繁荣先进文化,把亿万人民紧紧吸引在有中国特色社会主义文化的伟大旗帜下。"⑤

坚定对社会主义先进文化的自信,还要"坚持中国特色社会主义文化发展道路"⑥,努力实现建设社会主义文化强国、提高国家文化软实力的宏伟目标。胡锦涛在中共十七届六中全会第二次全体会议上的讲话中指出,"坚持中国特色社会主义文化发展道路,必须坚持以马克思主义为指导,坚持社会主义先进文化前进方向。"⑦胡锦涛在中国共产党第十八次全国代表大会上的报告指出,"我们一定要坚持社会主义先进文化前进方向,树立高度的文化自觉和文化自信,向着建设社会主义文化强国宏伟目标阔步前进。"⑧

建设社会主义文化强国,提高国家文化软实力,是全面建成社会主义现代化强国、实现中华民族伟大复兴中国梦的题中应有之义。建设社会主义文化强国,提高国家文化软实力,一是"必须走中国特色社会主义文化发展道路"⑨,坚持"二为"方向、"双百"方针和"三贴近"原则,推动社会主义精神文明和物质文明全面发展。二是"必须推动社会主义文化大

---

①② 《江泽民文选》第3卷,人民出版社2006年版,第277页。
③④⑤ 《江泽民文选》第3卷,人民出版社2006年版,第278-279页。
⑥ 《胡锦涛文选》第3卷,人民出版社2016年版,第564页。
⑦ 《胡锦涛文选》第3卷,人民出版社2016年版,第563页。
⑧ 《胡锦涛文选》第3卷,人民出版社2016年版,第640页。
⑨ 《胡锦涛文选》第3卷,人民出版社2016年版,第637页。

发展大繁荣,兴起社会主义文化建设新高潮,提高国家文化软实力,发挥文化引领风尚、教育人民、服务社会、推动发展的作用"①。三是"必须大力弘扬中华优秀文化传统,大力弘扬五四运动以来形成的革命文化传统,大力弘扬改革开放以来文化领域形成的一系列新思想新观念新风尚,立足中国特色社会主义伟大实践,发展社会主义先进文化。"② 四是"必须把社会主义核心价值体系建设融入国民教育、精神文明建设和党的建设全过程。……在全体人民中大力弘扬以爱国主义为核心的民族精神和以改革创新为核心的时代精神,……用社会主义荣辱观引领社会风尚。"③ 五是"必须坚持以人为本,以满足人民精神文化需求、促进人的全面发展为根本目的,不断提高全民族思想道德素质和科学文化素质,培育有理想、有道德、有文化、有纪律的社会主义公民。"④ 六是必须"加快文化体制改革,加快构建公共文化服务体系,加快发展文化事业和文化产业。……形成与我国国际地位相对称的文化软实力,提高中华文化国际影响力。"⑤

习近平总书记在党的十九大报告强调,"中国特色社会主义文化,源自于中华民族五千多年文明历史所孕育的中华优秀传统文化,熔铸于党领导人民在革命、建设、改革中创造的革命文化和社会主义先进文化,植根于中国特色社会主义伟大实践。发展中国特色社会主义文化,就是以马克思主义为指导,坚守中华文化立场,立足当代中国现实,结合当今时代条件,发展面向现代化、面向世界、面向未来的,民族的科学的大众的社会主义文化,推动社会主义精神文明和物质文明协调发展。"⑥ 习近平总书记还强调,"中国共产党从成立之日起,既是中国先进文化的积极引领者和践行者,又是中华优秀传统文化的忠实传承者和弘扬者。当代中国共产党人和中国人民应该而且一定能够担负起新的文化使命,在实践创造中进行

---

① 《胡锦涛文选》第3卷,人民出版社2016年版,第637页。
② 《胡锦涛文选》第3卷,人民出版社2016年版,第565页。
③ 《胡锦涛文选》第3卷,人民出版社2016年版,第539页。
④ 《胡锦涛文选》第3卷,人民出版社2016年版,第564页。
⑤ 《胡锦涛文选》第3卷,人民出版社2016年版,第539-540页。
⑥ 《习近平谈治国理政》第3卷,外文出版社2020年版,第32页。

文化创造，在历史进步中实现文化进步！"① 因此，中国特色社会主义文化是以马克思主义科学理论为指导、坚守中华文化立场的文化，是具有坚实的当代中国实践基础、符合当代中国时代精神的文化，是"面向现代化、面向世界、面向未来的，民族的科学的大众的社会主义文化"②。社会主义文化是中国特色社会主义文化的性质。民族性、科学性、人民性、现代性、世界性和发展性，是中国特色社会主义文化的六大特征。中国特色社会主义文化是中华文化的当代形态，是社会主义精神文明的时代精华，实现了对中华优秀传统文化的"创造性转化、创新性发展"，实现了对革命文化和社会主义先进文化的融合发展。

第三节 文化自信的地位和作用

新时代中国特色社会主义文化自信理论强调了文化自信的地位和作用，指出："文化自信是更基础、更广泛、更深厚的自信，是更基本、更深沉、更持久的力量。"③

一、文化自信的基础地位

文化自信在"四个自信"中处于基础地位。习近平总书记强调："要坚定中国特色社会主义道路自信、理论自信、制度自信，说到底是要坚定文化自信。文化自信是更基本、更深沉、更持久的力量。"④ "文化自信，是更基础、更广泛、更深厚的自信。"⑤ 这表明，文化自信对于中国特色社会主义道路自信、理论自信、制度自信的基础地位，对于国家发展和民族复兴的重要意义。

---

① 《习近平谈治国理政》第3卷，外文出版社2020年版，第35页。
② 《习近平谈治国理政》第3卷，外文出版社2020年版，第32页。
③⑤ 《习近平谈治国理政》第2卷，外文出版社2017年版，第349页。
④ 《习近平谈治国理政》第2卷，外文出版社2017年版，第339页。

第一，文化自信是道路自信的历史渊源和文化积淀。道路自信"是以道路中蕴含的文化自信为基础的"①。中国特色社会主义道路是中国共产党带领全国各族人民经过艰苦奋斗而做出的一种"顺应中国历史发展规律的文化选择，是对中国内在文化逻辑的本体论追问"②。习近平总书记在庆祝中国共产党95周年大会上的讲话指出，"中国特色社会主义道路是实现社会主义现代化的必由之路，是创造人民美好生活的必由之路。"③ 中国特色社会主义道路具有深厚的历史渊源和文化积淀。它是在党领导人民进行百年奋斗的基础上得来的，是在新中国成立70多年的持续探索、改革开放40多年的伟大实践中得来的，是对中华民族5000多年文明史、近代中国170多年斗争史的基础上得来的。中国特色社会主义文化自信所蕴含的文化基因、价值内核、民族精神为中国特色社会主义道路自信提供了"深层价值根基"④。

习近平总书记在福建武夷山朱熹园考察时的讲话指出，"我们走中国特色社会主义道路，一定要推进马克思主义中国化。如果没有中华五千年文明，哪里有什么中国特色？如果不是中国特色，哪有我们今天这么成功的中国特色社会主义道路？我们要特别重视挖掘中华五千年文明中的精华，把弘扬优秀传统文化同马克思主义立场观点方法结合起来，坚定不移走中国特色社会主义道路。"⑤ 中华文明的精华即中华优秀传统文化所蕴含的"讲仁爱、重民本、守诚信、崇正义、尚和合、求大同"等核心思想理念，"注定了我们必然要走适合自己特点的发展道路"⑥，也为我们坚定道路自信奠定了深厚的文化根基。我们如果脱离了中国文化传统这个前提，脱离了马克思主义与中华优秀传统文化相结合这个灵魂，就很难解释清楚中国特色社会主义道路的独特性和必然性。

第二，文化自信是理论自信的文化基础和力量源泉。理论自信"是以

---

① 颜晓峰：《坚持中国特色社会主义文化》，重庆出版社2019年版，第4页。
② 邹广文等：《当代中国文化自信研究论纲》，中国青年出版社2020年版，第41页。
③ 《习近平谈治国理政》第2卷，外文出版社2017年版，第36页。
④ 邹广文等：《当代中国文化自信研究论纲》，中国青年出版社2020年版，第40页。
⑤ 《习近平谈治国理政》第4卷，外文出版社2022年版，第315页。
⑥ 《习近平谈治国理政》，外文出版社2014年版，第156页。

对科学理论真理力量的文化信念为底蕴的"①。理论作为一种意识，是存在的产物；理论作为一种上层建筑，是人类社会生产实践尤其是精神文化生产实践的产物。无论是广义的文化还是狭义的文化都包含着理论。理论本质上是"一种特定的文化形态，反映了一种体系化的文化共识，是结合时代条件进行文化选择的结果。"② 理论自信是"一种实践自信和文化自信"③。我们之所以提出文化自信的命题，表明以习近平同志为核心的党中央"用更为宽阔的眼界看待理论与文化的关系，认识理论自信的根源。"④ 习近平总书记在庆祝中国共产党95周年大会上的讲话指出，"中国特色社会主义理论体系是指导党和人民沿着中国特色社会主义道路实现中华民族伟大复兴的正确理论，是立于时代前沿、与时俱进的科学理论。"⑤ 它是马克思主义中国化的理论成果，是马克思主义基本原理同中国具体实际、同中华优秀传统文化相结合的产物。中国特色社会主义理论自信之所以可能，是因为马克思主义及其中国化的理论成果"不但解决了中国面对的历史性课题，而且实现了同中国文化的有机融合。"⑥

近代以来，西方文化传入中国，改良主义、自由主义、实用主义、无政府主义等各种主义和思潮在中华大地"你方唱罢我登场"，中国人在"开眼看世界"、学习西方的过程中逐渐感受到古老的中华文化与现代性主导的西方文化之间的巨大势差，开始由文化自信转向文化自卑，转向对西方文明和文化的崇拜和对中国传统文化的批判，掀起了主张西方"科学"和"民主"的新文化运动。马克思列宁主义在十月革命的巨大影响下传入中国，不仅为五四运动后期发展提供了指导思想，而且担负起指导中国革命、重塑中国文化精神的重要使命。马克思列宁主义在同中国具体实际相结合的过程中"产生了完全崭新的文化生力军，这就是中国共产党人所领导的共产主义的文化思想，即共产主义的宇宙观和社会革命论"⑦。先进的

---

① 颜晓峰：《坚持中国特色社会主义文化》，重庆出版社2019年版，第4页。
② 邹广文等：《当代中国文化自信研究论纲》，中国青年出版社2020年版，第53页。
③④ 颜晓峰：《坚持中国特色社会主义文化》，重庆出版社2019年版，第5页。
⑤ 《习近平谈治国理政》第2卷，外文出版社2017年版，第36页。
⑥ 邹广文等：《当代中国文化自信研究论纲》，中国青年出版社2020年版，第54页。
⑦ 《毛泽东选集》第2卷，人民出版社1991年版，第697页。

中国人在"学会了马克思列宁主义以后","在精神上就由被动转入主动"①，在更高层次上建立了文化自信，复兴了"伟大的中国人民的文化"，完结了"近代历史上那种看不起中国人，看不起中国文化的时代"②，生成了中国人民创造中国理论的历史主动精神。因此，文化自信赋予了中国人民"创立中国理论的历史主动性"和"发展中国理论的时代创造性"③，增强了中国人民"传播中国理论的价值坚定性"④，为理论自信提供了强有力的文化支撑。

第三，文化自信是制度自信的内在灵魂和核心要素。制度自信"是以对建立制度的文化理念的自信为前提的。"⑤ 制度是指大家共同遵守的规程、准则，以及特定条件下形成的社会、政治、经济、文化等方面的体系。马克思恩格斯认为，制度是具有社会整合与规范功能的稳定的社会交往关系及其结构，是人类一切文明活动的客观前提与基础。它既是人类社会活动的前提、中介，又是人类社会活动的产物。人的行为总是受到各种不同层次的制度的影响和制约。人类的生存发展史，从某种意义上说就是"人类制度演化史"⑥。人类社会性存在文明演进的过程，就是"制度的文明演进过程。"⑦

制度"是人类文明的积累"⑧，是人类社会实践活动和历史文化传统的产物。任何制度的产生和发展，都有其内在文化基础和核心文化要素。近代以来，中国传统的封建君主专制制度被西方资本主义制度连续打败，先进的中国人和无数的仁人志士一直在寻找适合中国国情和文化传统的社会制度。从太平天国运动、洋务运动、戊戌变法到辛亥革命，期间经历了诸多失败。直到"十月革命一声炮响，给我们送来了马克思列宁主义。"⑨ 在这一科学理论的指导下，中国共产党诞生了。中国共产党成立后，团结带

---

①② 《毛泽东选集》第4卷，人民出版社1991年版，第1516页。
③ 邹广文等：《当代中国文化自信研究论纲》，中国青年出版社2020年版，第58页。
④ 邹广文等：《当代中国文化自信研究论纲》，中国青年出版社2020年版，第65页。
⑤ 颜晓峰：《坚持中国特色社会主义文化》，重庆出版社2019年版，第5页。
⑥ 邹广文等：《当代中国文化自信研究论纲》，中国青年出版社2020年版，第73页。
⑦ 高兆明：《制度伦理研究：一种宪政正义的理解》，商务印书馆2011年版，第11页。
⑧ 郑永年：《大趋势：中国下一步》，东方出版社2019年版，第39页。
⑨ 《毛泽东选集》第4卷，人民出版社1991年版，第1471页。

领全国各族人民，坚持"把马克思主义基本原理同中国具体实际相结合、同中华优秀传统文化相结合"①，赢得了中国革命胜利，建立了崭新的社会主义制度，并深刻总结国内外正反两方面经验，不断探索实践和改革创新，建立和完善了中国特色社会主义制度。党的十九届四中全会通过的《中共中央关于坚持和完善中国特色社会主义制度、推进国家治理体系和治理能力现代化若干重大问题的决定》指出，"中国特色社会主义制度和国家治理体系是以马克思主义为指导、植根中国大地、具有深厚中华文化根基、深得人民拥护的制度和治理体系，是具有强大生命力和巨大优越性的制度和治理体系，是能够持续推动拥有近十四亿人口大国进步和发展、确保拥有五千多年文明史的中华民族实现'两个一百年'奋斗目标进而实现伟大复兴的制度和治理体系。"中国特色社会主义制度生长于中国社会土壤，形成于革命、建设、改革长期实践，是在植根中华历史文化传统、吸收借鉴人类制度文明有益成果基础上建立起来的。一方面，它保障了我国经济快速发展和社会长期稳定；另一方面，它也为多元文明共生并进的人类社会发展增添更多色调、更多范式、更多选择。因此，中国特色社会主义制度是符合我国基本国情、契合我国文化传统的制度，是顺应时代潮流、代表人民利益的制度，是"具有鲜明中国特色、明显制度优势、强大自我完善能力的先进制度"②，是当代中国发展进步的根本制度保障。中国特色社会主义制度中的"中国特色"是指中国"独特的文化传统，独特的历史命运，独特的基本国情，"③ 如果我们脱离了中华文明和中华文化传统这个前提，脱离了马克思主义与中华优秀传统文化相结合这个灵魂，"就很难说清楚中国特色社会主义制度的独特优势。"④

制度自信是指"主体在准确把握制度要义基础上，充分认可制度及其内在精神，在制度选择、制度实施、制度评价和制度创新各方面始终保持

---

① 《习近平谈治国理政》第4卷，外文出版社2022年版，第10页。
② 《习近平谈治国理政》第2卷，外文出版社2017年版，第36页。
③ 《习近平谈治国理政》，外文出版社2014年版，第156页。
④ 本刊编辑部：《文化自信是更基本更深沉更持久的力量》，《求是》2019年版。

肯定性评价，对制度效能及其发展前景怀有积极乐观的心理状态。"① 中国特色社会主义制度自信，本质上"是对中国特色社会主义制度蕴含的文化价值的自信，是对中国特色社会主义制度背后赖以生长的文化的自信"②。它不仅包括对制度效果的自信，而且包括对制度文化、制度理念的自信。制度理念，作为一种观念形态的文化，是"制度自信的精髓"③。坚定对我国根本政治制度即人民代表大会制度的自信，体现出人们对"人民是历史的创造者、是国家的主人"的制度理念的自信。坚定对我国的根本文化制度即马克思主义在意识形态领域指导地位的制度的自信，体现出人们对"马克思主义是我们党和国家的指导思想"的制度理念的自信。坚定对中国共产党领导的多党合作和政治协商制度等基本政治制度的自信，体现出人们对中华民族"尚和合、重民本、求团结"的制度理念的自信。坚定对公有制为主体、多种所有制共同发展的基本经济制度的自信，体现出人们对"公平正义、共同富裕"的制度理念的自信，等等。因此，文化自信是制度自信的内在灵魂和核心要素，文化自信"制约着制度自信的全要素和全过程，影响着制度选择、制度实施、制度评价的自信程度"④。

二、文化自信的重要作用

文化的命运与国家、民族的命运紧密相连。文化自信对于社会主义文化繁荣兴盛、社会主义文化强国建设和中华民族伟大复兴都具有非常重要的作用。习近平总书记在党的十九大报告中强调："没有高度的文化自信，没有文化的繁荣兴盛，就没有中华民族伟大复兴。"⑤ 因此，坚定文化自信，"事关国运兴衰、事关文化安全、事关民族精神独立性"⑥，事关社会主义文化强国建设和中华民族伟大复兴的中国梦的实现。

---

①②④ 邹广文等：《当代中国文化自信研究论纲》，中国青年出版社2020年版，第74页。
③ 颜晓峰：《坚持中国特色社会主义文化》，重庆出版社2019年版，第5页。
⑤ 习近平：《决胜全面建成小康社会 夺取新时代中国特色社会主义伟大胜利——在中国共产党第十九次全国代表大会上的报告》，人民出版社2017年版，第41页。
⑥ 《习近平谈治国理政》第2卷，外文出版社2017年版，第349页。

第一，文化自信事关国运兴衰和民族复兴。文化"是民族生存和发展的重要力量。人类社会每一次跃进，人类文明每一次升华，无不伴随着文化的历史性进步。"① 中华民族在五千多年的历史演进中能够不断地战胜困难而发展壮大，能够历经坎坷而生生不息，其中一个很重要的原因就是"世世代代的中国儿女培育和发展了独具特色、博大精深的中华文化，为中华民族克服困难、生生不息提供了强大精神支撑"②。习近平总书记在文艺工作座谈会上的讲话强调，"中华民族有着强大的文化创造力。每到重大历史关头，文化都能感国运之变化、立时代之潮头、发时代之先声，为亿万人民、为伟大祖国鼓与呼。"③ 文化的命运与国家、民族的命运紧密相连，国力强盛不仅是经济实力、军事实力等硬实力的强盛，而且伴随着文化软实力的强盛，体现为坚定的民族自信和强大的文化自信。

习近平总书记在纪念马克思诞辰200周年大会上的讲话强调，"理论自觉、文化自信，是一个民族进步的力量；价值先进、思想解放，是一个社会活力的来源。国家之魂，文以化之，文以铸之。"④ 汉武帝时期，中国国力强盛，政治上继承了秦朝的大一统和中央集权制度，军事上解除了匈奴的威胁、扩大了国家疆域，文化上确立了儒家思想的主导地位，外交上开辟了"丝绸之路"，加强了与西域、中亚、西亚以及欧洲的经贸和文化往来。盛唐与西汉一样，不仅国力强盛，而且对中国历史和世界文明产生了重大影响，中国的丝绸、陶瓷、建筑技艺、思想文化、诗词文学等远播海外，造就了东亚儒家文化圈。这两个王朝也是中国古代最具有文化自信的时期。中国人的文化自信不仅造就了汉唐盛世，而且传播了中华文明，对于提高中国在世界的影响力都具有重要的意义。反之，近代以来，落后的清王朝在与西方列强的较量中屡战屡败，导致中国人文化自信的丧失和文

---

① 中共中央文献研究室编：《习近平关于社会主义文化建设论述摘编》，中央文献出版社2017年版，第5页。
② 中共中央文献研究室编：《习近平关于社会主义文化建设论述摘编》，中央文献出版社2017年版，第6页。
③ 习近平：《坚定文化自信，建设社会主义文化强国》，《求是》2019年第12期。
④ 习近平：《在纪念马克思诞辰200周年大会上的讲话》，人民出版社2018年版，第19页。

化自卑的产生,导致"国家蒙辱、人民蒙难、文明蒙尘"①,深深地影响了中华民族的近代命运,使中华民族遭受了前所未有的劫难。"十月革命一声炮响,给我们送来了马克思列宁主义,"② 促进了中国共产党的诞生。中国共产党秉持"为中国人民谋幸福、为中华民族谋复兴"的初心使命,团结带领全国各族人民经过不懈奋斗和巨大牺牲,创造了新民主主义革命、社会主义革命和建设、改革开放和社会主义现代化建设、新时代中国特色社会主义的伟大成就,创造了中国式现代化新道路,创造了人类文明新形态。中华民族"迎来了从站起来、富起来到强起来的伟大飞跃,实现中华民族伟大复兴进入了不可逆转的历史进程!"③ 在取得伟大成就、实现伟大飞跃的百年奋斗中,中国人的文化自信也得到了极大的提升,"近代历史上那种看不起中国人、看不起中国文化的时代"④ 就此完结了。由上可知,文化自信事关国运兴衰,事关社会主义文化强国目标的实现,事关中华民族伟大复兴的中国梦的实现。只有坚定文化自信,"增强做中国人的志气、骨气、底气"⑤,才能为民族复兴、国家昌盛提供强大的精神力量。

第二,文化自信事关文化安全。文化安全是国家安全的重要内容和重要保障。它是指"国家文化生存与发展免于威胁或危险的状态"⑥,是指"一个国家的良性文化生存境遇以及与此相关的政治、社会、伦理、人际、信息等方面的安全状态"⑦,是指"国家防止异质文化对民族文化生活渗透和侵蚀时,保护本国人民的价值观、行为方式、社会制度不被重塑和同化的安全"⑧。因此,文化安全是指一个国家的文化不受内部和外部的威胁、破坏而保持稳定有序的状态,包括一个国家的文化主权神圣不可侵犯,文化传统和文化发展选择得到尊重,文化制度和意识形态选择权、文化传播

---

① 《习近平谈治国理政》第4卷,外文出版社2022年版,第4页。
② 《毛泽东选集》第4卷,人民出版社1991年版,第1471页。
③ 《习近平谈治国理政》第4卷,外文出版社2022年版,第6页。
④ 《毛泽东选集》第4卷,人民出版社1991年版,第1516页。
⑤ 《习近平谈治国理政》第4卷,外文出版社2022年版,第274页。
⑥ 胡惠林、胡霁荣:《国家文化安全治理》,上海人民出版社2019年版,第78页。
⑦ 贾磊磊、黄大同:《守望文化江山:中国国家文化安全研究》,中国广播电视出版社2012年版,第15页。
⑧ 张守富:《经济全球化与中国三大安全》,《党政干部论坛》2000年第12期。

和文化交流的自主权得到保护，等等。文化安全是国家文化发展的基本前提，是确保马克思主义在意识形态的指导地位、确保社会主义核心价值观的主导地位、确保中华民族伟大复兴进程不被滞缓或打断的文化保障。一言以蔽之，文化安全事关国家文化安危。文化安全主要包括文化政治安全、意识形态安全、文化遗产安全、网络文化安全等内容。意识形态安全是文化安全的根本，是文化安全的核心内容。

习近平总书记在党的十九大报告中提出了"坚持总体国家安全观"的思想，"将文化安全提升到了新的战略高度，彰显出文化安全在全部国家安全要素中居于不可替代的重要地位和作用。"①《中华人民共和国国家安全法》（以下简称《国家安全法》）第三条规定，"国家安全工作应该坚持总体国家安全观，以人民安全为宗旨，以政治安全为根本，以经济安全为基础，以军事、文化、社会安全为保障，以促进国际安全为依托，维护各领域国家安全，构建国家安全体系，走中国特色国家安全道路。"②《国家安全法》第二十三条规定了维护国家文化安全的任务，即"坚持社会主义先进文化前进方向，继承和弘扬中华民族优秀传统文化，培育和践行社会主义核心价值观，防范和抵制不良文化的影响，掌握意识形态领域主导权，增强文化整体实力和竞争力。"③教育部《大中小学国家安全教育指导纲要》（以下简称《纲要》）指出，"文化安全包括文化主权、文化价值观、文化资源安全等方面，是确保一个民族、一个国家独立和尊严的重要精神支撑。"④《纲要》还强调，面临外部意识形态渗透、消极文化侵蚀、文化自信和向心力缺失等威胁，我们要维护文化安全，一要"以总体国家安全观为统领"，"强化中华优秀传统文化、革命文化、社会主义先进文化教育"；二要"坚持和加强党对国家安全教育的领导，增强国家意识，强化

---

① 程伟：《十八大以来国家文化安全理论的新发展》，《湖湘论坛》2016年1期。
② 《总体国家安全观干部读本》编委会：《总体国家安全观干部读本》，人民出版社2016年版，第257页。
③ 《总体国家安全观干部读本》编委会：《总体国家安全观干部读本》，人民出版社2016年版，第260页。
④ 教育部：《大中小学国家安全教育指导纲要》，http://www.moe.gov.cn/srcsite/A26/s8001/202010/t20201027_496805.html。

政治认同";三要"坚定道路自信、理论自信、制度自信、文化自信,践行社会主义核心价值观。"[1] 所以,坚定文化自信和维护国家文化安全之间具有密切的联系。坚定文化自信,保持对自身文化理想、文化价值的高度信心,保持对自身文化生命力、创造力的高度信心,可以有效抵制西方的意识形态渗透、价值观输出和文化侵略,维护我国的意识形态安全、价值观安全和文化安全。

坚定文化自信,事关国家文化安全。首先,文化自信是维护意识形态安全和文化安全的重要保证,可以为维护意识形态安全和国家文化安全提供精神动力。在经济全球化背景下,文化交流交融更加频繁,各种思想思潮交锋更加激烈。西方意识形态、文化思潮的冲击,非马克思主义意识形态、多元价值取向的挑战,使得我国意识形态安全和文化安全受到严重威胁。在此背景下,我们要坚决维护国家的文化主权和尊严,就需要具有高度的文化自信,制定符合我国国情和文化传统的意识形态安全战略,采取积极有效的措施扶持文化产业,实施"文化走出去"战略,赢得国际意识形态斗争中的主动权与话语权,从而在思想文化多元并存中有效维护我国意识形态安全。其次,维护核心价值观和文化传统是维护文化安全的基本要义,坚定价值观自信和文化自信是维护国家文化安全的题中应有之义。维护文化安全,从根本上说就是维护一个国家和民族的生活方式,就是维护这个国家和民族的核心价值观和文化传统。一个国家和民族能否长期保持自身文化传统,能否形成高度的核心价值观认同,是全球化背景下维护国家文化安全的重要保障。如果一个国家和民族的文化传统遭到破坏,那就意味着这个国家和民族文化特性的消失、精神命脉和文化基因传承的断裂,最终会导致整个国家和民族主体性、自主性、独立性的丧失。如果一个国家和民族失去了文化自信和价值观自信,就难以形成广泛的文化认同和价值观认同,难以形成强大的民族凝聚力和文化软实力。在此情况下,面对外来文化渗透和外来文化侵略,面对外来价值观输入和价值观颠覆,

---

[1] 教育部:《大中小学国家安全教育指导纲要》,http://www.moe.gov.cn/srcsite/A26/s8001/202010/t20201027_496805.html。

这个国家和民族只能被动应战，难以掌握斗争的主动权。这个国家和民族的文化安全也难以得到保障。因此，一个国家和民族所面临的文化安全危机，实质上是"一种由漠视、曲解、破坏传统文化所引发的核心价值认同危机、民族信仰危机、文化资源安全危机。"① 因此，维护国家文化安全，就要坚守中华文化立场，坚定文化自信，增强价值观认同。最后，坚定文化自信，提高国家文化软实力，可以为文化安全构建基础平台。文化自信、文化软实力和文化安全之间存在内在联系。《国家安全法》第二十三条规定，维护国家文化安全，要"坚持社会主义先进文化前进方向，继承和弘扬中华民族优秀传统文化，培育和践行社会主义核心价值观，防范和抵制不良文化的影响，掌握意识形态领域主导权，增强文化整体实力和竞争力。"因此，坚定文化自信，提升国家文化软实力和中华文化影响力，是"维护国家文化安全的重要途径"②。

第三，文化自信事关民族精神独立性。文化是一个国家、一个民族的灵魂。世界上每一个国家都有其立国的文化基础，以与他国的文化基础相区别并构成一个国家、民族存在和发展的稳定性人文品质，此其为一国家、民族之所以然者。在近代社会，广义的民族精神亦即上述"所以然者"。中华民族精神是中华民族在长期的历史发展进程中形成的具有中华文化特性的民族心理、民族意识、精神风貌和价值取向的总和，是中华民族独特的精神标识，是中华民族发展进步的精神动力与价值导向。中华民族精神是中国人民开创的以爱国主义为核心的团结一致、爱好和平、勤劳勇敢、自强不息的精神。

维护中华民族精神独立性，是一个非常重要的问题。习近平总书记在第十二届全国人民代表大会第一次会议上的讲话指出，"实现中国梦必须弘扬中国精神。这就是以爱国主义为核心的民族精神，以改革创新为核心的时代精神。这种精神是凝心聚力的兴国之魂、强国之魂。"③ 民族精神独立性，主要包括两层含义：一是指民族的精神独立性，即一个民族具有区

---

①② 程伟：《十八大以来国家文化安全理论的新发展》，《湖湘论坛》2016年1期。
③ 《习近平谈治国理政》，外文出版社2014年版，第40页。

别于其他民族的精神世界、具有独立的精神家园;二是指民族的精神自主性,即"在民族交往过程中,一个民族的独特精神为本民族成员所坚守和认同,而不被其他民族所动摇。"① 近年来,历史虚无主义、文化虚无主义等错误思潮借助互联网、微博、微信等新兴媒体沉渣泛起,企图否定中华优秀传统文化的价值,歪曲革命历史和中共党史,玷污革命先驱和英雄人物,大肆传播自由、民主等西方"普世价值"和新自由主义思想,片面追求"去思想化""去主流化""去历史化",妄图破坏中华民族精神家园,从根本上动摇中华民族的精神独立性。因此,习近平总书记反复强调,"如果没有自己的精神独立性,那政治、思想、文化、制度等方面的独立性就会被釜底抽薪。"②

文化自信与民族精神之间是同频共振、互促共生的关系:"文化自信依赖并涵养民族精神,民族精神支撑并熔铸文化自信。"③ 民族精神蕴藏在民族文化之中,反映的是民族共同的心理意识和价值观念,因此,它"是民族文化的核心和灵魂",它"既是构成并展现文化自信的要素,也是提升文化自信的价值要求。"④ 文化自信,既包含着对本民族文化传统和文化现实的自信,也包含着对本民族所取得的精神成果的自信。回顾历史可以发现,一个民族有充分的文化自信,必然也有高昂的民族精神;反之,一个民族失去了文化自信,对自己的民族文化产生怀疑甚至自卑,那么其民族精神也无法提振。中华民族在1840年鸦片战争之前,都是充满高度文化自信的。到了近代,由于遭遇西方坚船利炮的攻击、工业文明和资本主义的冲击,中华民族才开始逐渐丧失文化自信。随之,中国社会陷入"万马齐喑"的境地,"国力衰微、政治衰败、文化凋敝、民气不振"⑤,中华民族精神也开始萎靡不振。因此,坚定文化自信,不仅事关中华民族精神独立性,而且对于社会主义文化强国建设、中华民族伟大复兴的中国梦的实

---

① 王昱清:《以坚定的文化自信建设社会主义文化强国——学习习近平关于文化自信重要论述》,《党的文献》2020年第6期。
② 中共中央文献研究室编:《习近平关于社会主义文化建设论述摘编》,中央文献出版社2017年版,第139页。
③④⑤ 宇文利:《文化自信与民族精神互促共生》,《前线》2017年第3期。

现都具有非常重要的现实意义。习近平总书记在省部级主要领导干部学习贯彻十八届三中全会精神全面深化改革专题研讨班上的讲话强调，"如果我们的人民不能坚持在我国大地上形成和发展起来的道德价值，而不加区分、盲目地成为西方道德价值的应声虫，那就真正要提出我们的国家和民族会不会失去自己的精神独立性的问题了。如果没有自己的精神独立性，那政治、思想、文化、制度等方面的独立性就会被釜底抽薪。"① 因此，民族精神独立性是我们国家和民族政治、思想、文化、制度等方面独立性的基础。如果民族精神丧失了独立性，那么国家发展、民族复兴就失去了前进的动力。

坚定对伟大民族精神自信、维护民族精神独立性，是坚定文化自信的题中应有之义。文化自信是对中华民族所创造的中华文化的自信，既包括对中华文化传统形态的精华即中华优秀传统文化的自信，也包括对中华文化的当代形态即革命文化和社会主义先进文化的自信，还包括对中华民族精神的自信。习近平总书记在十三届全国人大一次会议上的讲话指出："中国人民在长期奋斗中培育、继承、发展起来的伟大民族精神，为中国发展和人类文明进步提供了强大精神动力。"② 具体而言，"中国人民是具有伟大创造精神的人民。……只要13亿多中国人民始终发扬这种伟大创造精神，我们就一定能够创造出一个又一个人间奇迹！中国人民是具有伟大奋斗精神的人民。……只要13亿多中国人民始终发扬这种伟大奋斗精神，我们就一定能够达到创造人民更加美好生活的宏伟目标！中国人民是具有伟大团结精神的人民。……只要13亿多中国人民始终发扬这种伟大团结精神，我们就一定能够形成勇往直前、无坚不摧的强大力量！中国人民是具有伟大梦想精神的人民。……只要13亿多中国人民始终发扬这种伟大梦想精神，我们就一定能够实现中华民族伟大复兴！"③ 习近平总书记还强调，"有这样伟大的人民，有这样伟大的民族，有这样的伟大民族精神，是我们

---

① 中共中央文献研究室编：《习近平关于社会主义文化建设论述摘编》，中央文献出版社2017年版，第139页。
② 《习近平谈治国理政》第3卷，外文出版社2020年版，第140页。
③ 《习近平谈治国理政》第3卷，外文出版社2020年版，第140—141页。

的骄傲，是我们坚定中国特色社会主义道路自信、理论自信、制度自信、文化自信的底气，也是我们风雨无阻、高歌行进的根本力量！"① 因此，只有树立高度的文化自信和民族精神自信，只有坚持和维护中华民族精神独立性，才能为当代中国发展和中华民族伟大复兴注入无坚不摧的强大力量。

第四节　文化自信的实践路径

一、坚持马克思主义指导思想，牢牢把握中国特色社会主义文化自信的方向

恩格斯说过："一个民族要想站在科学的最高峰，就一刻也不能没有理论思维。"② 习近平总书记在纪念马克思诞辰200周年大会上的讲话指出："中华民族要实现伟大复兴，也同样一刻不能没有理论思维。马克思主义始终是我们党和国家的指导思想，是我们认识世界、把握规律、追求真理、改造世界的强大思想武器。……新时代，中国共产党人仍然要学习马克思，学习和实践马克思主义，不断从中汲取科学智慧和理论力量。"③ 习近平总书记在党的十九大报告强调，"发展中国特色社会主义文化，就是以马克思主义为指导，坚守中华文化立场，立足当代中国现实，结合当今时代条件，发展面向现代化、面向世界、面向未来的，民族的科学的大众的社会主义文化。"④ 中国特色社会主义文化是以马克思主义为指导、具有坚实的当代中国实践基础、符合当代中国时代精神的文化。中国特色社会主义文化之所以具有科学性和先进性，是因为它以马克思主义为指导。因此，坚定中国特色社会主义文化自信，首先要坚持马克思主义指导思想，

---

① 《习近平谈治国理政》第3卷，外文出版社2020年版，第142页。
② 《马克思恩格斯文集》第9卷，人民出版社2009年版，第437页。
③ 习近平：《在纪念马克思诞辰200周年大会上的讲话》，人民出版社2018年版，第15页。
④ 《习近平谈治国理政》第3卷，外文出版社2020年版，第32页。

牢牢把握中国特色社会主义文化自信的方向。

第一，坚持马克思主义指导思想，不断推进马克思主义中国化时代化。"理论自信是文化自信的科学支撑。"① 马克思主义是"我们党和人民事业不断发展的参天大树之根本"，是"我们党和人民不断奋进的万里长河之泉源"②，是中国特色社会主义文化的理论基础，是中国特色社会主义文化具有科学性和先进性的根据所在。马克思主义是由马克思恩格斯创立并为后继者所不断发展的科学理论体系，是"最科学、最严密、最有生命力的理论体系"③，是关于自然、社会和人类思维发展一般规律的学说，是关于无产阶级解放、全人类解放和每个人自由而全面发展的学说，是指引人类创造美好生活的行动指南。马克思主义具有五大鲜明特征：一是科学性，马克思主义具有科学的世界观和方法论基础；二是革命性，马克思主义具有彻底的批判精神和鲜明的无产阶级立场；三是实践性，马克思主义是随实践不断发展的学说，具有鲜明的实践品格；四是人民性，马克思主义具有人民至上的政治立场；五是发展性，马克思主义是不断发展的学说，具有与时俱进的理论品质。马克思主义具有重大的当代价值，它是观察当代世界变化的认识工具，是指引当代中国发展的行动指南，是引领人类社会进步的科学真理。

习近平总书记在纪念马克思诞辰200周年大会上的讲话指出："马克思给我们留下的最有价值、最具影响力的精神财富，就是以他名字命名的科学理论——马克思主义。这一理论犹如壮丽的日出，照亮了人类探索历史规律和寻求自身解放的道路。""中国共产党是用马克思主义武装起来的政党，马克思主义是中国共产党人理想信念的灵魂。"④ 因此，在坚持以马克思主义为指导这一个根本问题上，我们必须坚定不移，在任何时候任何情况下都不能动摇。这是因为，"背离或放弃马克思主义，我们党就会失去灵魂、迷失方向。"⑤

---

①③ 颜晓峰：《坚持中国特色社会主义文化》，重庆出版社2019年版，第25页。
②⑤ 《习近平谈治国理政》第2卷，外文出版社2017年版，第66页。
④ 习近平：《在纪念马克思诞辰200周年大会上的讲话》，人民出版社2018年版，第6页，第24页。

第二,发展社会主义先进文化,牢牢把握中国特色社会主义文化自信的方向。习近平总书记在纪念马克思诞辰200周年大会上的讲话强调,"思想文化建设虽然决定于经济基础,但又对经济基础发生反作用。先进的思想文化一旦被群众掌握,就会转化为强大的物质力量;反之,落后的、错误的观念如果不破除,就会成为社会发展进步的桎梏。理论自觉、文化自信,是一个民族进步的力量;价值先进、思想解放,是一个社会活力的来源。国家之魂,文以化之,文以铸之。我们要立足中国,面向现代化、面向世界、面向未来,巩固马克思主义在意识形态领域的指导地位,发展社会主义先进文化,……不断提高人民思想觉悟、道德水平、文明素养,不断铸就中华文化新辉煌。"① 所以,"巩固马克思主义在意识形态领域的指导地位"②,可以确保中国特色社会主义文化自信的方向,可以为经济发展和社会进步提供强大的精神动力。

二、坚守中华文化立场,推动中华优秀传统文化的创造性转化、创新性发展

中国特色社会主义文化是具有坚实的当代中国实践基础、符合当代中国时代精神的文化,是"面向现代化、面向世界、面向未来的,民族的科学的大众的社会主义文化"③。民族性是中国特色社会主义文化的特征之一。坚定中国特色社会主义文化自信,还要坚守中华文化立场,推动中华优秀传统文化创造性转化、创新性发展。

第一,坚守中华文化立场,科学对待传统文化。习近平总书记在党的十九大报告提出,"中国特色社会主义文化,源自于中华民族五千多年文明历史所孕育的中华优秀传统文化,熔铸于党领导人民在革命、建设、改革中创造的革命文化和社会主义先进文化,……发展中国特色社会主义文

---

① 习近平:《在纪念马克思诞辰200周年大会上的讲话》,人民出版社2018年版,第19-20页。
② 习近平:《在纪念马克思诞辰200周年大会上的讲话》,人民出版社2018年版,第20页。
③ 《习近平谈治国理政》第3卷,外文出版社2020年版,第32页。

化，就是以马克思主义为指导，坚守中华文化立场，立足当代中国现实，结合当今时代条件，发展面向现代化、面向世界、面向未来的，民族的科学的大众的社会主义文化。"① 习近平总书记还强调，要"深入挖掘中华优秀传统文化蕴含的思想观念、人文精神、道德规范，结合时代要求继承创新，让中华文化展现出永久魅力和时代风采。"②

第二，坚持创造性转化、创新性发展，不断铸就中华文化新辉煌。文化自信是"更基础、更广泛、更深厚的自信"③，是道路自信、理论自信、制度自信的文化基础。习近平总书记指出："中国有坚定的道路自信、理论自信、制度自信，其本质是建立在五千多年文明传承基础上的文化自信。"④ 习近平总书记不仅指出了文化自信的基础地位，而且"开拓了传统文化保护传承守正创新之道，赋予中华优秀传统文化新的时代内涵、表现形式和生命活力"⑤。《关于实施中华优秀传统文化传承发展工程的意见》《关于加强文物保护利用改革的若干意见》《关于让文物活起来、扩大中华文化国际影响力的实施意见》等文件的出台，推动了"中华优秀传统文化创造性转化、创新性发展"⑥，增强了全社会的文物保护意识和文化遗产保护力度，丰富了全社会的历史文化滋养。

习近平总书记在继承毛泽东提出的"二为"方向和"双百"方针的基础上，进一步提出了推动中华文明和中华优秀传统文化"创造性转化、创新性发展"⑦ 的"双创"方针，不断铸就中华文化新辉煌。习近平总书记在党的十九大报告指出，发展中国特色社会主义文化，"要坚持为人民服务、为社会主义服务，坚持百花齐放、百家争鸣，坚持创造性转化、创新性发展，不断铸就中华文化新辉煌。"⑧《中共中央关于党的百年奋斗重大成就和历史经验的决议》指出："中华优秀传统文化是中华民族的突出优

---

①⑧ 《习近平谈治国理政》第3卷，外文出版社2020年版，第32页。
② 《习近平谈治国理政》第3卷，外文出版社2020年版，第33页。
③ 《习近平谈治国理政》第2卷，外文出版社2017年版，第36页。
④ 中共中央宣传部编：《习近平新时代中国特色社会主义思想学习问答》，学习出版社、人民出版社2021年版，第289页。
⑤ 新华社记者：《文化建设：东方风来春色新》，《求是》2022年第9期。
⑥⑦ 《习近平谈治国理政》第3卷，外文出版社2020年版，第18页。

势，是我们在世界文化激荡中站稳脚跟的根基，必须结合新的时代条件传承和弘扬好。"① 因此，坚持"双创"方针，与坚持"二为"方向和"双百"方针一脉相承，它们都是推动中华优秀传统文化创新发展、铸就中华文化新辉煌的重要指导原则。

第三，坚持把马克思主义基本原理同中国具体实际相结合、同中华优秀传统文化相结合，创造人类文明新形态。习近平总书记在庆祝中国共产党成立一百周年大会上的讲话提出，我们要"坚持把马克思主义基本原理同中国具体实际相结合、同中华优秀传统文化相结合，用马克思主义观察时代、把握时代、引领时代，继续发展当代中国马克思主义、21世纪马克思主义！"② 习近平总书记还强调，"我们坚持和发展中国特色社会主义，推动物质文明、政治文明、精神文明、社会文明、生态文明协调发展，创造了中国式现代化新道路，创造了人类文明新形态。"③ 2022年4月25日，习近平总书记在中国人民大学考察时的讲话指出，"要坚持把马克思主义基本原理同中国具体实际相结合、同中华优秀传统文化相结合，立足中华民族伟大复兴战略全局和世界百年未有之大变局，不断推进马克思主义中国化时代化。"④ 因此，只有实现"两个结合"，才能"在五千多年中华文明深厚基础上开辟和发展中国特色社会主义"⑤，才能开创中国式现代化新道路，才能创造人类文明新形态。反之，如果马克思主义基本原理不同中国具体相结合，就容易导致教条主义；如果中国具体实际不能实现同马克思主义基本原理相结合，就容易陷入经验主义。同理，如果马克思主义基本原理不同中华优秀传统文化相结合，就有可能导致历史虚无主义和文化虚无主义等倾向，"马克思主义也就无法融入中华文明，在中国生根开花、

---

① 《中共中央关于党的百年奋斗重大成就和历史经验的决议》，人民出版社2021年版，第46页。
②③ 《习近平谈治国理政》第4卷，外文出版社2022年版，第10页。
④ 《习近平在中国人民大学考察时强调坚持党的领导传承红色基因扎根中国大地走出一条建设中国特色世界一流大学新路》，《人民日报》2022年04月26日。
⑤ 《习近平在文化传承发展座谈会上强调担负起新的文化使命 努力建设中华民族现代文明》，《人民日报》2023年06月03日。

枝繁叶茂"①；如果中华优秀传统文化不能实现同马克思主义基本原理相结合，就有可能导致文化保守主义或文化复古主义，"中华优秀传统文化也就无法焕发出生机和活力"②。

三、发扬革命传统、传承红色基因，赓续共产党人精神血脉

中国特色社会主义文化是中华文化的当代形态，是社会主义精神文明的时代精华，实现了对革命文化继承发展。坚定中国特色社会主义文化自信，还要发扬革命传统、传承红色基因，赓续共产党人精神血脉。

2021年6月18日，习近平总书记带领中央政治局同志参观北大红楼、丰泽园毛泽东同志故居，推进党史学习教育，推动学习党史、新中国史、改革开放史、社会主义发展史，教育引导广大党员"学史明理、学史增信、学史崇德、学史力行"。2022年4月25日，习近平总书记在中国人民大学考察时的讲话强调，"要坚持党的领导，坚持马克思主义指导地位，坚持为党和人民事业服务，落实立德树人根本任务，传承红色基因，扎根中国大地办大学，走出一条建设中国特色、世界一流大学的新路。"③ 在中国人民大学博物馆参观人大校史展时，习近平总书记还强调，"中国人民大学在抗日烽火中诞生，在党的关怀下发展壮大，具有光荣的革命传统和鲜明的红色基因。一定要把这一光荣传统和红色基因传承好，守好党的这块重要阵地。要加强校史资料的挖掘、整理和研究，讲好中国共产党的故事，讲好党创办人民大学的故事，激励广大师生继承优良传统，赓续红色血脉。"④ 因此，发扬革命传统、传承红色基因，赓续共产党人精神血脉，是坚定革命文化自信的题中应有之义，也是文化自信的实践路径。

---

①② 中共教育部党组理论学习中心组：《学习习近平总书记关于"两个结合"的重要思想》，《人民日报》2021年08月27日。

③④ 《习近平在中国人民大学考察时强调坚持党的领导传承红色基因扎根中国大地走出一条建设中国特色世界一流大学新路》，《人民日报》2022年04月26日。

四、坚持价值观自信，发挥社会主义核心价值观的铸魂育人作用

价值观是人们对"什么是价值、怎样评判价值、如何创造价值"等问题的根本看法。核心价值观是一个国家、社会中存在的各种价值观中具有主导地位或者支配地位的价值观。核心价值观是一个国家的重要稳定器，对国家、民族来说都具有非常重要的作用。核心价值观承载民族精神追求，体现社会发展方向。"如果一个民族、一个国家没有共同的核心价值观，莫衷一是，行无依归，那这个民族、这个国家就无法前进"①，更不可能取得成功。

2012年11月，党的十八大报告明确提出："倡导富强、民主、文明、和谐，倡导自由、平等、公正、法治，倡导爱国、敬业、诚信、友善，积极培育社会主义核心价值观。"② "富强、民主、文明、和谐是国家层面的价值要求，自由、平等、公正、法治是社会层面的价值要求，爱国、敬业、诚信、友善是公民层面的价值要求"③，这12个词是社会主义核心价值观的内容。2013年12月，中共中央办公厅印发的《关于培育和践行社会主义核心价值观的意见》明确指出，以"三个倡导"为基本内容的社会主义核心价值观，与中国特色社会主义发展要求相契合，与中华优秀传统文化和人类文明优秀成果相承接，是我们党凝聚全党全社会价值共识作出的重要论断。2017年10月18日，习近平总书记在党的十九大报告中指出，"要以培养担当民族复兴大任的时代新人为着眼点，强化教育引导、实践养成、制度保障，发挥社会主义核心价值观对国民教育、精神文明创建、精神文化产品创作生产传播的引领作用，把社会主义核心价值观融入社会发展各方面，转化为人们的情感认同和行为习惯。"④ 2018年3月11日，

---

① 中共中央文献研究室编：《习近平关于社会主义文化建设论述摘编》，中央文献出版社2017年版，第112页。
② 《胡锦涛文选》第3卷，人民出版社2016年版，第638页。
③ 中共中央文献研究室编：《习近平关于社会主义文化建设论述摘编》，中央文献出版社2017年版，第114页。
④ 《习近平谈治国理政》第3卷，外文出版社2020年版，第33页。

第十三届全国人民代表大会第一次会议通过中华人民共和国宪法修正案，将"国家提倡爱祖国、爱人民、爱劳动、爱科学、爱社会主义的公德"①修改为"国家倡导社会主义核心价值观，提倡爱祖国、爱人民、爱劳动、爱科学、爱社会主义的公德"②。社会主义核心价值观被写入宪法修正案，成为每一个中国公民都必须践行的价值准则。

培育和践行社会主义核心价值观，具有重大的理论意义和实践意义。第一，它是坚持和发展中国特色社会主义的价值遵循。习近平总书记指出："中国特色社会主义是改革开放以来党的全部理论和实践的主题。"③ 在全社会大力培育和弘扬社会主义核心价值观，有利于明确中国特色社会主义事业到底追求什么、反对什么；有利于明确中国特色社会主义道路应该朝着什么方向走、不能朝着什么方向走；有利于我们坚定"四个自信"尤其是文化自信。第二，它是提高国家文化软实力、扩大中华文化影响力的迫切要求。习近平总书记强调："核心价值观是文化软实力的灵魂、文化软实力建设的重点。"④ 所以，培育和践行社会主义核心价值观，有利于扩大中华文化影响力；有利于增强社会主义意识形态的竞争力，维护国家文化利益和文化安全；有利于提高我们国家的文化软实力。第三，它是增进社会和谐、人民团结的最大公约数。培育和践行社会主义核心价值观，确立反映全国各族人民共同认同的价值观"最大公约数"，有利于建立共同的价值目标和精神纽带，有利于形成最广泛的价值共识，形成全社会、全体人民团结奋斗的强大精神力量。

培育和践行社会主义核心价值观的具体要求主要包括三个方面：第一，要着力培养担当民族复兴大任的时代新人。社会主义核心价值观建设说到底是人的思想建设、灵魂建设，聚焦的是造就具有正确世界观、人生观、价值观的建设者。这样的时代新人，应当在"有自信、尊道德、讲奉献、重实干、求进取"等方面有"新风貌、新姿态、新作为"。第二，要注重

---

① 《中华人民共和国宪法：最新修正版》，法律出版社2018年版，第25页。
② 《中华人民共和国宪法：最新修正版》，法律出版社2018年版，第64页。
③ 《习近平谈治国理政》第2卷，外文出版社2017年版，第59页。
④ 《习近平谈治国理政》，外文出版社2014年版，第163页。

全方位贯穿，深层次融入。任何一种价值观在全社会的确立，都是一个思想教育与社会孕育相互促进的过程，都是一个内化与外化相辅相成的过程。把社会主义核心价值观更好地贯穿国民教育之中，融入教育教学、校风学风，引领师德建设。第三，要在落细、落小、落实上下功夫。习近平总书记强调，要"使核心价值观的影响像空气一样无所不在、无时不有"①，必须坚持全民行动、干部带头，从家庭做起，从娃娃做起。动员全社会共同参与、共同行动，使之与人们的日常生产生活相融合，"成为百姓日用而不觉的行为准则"②。所以，我们要深化未成年人思想道德建设，教育引导广大青少年"扣好人生第一粒扣子"，勤学、修德、明辨、笃实，自觉践行社会主义核心价值观，真正做到知行合一。

---

① 《习近平谈治国理政》，外文出版社2014年版，第165页。
② 中共中央文献研究室编：《习近平关于社会主义文化建设论述摘编》，中央文献出版社2017年版，第125页。

第五章

新时代中国特色社会主义文化自信理论的重要意义

新时代中国特色社会主义文化自信理论不仅具有丰富的科学内涵,而且具有极其重要的当代价值。具体而言,新时代中国特色社会主义文化自信理论是对马克思主义文化理论的发展,具有重大的理论价值;同时,新时代中国特色社会主义文化自信理论还具有深远的现实意义,它为培育践行社会主义核心价值观、弘扬发展当代中国精神提供了文化动力,为发展中国特色社会主义文化、提高国家文化软实力、建设社会主义文化强国提供了思想指导。

第一节 新时代中国特色社会主义文化自信理论的理论意义

新时代中国特色社会主义文化自信理论具有重大的理论意义,主要包括以下几大方面。

1. 新时代中国特色社会主义文化自信理论继承了马克思主义经典作家关于文化自觉与文化自信的科学论述,促进了马克思主义文化理论的中国化时代化

马克思主义经典作家所创立的科学理论——马克思列宁主义中包含着

强烈的文化自觉意识与丰富的文化自信意蕴，为新时代中国特色社会主义文化自信理论奠定了理论基础。

马克思恩格斯开创了马克思主义文化理论，为文化自觉和文化自信思想提供了科学的方法论。第一，马克思恩格斯运用辩证唯物主义和历史唯物主义研究人类文化与文明，认为文化是与自然相对立的人的创造性行为及其成果，揭示了文化的本质是人的本质力量的对象化。第二，马克思恩格斯认为思想文化作为一种上层建筑，由经济基础决定，但又对经济基础发生反作用。"先进的思想文化一旦被群众掌握，就会转化为强大的物质力量；反之，落后的、错误的观念如果不破除，就会成为社会发展进步的桎梏。"① 第三，马克思恩格斯批判了那种排除人的物质生产实践的"文化史观"的唯心主义性质。第四，马克思恩格斯肯定了资本主义在解放生产力、促进各民族之间文明交流、带动世界文化发展方面的积极作用，指出：资本主义的发展，不仅创造了"比过去一切时代创造的全部生产力还要多，还要大"的生产力，而且打破了"过去那种地方的和民族的自给自足和闭关自守状态"②，促进了各民族之间的互相往来和互相依赖，带动了世界文化的大发展，使"各民族的精神产品成了公共的财产"，"把一切民族甚至最野蛮的民族都卷到文明中来了"③，导致"由许多种民族的和地方的文学形成了一种世界的文学。"④ 因此，马克思恩格斯对文化、文明的思考，不仅开创了马克思主义文化理论，而且为文化自觉和文化自信思想提供了科学的方法论。他们用辩证唯物主义和历史唯物主义的立场、观点和方法研究和思考文化问题，在强调经济作用的同时不忽视文化的价值和文化对经济、政治的反作用，同时主张对文化传统、文化遗产的继承。

列宁继承和发展了马克思主义文化理论，进一步探讨了马克思主义文化自觉与文化自信思想。第一，列宁提出文化与经济、政治协调发展的构想，强调文化建设对于社会主义建设的重要作用，认为扫除文盲、提高人

---

① 习近平：《在纪念马克思诞辰200周年大会上的讲话》，人民出版社2018年版，第19页。
②③④ 《马克思恩格斯文集》第2卷，人民出版社2009年版，第35页。

民群众的文化水平是摆在我们面前的最迫切的"文化任务"①。第二，列宁认为要培养和造就具有共产主义理想信念和思想觉悟、具有较高文化素养的新人，就需要加强思想政治教育和共产主义道德教育，用马克思主义世界观和无产阶级文化自觉自信思想武装广大青年的头脑。第三，列宁在吸收改造人类思想和文化发展成果、批判继承俄国历史文化遗产的基础上提出了"无产阶级文化"概念，强调在文化教育事业中要坚持马克思主义世界观和无产阶级的革命目标。第四，列宁深入研究了民族文化问题，提出了著名的"两种文化"理论，揭示了文化的民族性和阶级性，指出"一切民族的资产阶级都高喊'民族文化'这个口号"，"工人民主派的口号不是'民族文化'，而是民主主义的和全世界工人运动的各民族共同的文化"。②因此，在领导十月革命和俄国社会主义建设的实践中，列宁发展了马克思主义文化理论，提出了丰富的文化革命和建设思想，形成了列宁文化理论。

习近平总书记继承了马克思主义经典作家关于文化自觉与文化自信的科学论述，推动了马克思主义文化理论在新时代的创新和发展，促进了马克思主义文化理论的中国化时代化。

2. 新时代中国特色社会主义文化自信理论继承和发展了党的历代领导人关于文化自觉与文化自信的科学论述，实现了马克思主义基本原理同中华优秀传统文化的结合，为文化自信理论奠定了科学的理论基础和深厚的文化根基

党的历代领导人所创立的毛泽东思想和中国特色社会主义理论体系包含着强烈的文化自觉与文化自信意识，是新时代中国特色社会主义文化自信理论的文化根基。

毛泽东继承了马克思主义经典作家的文化思想，开创了马克思主义中国化的文化理论，提出了新民主主义文化论等文化理论。第一，毛泽东对中国文明和文化充满高度自信，强调了中国文明在世界文明中的重要地位，指出："世界文明分东西两流，东方文明在世界文明内，要占个半壁的地

---

① 《列宁专题文集·论社会主义》，人民出版社2009年版，第263页。
② 《列宁选集》第2卷，人民出版社2012年版，第334页。

位。然东方文明可以说是中国文明。"① 第二，毛泽东坚持马克思主义的立场、观点和方法，揭示出文化与经济、政治之间的辩证关系，提出了"新民主主义的文化"的科学内涵，即"无产阶级领导的人民大众的反帝反封建的文化"②。新民主主义文化是民族的，"主张中华民族的尊严和独立"；是科学的，"主张实事求是，主张客观真理，主张理论和实践一致"；是大众的、民主的，"应为全民族中百分之九十以上的工农劳苦民众服务，并逐渐成为他们的文化。"③ 第三，毛泽东辩证看待中国传统文化，提倡"古为今用"和"取其精华、弃其糟粕"的方针，强调"继承一切优秀的文学艺术遗产，批判地吸收其中一切有益的东西，作为我们从此时此地的人民生活中文学艺术原料创造作品时候的借鉴"④。第四，毛泽东阐述了社会主义文化建设在社会主义现代化建设中的重要地位，提出了"社会主义文艺为工农兵服务、为社会主义服务"的方向和"百花齐放，百家争鸣"的方针。"二为"方向和"双百"方针成为促进我国文艺发展和学术进步、繁荣社会主义文化的重要指导原则。第五，毛泽东批评了"言必称希腊"、不注重研究自己历史文化的作风，提出了"马克思主义中国化"命题。推进马克思主义中国化，必须把国际主义的内容和民族形式"紧密地结合起来"⑤，必须废止洋八股、教条主义和"空洞抽象的调头"，而代之以"新鲜活泼的、为中国老百姓所喜闻乐见的中国作风和中国气派"⑥。

邓小平继承了中国化马克思主义文化理论，提出了社会主义精神文明理论。第一，邓小平提出了"社会主义精神文明"这一重要概念，提出了物质文明与精神文明"两手抓，两手都要硬"的理论，强调"我们要建设的社会主义国家，不但要有高度的物质文明，而且要有高度的精神文明"⑦。这是因为，如果"不加强精神文明的建设，物质文明的建设也要受

---

① 中央文献研究室：《毛泽东传（一）》，中央文献出版社 2011 年版，第 47 页。
② 《毛泽东选集》第 2 卷，人民出版社 1991 年版，第 698 页。
③ 《毛泽东选集》第 2 卷，人民出版社 1991 年版，第 708 页。
④ 《毛泽东选集》第 3 卷，人民出版社 1991 年版，第 860 页。
⑤⑥ 《毛泽东选集》第 2 卷，人民出版社 1991 年版，第 534 页。
⑦ 《邓小平文选》第 2 卷，人民出版社 1994 年版，第 367 页。

破坏，走弯路"①，从而影响社会主义建设的成功。第二，邓小平强调"双百"方针的目的是促进社会主义文化的繁荣，而不是为传播资产阶级自由化思潮等错误思想提供自由空间。我们要旗帜鲜明地反对资产阶级自由化思潮和"否定社会主义和党的领导的思潮"，学会用马克思主义的立场、观点和方法分析、鉴别和批判"西方各种哲学的、经济学的、社会政治的和文学艺术的思潮"②，清除腐蚀人们的灵魂和意志的精神污染、消极现象和歪风邪气。第三，邓小平揭示了文艺与文化自信的关系，强调坚持社会主义文艺"二为"方向的重要性，认为文艺的方向关乎民族精神的独立、关乎党和国家的文化自信。社会主义文艺如果偏离了"二为"方向，鼓吹各种"阴暗的、灰色的、以至胡编乱造、歪曲革命的历史和现实的东西"③，宣传"抽象的人性论、人道主义"等现代西方资产阶级腐朽文化，就会"腐蚀人们的灵魂和意志"，造成思想战线的混乱，甚至会"祸国误民"④。因此，我们要大力"加强党对思想战线的领导"⑤，使"马克思主义的和社会主义、共产主义的宣传，特别是在一切重大理论性、原创性问题上的正确观点，在思想界真正发挥主导作用"⑥，坚定人民群众对社会主义事业包括对社会主义文化的自信。第四，邓小平把革命文化的核心概括为"五大革命精神"，强调革命精神对于社会主义建设和实现四个现代化的重要作用。这里体现出邓小平对以革命精神为主要内容的中国精神和中国文化的高度自信。第五，邓小平指出了中国共产党在坚定中国人自信中的重要作用，强调坚定马克思主义理论自信和吸收借鉴人类文明成果的重要性。邓小平强调，"中国人有自信心，自卑没有出路。过去自卑了一个多世纪，在中国共产党领导下站起来了。"⑦ 中华民族实现了从站起来、富起来到强起来的伟大飞跃，离不开中国共产党的正确领导，离不开对中国特色社会主义道路、制度、理论体系和文化的自信。邓小平在武昌、深圳、

---

① 《邓小平文选》第3卷，人民出版社1993年版，第144页。
②④ 《邓小平文选》第3卷，人民出版社1993年版，第44页。
③ 《邓小平文选》第3卷，人民出版社1993年版，第43页。
⑤ 《邓小平文选》第3卷，人民出版社1993年版，第45页。
⑥ 《邓小平文选》第3卷，人民出版社1993年版，第46页。
⑦ 《邓小平文选》第3卷，人民出版社1993年版，第326页。

珠海、上海等地的谈话指出,"我坚信,世界上赞成马克思主义的人会多起来的,因为马克思主义是科学。"① 这里体现了邓小平对马克思主义和社会主义精神文明的高度自信。对马克思主义的自信,包含着对马克思主义文化和社会主义精神文明的自信。

江泽民发展了中国化马克思主义文化理论,提出了"三个代表"重要思想、社会主义先进文化理论和建设有中国特色社会主义文化理论。第一,江泽民提出了"三个代表"重要思想,强调中国共产党始终代表中国先进文化的前进方向,为坚定文化自信提供了内在动力。第二,江泽民明确了社会主义先进文化的性质和内涵,提出了发展社会主义先进文化的原则和要求,为文化自信思想提供了丰富内容。江泽民指出,当代中国要"发展面向现代化、面向世界、面向未来的,民族的科学的大众的社会主义文化"②;要"牢牢把握中国先进文化的发展趋势和要求,坚持以马克思列宁主义、毛泽东思想、邓小平理论为指导,立足于建设有中国特色社会主义的实践,着眼于世界科学文化发展的前沿,不断发展健康向上、丰富多彩的,具有中国风格、中国特色的社会主义文化。"③ 第三,江泽民提出了"有中国特色社会主义文化"理论,强调文化在国家发展和社会进步中的基础地位和重要作用,为明确文化自信的地位和作用提供了理论基础。江泽民强调:"全党同志必须始终坚持以马克思主义为指导,努力继承和发扬中华民族的一切优秀文化传统,努力学习和吸收外国的一切优秀文化成果,从而不断创造和推进有中国特色社会主义文化,使社会主义物质文明和精神文明协调发展,使社会全面进步。"④ 有中国特色社会主义文化是对中华优秀传统文化、革命文化和人类一切优秀文化的继承发展和融合创新,是建设社会主义精神文明的题中应有之义,是提高全民族文化素养和全社会文明程度的重要途径。

胡锦涛继承发展了中国化马克思主义文化理论,提出了坚持中国特

---

① 《邓小平文选》第3卷,人民出版社1993年版,第382页。
② 《江泽民文选》第3卷,人民出版社2006年版,第559页。
③ 《江泽民文选》第3卷,人民出版社2006年版,第276–277页。
④ 《江泽民文选》第3卷,人民出版社2006年版,第2页。

色社会主义文化发展道路、建设社会主义文化强国的重大战略。第一，胡锦涛强调文化对于提高综合国力的重要作用，指出了"文化自觉"和"文化自信"的重要性。胡锦涛在庆祝中国共产党成立九十周年大会上的讲话中指出，"面对当今文化越来越成为综合国力竞争重要因素的新形势，我们必须以高度的文化自觉和文化自信，着眼于提高民族素质和塑造高尚人格，以更大力度推进文化改革发展，在中国特色社会主义伟大实践中进行文化创造，让人民共享文化发展成果。"①胡锦涛在党的十八大报告中强调，我们一定要"坚持社会主义先进文化前进方向，树立高度的文化自觉和文化自信，向着建设社会主义文化强国宏伟目标阔步前进。"②第二，胡锦涛阐明了社会主义文化大发展大繁荣的重要作用，以及坚定不移发展社会主义先进文化的重要性。胡锦涛在庆祝中国共产党成立九十周年大会上的讲话中指出，"我们要继续大力推动社会主义文化大发展大繁荣，坚定不移发展社会主义先进文化。"③坚定不移发展社会主义先进文化，就要"坚持发展面向现代化、面向世界、面向未来的，民族的科学的大众的社会主义文化，推动社会主义先进文化更加深入人心，推动社会主义精神文明和物质文明全面发展，不断开创全民族文化创造活力持续迸发、社会文化生活更加丰富多彩、人民基本文化权益得到更好保障、人民思想道德素质和科学文化素质全面提高的新局面，建设中华民族共有精神家园。"④第三，胡锦涛指出："满足人民精神文化需求、促进人的全面发展"是发展中国特色社会主义文化的根本目的。"必须坚持以人为本，以满足人民精神文化需求、促进人的全面发展为根本目的，不断提高全民族思想道德素质和科学文化素质，培育有理想、有道德、有文化、有纪律的社会主义公民。"⑤第四，胡锦涛提出"坚持中国特色社会主义文化发展道路，建设社会主义文化强国"⑥的重大战略。建设文化强国，必须"坚持为人民服务、为社会主义

---

①④ 《胡锦涛文选》第3卷，人民出版社2016年版，第539页。
② 《胡锦涛文选》第3卷，人民出版社2016年版，第640页。
③ 《胡锦涛文选》第3卷，人民出版社2016年版，第538页。
⑤ 《胡锦涛文选》第3卷，人民出版社2016年版，第564页。
⑥ 许亮：《习近平文化自信思想的科学内涵和当代价值》，《理论视野》2018年第12期。

服务的方向,坚持百花齐放、百家争鸣的方针,坚持贴近实际、贴近生活、贴近群众的原则,推动社会主义精神文明和物质文明全面发展,建设面向现代化、面向世界、面向未来的,民族的科学的大众的社会主义文化。"①

习近平总书记"继承了党的历代领导人关于文化自觉与自信的科学论述,从实现中华民族伟大复兴、提高国家文化软实力、建设社会主义文化强国的战略高度来充分认识文化建设在'五位一体'总体布局中的重要地位,进一步坚定了中国共产党、中华民族和中国人民对于中国特色社会主义的文化自信。"②习近平总书记在党的十九大报告中强调:"文化兴国运兴,文化强国运强。没有高度的文化自信,没有文化的繁荣兴盛,就没有中华民族伟大复兴"③。因此,新时代中国特色社会主义文化自信理论为发展中国特色社会主义文化、推动社会主义文化繁荣发展提供了指导方针。具体而言,我们要"牢牢掌握意识形态工作领导权,旗帜鲜明坚持马克思主义指导地位"④;要"立足中华优秀传统文化和革命文化,培育和践行社会主义核心价值观,发扬中国人民在长期奋斗中培育、继承、发展起来的伟大民族精神"⑤;要"讲好中国故事,传播好中国声音,推进中华文化创新发展"⑥;要"坚持中国特色社会主义文化发展道路,激发全民族文化创新创造活力,建设社会主义文化强国"⑦,提高国家文化软实力。

3. 新时代中国特色社会主义文化自信理论丰富和发展了中国特色社会主义自信的科学内涵

马克思主义是时代的产物,是不断发展的学说,是开放的理论体系,具有与时俱进的理论品质。坚定中国特色社会主义自信,"是对实现共产

---

① 《胡锦涛文选》第3卷,人民出版社2016年版,第637页。
② 许亮:《习近平文化自信思想的科学内涵和当代价值》,《理论视野》2018年第12期。
③⑦ 习近平:《决胜全面建成小康社会 夺取新时代中国特色社会主义伟大胜利——在中国共产党第十九次全国代表大会上的报告》,人民出版社2017年版,第40-41页。
④ 本书编写组:《毛泽东思想和中国特色社会主义理论体系概论》,高等教育出版社2018年版,第224页。
⑤ 本书编写组:《毛泽东思想和中国特色社会主义理论体系概论》,高等教育出版社2018年版,第228页。
⑥ 本书编写组:《毛泽东思想和中国特色社会主义理论体系概论》,高等教育出版社2018年版,第230页。

主义远大理想和中国特色社会主义共同理想的坚定信念"①。中国特色社会主义自信理论的内涵"并不是一成不变的,而是不断丰富和发展的。"②党的十八大报告"要求全党坚定对中国特色社会主义的道路自信、理论自信、制度自信"。这三大自信"分别是全党以及全国各族人民对中国特色社会主义道路、理论体系和制度的三重自信,而不是对其中某一项或两项内容的自信。"③因此,这"三大自信"体现了"中国特色社会主义自信'三位一体'的关系。"④

党的十八大以来,以习近平同志为核心的党中央团结带领全国各族人民在坚持和发展中国特色社会主义的伟大实践和历史征程中,高度重视文化建设在"五位一体"总体布局中的重要性。一方面,"注重培育践行社会主义核心价值观,弘扬当代中国精神"⑤;另一方面,"大力推动中华优秀传统文化创造性转化、创新性发展,倡导对红色文化和革命精神的继承和发扬,倡导对社会主义先进文化的坚持和发展,旨在实现传统文化和现实文化的融合、融通。"⑥在此基础上,习近平总书记提出了"中国特色社会主义文化自信"这一重大命题,指出:"文化自信,是更基础、更广泛、更深厚的自信,是更基本、更深沉、更持久的力量。坚定文化自信,是事关国运兴衰、事关文化安全、事关民族精神独立性的大问题。"⑦ 这一系列重要论述,"对文化自信的内涵、意蕴、地位、作用及其与道路自信、理论自信、制度自信这三大自信的关系等进行了科学阐释,使中国特色社会主义自信由'三位一体'体系转化为'四位一体'。"⑧

第二节 新时代中国特色社会主义文化自信理论的实践意义

新时代中国特色社会主义文化自信理论还具有深远的实践意义,主要

---

①②③④⑤⑥⑧ 许亮:《习近平文化自信思想的科学内涵和当代价值》,《理论视野》2018年第12期。

⑦ 《习近平谈治国理政》第2卷,外文出版社2017年版,第349页。

包括以下三个方面的内容。

1. 新时代中国特色社会主义文化自信理论为培育践行社会主义核心价值观、弘扬发展当代中国精神提供了文化动力

文化自信"与价值观自信之间具有密切的联系,文化自信是价值观自信的根基,价值观自信是文化自信的灵魂。"① 习近平总书记在主持十八届中央政治局第十三次集体学习时的讲话指出:"核心价值观是文化软实力的灵魂、文化软实力建设的重点。……培育和弘扬社会主义核心价值观必须立足中华优秀传统文化"②,因为这是我们自己的精神命脉和"在世界文化激荡中站稳脚跟的根基"③。基于此,我们要"讲清楚中华文化的独特创造、价值理念、鲜明特色,增强文化自信和价值观自信"④,要"深入挖掘和阐发中华优秀传统文化讲仁爱、重民本、守诚信、崇正义、尚和合、求大同的时代价值,使中华优秀传统文化成为涵养社会主义核心价值观的重要源泉"⑤。新时代中国特色社会主义文化自信理论"增强了我们对自身民族的自信和对历史文化传统的自信。当然,对传统文化的自信并不是文化复古,也不是盲目排外,而是要为当代中国文化的发展确立一个历史根基,推动中国价值、中国思想走向世界,为构建人类命运同体、实现人类和平与发展提供中国方案。"⑥

当代中国精神"是社会主义先进文化在国家精神方面的体现,是身处中国特色社会主义新时代的中国人民的精气神。"⑦习近平总书记指出:"社会主义核心价值观是当代中国精神的集中体现,凝结着全体人民共同的价值追求",我们要"深入挖掘中华优秀传统文化蕴含的思想观念、人文精神、道德规范,结合时代要求继承创新,使中华文化展示出永久魅力和时代风采。"⑧ 新时代中国特色社会主义文化自信理论"振奋起全民族的精气神",使我们明白"实现中华民族伟大复兴,不仅在物质上要强大起来",

---

①⑥⑦ 许亮:《习近平文化自信思想的科学内涵和当代价值》,《理论视野》2018 年第 12 期。

②③④⑤ 《习近平谈治国理政》,外文出版社 2014 年版,第 163–164 页。

⑧ 习近平:《决胜全面建成小康社会 夺取新时代中国特色社会主义伟大胜利——在中国共产党第十九次全国代表大会上的报告》,人民出版社 2017 年版,第 42 页。

还要"大力弘扬中国精神"①,始终"发扬中国人民在历史发展、革命建设、改革开放等伟大实践中形成的伟大创造精神、伟大奋斗精神、伟大团结精神和伟大梦想精神,为新时代中国特色社会主义发展和人类文明进步提供强大的精神动力。"②

2. 新时代中国特色社会主义文化自信理论为发展中国特色社会主义文化、提高国家文化软实力、建设社会主义文化强国提供了思想指导

"软实力"(Soft Power)这一概念是由美国学者约瑟夫·奈最早提出的,用来指一个国家"硬实力"之外的"文化、制度、价值观的吸引力,以及在国际事务中制定规则和决定议题的能力"③。文化"作为一种不同于经济、军事这些硬实力的软实力"④,"集中体现了一个国家基于文化而具有的凝聚力和生命力,以及由此产生的吸引力和影响力"⑤。习近平总书记强调:"提高国家文化软实力,关系'两个一百年'奋斗目标和中华民族伟大复兴中国梦的实现。……提高国家文化软实力,要努力夯实国家文化软实力的根基,……要努力传播当代中国价值观念,……要努力展示中华文化独特魅力,……要努力提高国际话语权。"⑥

坚定文化自信的最终目标"是为了繁荣和发展中国特色社会主义文化,提高国家文化软实力"⑦,建设社会主义文化强国。在党的十九大报告中,习近平总书记重点强调了坚定文化自信对于推动社会文化繁荣兴盛、建设社会主义文化强国的重要作用。他指出:"文化兴国运兴,文化强国运强。没有高度的文化自信,没有文化的繁荣兴盛,就没有中华民族伟大复兴。"⑧所以,我们"要坚持中国特色社会主义文化发展道路,激发全民族

---

① 中共中央宣传部:《习近平新时代中国特色社会主义思想三十讲》,学习出版社2018年版,第209页。
②④⑦ 许亮:《习近平文化自信思想的科学内涵和当代价值》,《理论视野》2018年第12期。
③ [美]约瑟夫·奈著,马娟娟译:《软实力》,中信出版社2013年版,第10-11页。
⑤ 中共中央宣传部:《习近平新时代中国特色社会主义思想三十讲》,学习出版社2018年版,第208页。
⑥ 《习近平谈治国理政》,外文出版社2014年版,第160-162页。
⑧ 习近平:《决胜全面建成小康社会 夺取新时代中国特色社会主义伟大胜利——在中国共产党第十九次全国代表大会上的报告》,人民出版社2017年版,第40-41页。

文化创新创造活力,建设社会主义文化强国,……提高国家文化软实力。"①

3. 新时代中国特色社会主义文化自信理论为培育具有高度文化自信、担当民族复兴大任的时代新人提供了指导思想

青年是国家的希望、民族的未来,肩负着实现中华民族伟大复兴的重任。大学生是当代中国青年的优秀分子,是实现全面建成社会主义现代化强国的第二个百年奋斗目标的社会主义建设者和接班人,是坚定文化自信的重要主体。培养具有高度文化自觉和文化自信的时代新人、培养合格的社会主义建设者和可靠接班人,是高校落实立德树人的根本任务、履行文化传承创新功能的重要目的。

新时代中国特色社会主义文化自信理论,对于培育具有高度文化自信、堪当民族复兴重任的时代新人具有非常重要的意义。第一,新时代中国特色社会主义文化自信理论有利于高校把中国特色社会主义道路自信、理论自信、制度自信、文化自信转化为办好中国特色世界一流大学的自信。习近平总书记在北京大学师生座谈会上的讲话指出,培养社会主义建设者和接班人,是我国各级各类学校包括高等院校的共同使命。高校只有抓住培养社会主义建设者和接班人这个根本才能办好,才能办出中国特色世界一流大学,才能在世界上有地位、有话语权。习近平总书记在《致清华大学建校一百零五周年的贺信》中强调,"办好高等教育,事关国家发展、事关民族未来。……站在新的起点上,清华大学要坚持正确方向、坚持立德树人、坚持服务国家、坚持改革创新,面向世界、勇于进取,树立自信、保持特色,广育祖国和人民需要的各类人才,深度参与创新驱动发展战略实施,努力在创建世界一流大学方面走在前列。"② 第二,新时代中国特色社会主义文化自信理论有利于高校培育和践行社会主义核心价值观,使社会主义核心价值观培育具有深厚的文化根基。马克思主义文化哲学认为,"文化与价值观之间具有密切的联系,文化自信的核心是价值观自信。"③

---

① 习近平:《决胜全面建成小康社会 夺取新时代中国特色社会主义伟大胜利——在中国共产党第十九次全国代表大会上的报告》,人民出版社2017年版,第41-44页。
② 《习近平书信选集》第1卷,中央文献出版社2022年版,第75页。
③ 许亮:《习近平文化自信思想的科学内涵和当代价值》,《理论视野》2018年第12期。

社会主义核心价值观作为全国各族人民共同认同的价值观"最大公约数"，关乎国家前途命运，关乎人民幸福安康。由于"一个民族、一个国家的核心价值观必须同自身的历史文化相契合"①，所以，党的十九大指出，培育和践行社会主义核心价值观，要以培养担当民族复兴大任的时代新人为着眼点，而时代新人应当"在有自信、尊道德、讲奉献、重实干、求进取等方面，有新面貌、新姿态、新作为"②，应当对自身所处的文化和自己社会的核心价值观有高度的自信。第三，新时代中国特色社会主义文化自信理论有利于高校完成"立德树人"的根本任务和"培养社会主义建设者和接班人"的共同使命，充分发挥文化传承创新功能，培养优良的学风校风，形成引领社会进步、特色鲜明的大学精神和大学文化，实现以文化人、以德育人。新时代中国特色社会主义文化自信理论，为高校落实立德树人的根本任务、完成培养德智体美劳全面发展的社会主义建设者和接班人、培养担当民族复兴大任的时代新人的共同使命提供了思想指导。

经过课题组调研发现，当前我国大学生具有较强的文化自信和高度的文化认同。首先，98%的大学生从情感上高度认同中华文化、充满文化自信。我国大学生对中华文化的高度自信，既体现为对中华文化经典的热爱，又体现为对中国传统节日的认同。92.8%的大学生喜欢《论语》《道德经》《诗经》《史记》等中华文化经典，96.6%的大学生喜欢春节、中秋节、重阳节等中国传统节日，这充分反映了我国大学生在思想观念、生活方式、礼仪风俗等多维度的文化自信。其次，我国大学生文化自信产生于中西方文化交流融合的时代背景下，体现了当代大学生的全球视野和开放心态。41.1%的大学生对中华文化经典和西方经典都喜欢，31%的大学生对中西方节日都认同，体现出具有国际视野的当代大学生基于中西方文化对比、选择之后所具有的高度文化自信和开放包容的心态。这样的文化自信，与过去天朝大国式的文化自负和文化保守主义不同，也与数典忘祖式的文化

---

① 中共中央宣传部编：《习近平新时代中国特色社会主义思想三十讲》，学习出版社2018年版，第196页。

② 中共中央宣传部编：《习近平新时代中国特色社会主义思想三十讲》，学习出版社2018年版，第197页。

自卑和文化虚无主义不同,是对中华文化的真正自信,是对中华文化的当代转化和发展前景的高度认可。

然而,我国大学生文化自信也存在一定的矛盾和不足之处,主要体现在以下几个方面:一是我国大学生对中华优秀传统文化的了解程度并不高,其文化自信缺乏深厚的文化底蕴。经过调研发现,对中华优秀传统文化非常了解的大学生只占18.7%,有一定了解的大学生占67.8%,了解较少的同学占13.5%,这表明我国大学生中真正熟悉和了解中华优秀传统文化的同学比例并不高,大多数同学对于中华优秀传统文化只是一知半解甚至不了解,而缺乏对中华优秀传统文化的理性认知,就难以赓续中华文化命脉,就会使大学生的文化自信由于缺乏文化底蕴而动力不足。二是部分大学生不认可中华优秀传统文化的现代价值和意义,失去了内在的文化自信。经过调研发现,0.09%的大学生认为中华优秀传统文化在今天已经过时,不值得学习,1.4%的大学生不清楚这一问题,这些表明部分大学生对中华优秀传统文化在现代社会的价值和意义这一问题缺乏理性认知,其文化自信的程度不高或动力不足。三是部分大学生的文化自信主要体现在"技"或"艺"的浅层次,在"道"即核心理念、文化精神、传统美德、价值观层面却非真正自信。经过调研发现,我国大学生最为关注"民俗与传统节日"(比例为77.0%),其次为"中华诗词歌赋"(比例为74.1%)、"传统技艺与非物质文化遗产"(比例为67.2%)、"琴棋书画、戏剧等传统艺术"(比例为59.8%),关注度最低的反而是"经、史、子、集等国学经典"——只有46.8%的大学生对这部分内容给予关注。这一现象说明我国大学生缺乏对中华文化之"道"的自信,"对传统文化和主流文化的认知大多停留在表层,缺乏主观能动性,文化意识相对淡薄,认识与行动没有达到内在统一。"①

基于此,加强大学生文化自信培育就具有非常大的必要性和重要性,主要包括以下五点:

---

① 张志娟、秦东方:《大学生文化自觉与文化自信培育途径研究》,《思想政治教育研究》2013年第6期。

第一，加强大学生文化自信培育是我国高校学习、宣传、贯彻习近平新时代中国特色社会主义思想，全面推动习近平新时代中国特色社会主义思想进教材进课堂进学生头脑的题中应有之义。"习近平新时代中国特色社会主义思想是当代中国马克思主义、二十一世纪马克思主义"①，是中国高等教育发展和高校开展各项工作的指导思想。新时代中国特色社会主义文化自信理论是习近平新时代中国特色社会主义思想的重要内容。加强大学生文化自信培育是我国高校推动习近平新时代中国特色社会主义思想"三进"工作的重要抓手，也是引导大学生树立"四个意识"、坚定"四个自信"的思想基础，对于增强我国大学生文化自信具有非常重要的意义。所以，教育部《新时代高校思想政治理论课教学工作基本要求》指出，要"全面推动习近平新时代中国特色社会主义思想进教材进课堂进学生头脑，引导大学生牢固树立'四个意识'，坚定'四个自信'，打牢大学生成长成才的科学思想基础。"②

第二，加强大学生文化自信培育是我国高校抵制西方价值观输出和文化渗透，克服文化虚无主义、文化保守主义等错误思潮的影响，增强大学生对中国特色社会主义文化和中国梦的认同、坚定"四个自信"的必然要求。近年来，西方某些组织和机构通过网络媒体、教科书、影视作品等渠道宣扬"普世价值"、文化虚无主义等错误的社会思潮，对中国高校进行价值观输出和文化渗透。"普世价值"是一种"以抽象人性论为依据、以绝对的普遍性为方法的唯心主义价值观"③，是一种错误思潮。2005年至今，某些西方敌对势力和国内少数人借助强势话语霸权，把"自由""民主""人权"等资本主义价值观宣称为"普世价值"，攻击否定我国的社会主义民主政治建设，以达到他们西方和分化的政治目的。虚无主义也是一种错误思潮，它"代表着现代社会的悲观与颓废精神，是集怀疑主义、自由主义、解构主义与颓废主义于一身的一种现代文明危机，把任何信仰、

---

① 《中共中央关于党的百年奋斗重大成就和历史经验的决议》，人民出版社2021年版，第26页。
② 教育部：《新时代高校思想政治理论课教学工作基本要求》，《中国教育报》2018年04月25日。
③ 陈先达：《论普世价值与价值共识》，《哲学研究》2009年第4期。

价值都看作可有可无,不仅贬损主流、权威等崇高价值,而且无视传统精神价值和现代社会价值,最终导致价值无序、信仰危机、道德滑坡和思想迷茫。"① 文化虚无主义是虚无主义在文化领域的表现,它是"一种以彻底否定民族文化传统、主张'全盘西化'为特征的文化思潮",它"否定崇高、正义等先进价值观念,使文化日益呈现出低俗化、媚俗化、庸俗化、恶俗化。这种思潮背后,是一些对中国别有用心的西方敌对势力意识形态的渗透,其目的是通过文化入侵和围剿,腐蚀我们的思想根基,摧毁我们的文化自信,进而动摇中国特色社会主义的理论自信、制度自信和道路自信,最终达到西化和分化中国的图谋。"② 文化保守主义是与文化虚无主义相对的一种文化思潮,它主张对本民族传统文化的"复古"和"回归",主张从传统文化与历史中寻求解决当代社会问题的方案;它"表现出一种'泛人文主义'和'泛文化主义'的焦虑,并在焦虑中对现代化的价值取向产生怀疑"。③ 近年来,随着互联网的迅猛发展,文化虚无主义、文化保守主义等错误思潮借助互联网卷土重来,对生活在信息时代的大学生造成了非常不良的影响。面对这些错误思潮的肆虐,我国高校应以习近平新时代中国特色社会主义思想为指导,加强大学生文化自信培育,自觉抵制西方价值观输出和文化渗透,克服"普世价值"、文化虚无主义、文化保守主义等错误思潮对大学生的消极影响,增强大学生对中国特色社会主义文化和中国梦的认同,坚定其文化自信和价值观自信。

第三,加强大学生文化自信培育是我国高校落实"立德树人"的根本任务,培养社会主义建设者和接班人、培养担当民族复兴大任的时代新人,充分发挥文化传承创新功能,实现以文化人、以德育人目标的重要途径。教育部印发的《高校思想政治工作质量提升工程实施纲要》指出:高校思想政治工作质量提升工程的总体目标是"坚持以习近平新时代中国特色社会主义思想为指导,充分发挥中国特色社会主义教育的育人优势,以立

---

①② 孙丽珍、李泽泉:《文化虚无主义的表现、本质及治理》,《红旗文稿》2018年第9期。
③ 邹广文:《当代中国大众文化论》,辽宁大学出版社2000年版,第27页。

德树人为根本，以理想信念教育为核心，以社会主义核心价值观为引领，以全面提高人才培养能力为关键，形成全员全过程全方位育人格局，着力培养德智体美全面发展的社会主义建设者和接班人，着力培养担当民族复兴大任的时代新人，不断开创新时代高校思想政治工作新局面。"① 因此，加强大学生文化自信培育，是我国高校落实立德树人的根本任务，发挥以文化人的文化传承创新功能，完成培养德智体美劳全面发展的社会主义建设者和接班人、培养担当民族复兴大任的时代新人的共同使命的重要途径。

第四，加强大学生文化自信培育，有利于增强我国大学生的文化主体意识、文化认同和民族认同。"主体"作为一个哲学概念，是指实践活动和认识活动的承担者。文化主体是指文化活动的承担者，即创造文化的能动者。文化主体意识，作为文化创造者的自我意识，是其对自身所处文化和所从事的文化实践的觉解。"如果没有主体意识，那么人在文化自信中就会缺少主动性和主导性，就会对自身文化产生怀疑，对外来文化盲目追求，从而失去自我。"② 经过调研发现，当前我国部分大学生文化自信方面存在的突出问题是文化主体意识不强，缺乏对自身所处的中国特色社会主义文化的认同，在某种程度上存在对西方文化的迷恋，存在文化自卑和文化他信心理。所以，加强大学生文化自信培育，可以培养我国大学生的文化主体意识，引导其克服文化自卑和文化他信心理，增强其对自身文化的认同。

第五，加强大学生文化自信培育，是基于当前我国高校大学生文化自信的现状及存在问题的逻辑分析。经过调研发现，总体而言，我国高校大学生具有高度的文化自信，但是也存在一些问题，如有些大学生缺乏对中国特色社会主义文化的理性认知和情感认同，出现了"精日""反华""哈韩""迷网"等与社会主义核心价值观和中华传统美德相悖的行为。所以，

---

① 中共教育部党组：《高校思想政治工作质量提升工程实施纲要》，教育部网站，2017年12月6日，http://www.moe.gov.cn/srcsite/A12/s7060/201712/t20171206_320698.html。

② 梁兴印：《当代大学生文化自信现状及其培育》，《浙江理工大学学报》（社科版），2017年第2期。

加强大学生文化自信培育，可以扭转我国某些大学生和青年群体的信仰危机和文化自卑心理，使其成为有理想、有本领、有担当、有自信、立大志、明大德、成大才、担大任的时代新人。

因此，以新时代中国特色社会主义文化自信理论为指导，培育具有高度文化自信、担当民族复兴大任的时代新人，需要做好以下三个方面的工作：

第一，培育和践行社会主义核心价值观，增强价值观自信。价值观自信是文化自信的核心。增强我国大学生的文化自信，就要培育和践行社会主义核心价值观，弘扬当代中国精神，强化教育引导、实践养成、制度保障，培养具有执着的信念、优良的品德、丰富的知识、过硬的本领、高度的文化自信和价值观自信，能够担当民族复兴大任的时代新人，培养爱国、励志、求真、力行的社会主义建设者和接班人。

第二，加强理想信念教育，引导大学生树立正确的"四观"。正确的"四观"即历史观、民族观、国家观、文化观，是大学生坚定文化自信的题中应有之义。增强我国大学生的文化自信，就要加强高校思想政治工作和理想信念教育，深化新时代中国特色社会主义和中国梦宣传教育，加强爱国主义、集体主义、社会主义教育，引导大学生树立正确的历史观、民族观、国家观、文化观。

第三，注重内涵式发展，全面提升大学人才培养质量。增强我国大学生的文化自信，还要实施高等教育综合改革，注重内涵式发展，全面提升大学人才培养质量。一是加强中华优秀传统文化教育与思想政治教育、大学通识教育、专业教育的有机融合，通过多种途径提升大学生对中国特色社会主义的文化自信；二是重点开展家国情怀教育、社会关爱教育和人格修养教育，增强大学生传承弘扬中华文化的责任感和使命感；三是打造一支具有高度文化自信和价值观自信的高校教师骨干队伍。

综上，新时代大学生文化自信培育，事关社会主义建设者和接班人的培养，事关中国特色社会主义文化自信和中国梦的实现，事关中国特色世界一流大学、一流学科的建设。以新时代中国特色社会主义文化自信理论为指导，研究和探索增强大学生文化自信的方法途径具有重大的理论意义和实践价值。总之,新时代中国特色社会主义文化自信理论为建设社会主义文化强国、提高国家文化软实力提供了指导方针,"为推动社会主义文化繁荣兴盛、铸就中华文化新辉煌、实现中华民族伟大复兴的中国梦提供了以文化人的精神力量"①,为培育具有高度文化自信、担当民族复兴大任的时代新人提供了指导思想。

---

① 许亮:《习近平文化自信思想的科学内涵和当代价值》,《理论视野》2018年第12期。

参考文献

一、著作

1. 《马克思恩格斯文集》第 1 卷，人民出版社 2009 年版。
2. 《马克思恩格斯文集》第 2 卷，人民出版社 2009 年版。
3. 《马克思恩格斯文集》第 7 卷，人民出版社 2009 年版。
4. 《马克思恩格斯文集》第 9 卷，人民出版社 2009 年版。
5. 《马克思恩格斯全集》第 34 卷，人民出版社 2008 年版。
6. 《列宁选集》第 1 卷，人民出版社 2012 年版。
7. 《列宁选集》第 2 卷，人民出版社 2012 年版。
8. 《列宁选集》第 4 卷，人民出版社 2012 年版。
9. 《列宁全集》第 43 卷，人民出版社 2017 年版。
10. 《列宁专题文集·论社会主义》，人民出版社 2009 年版。
11. 《毛泽东选集》第 2 卷，人民出版社 1991 年版。
12. 《毛泽东选集》第 3 卷，人民出版社 1991 年版。
13. 《毛泽东选集》第 4 卷，人民出版社 1991 年版。
14. 《毛泽东文集》第 5 卷，人民出版社 1996 年版。
15. 《毛泽东文集》第 7 卷，人民出版社 1999 年版。
16. 《邓小平文选》第 2 卷，人民出版社 1994 年版。
17. 《邓小平文选》第 3 卷，人民出版社 1993 年版。
18. 《江泽民文选》第 3 卷，人民出版社 2006 年版。
19. 《胡锦涛文选》第 3 卷，人民出版社 2016 年版。
20. 《习近平著作选读》第 1 卷，人民出版社 2023 年版。

21. 《习近平著作选读》第 2 卷，人民出版社 2023 年版。

22. 《习近平谈治国理政》，外文出版社 2014 年版。

23. 《习近平谈治国理政》第 2 卷，外文出版社 2017 年版。

24. 《习近平谈治国理政》第 3 卷，外文出版社 2020 年版。

25. 《习近平谈治国理政》第 4 卷，外文出版社 2022 年版。

26. 《习近平书信选集》第 1 卷，中央文献出版社 2022 年版。

27. 习近平：《在庆祝中国共产党成立 95 周年大会上的讲话》，人民出版社 2016 年版。

28. 习近平：《在哲学社会科学工作座谈会上的讲话》，人民出版社 2016 年版。

29. 习近平：《在纪念红军长征胜利八十周年大会上的讲话》，人民出版社 2016 年版。

30. 习近平：《决胜全面建成小康社会 夺取新时代中国特色社会主义伟大胜利——在中国共产党第十九次全国代表大会上的报告》，人民出版社 2017 年版。

31. 习近平：《在北京大学师生座谈会上的讲话》，人民出版社 2018 年版。

32. 习近平：《在纪念马克思诞辰 200 周年大会上的讲话》，人民出版社 2018 年版。

33. 习近平：《论党的宣传思想工作》，中央文献出版社 2020 年版。

34. 《中共中央关于党的百年奋斗重大成就和历史经验的决议》，人民出版社 2021 年版。

35. 中共中央文献研究室编：《习近平关于社会主义文化建设论述摘编》，中央文献出版社 2017 年版。

36. 中共中央宣传部编：《习近平新时代中国特色社会主义思想三十讲》，学习出版社 2018 年版。

37. 中共中央宣传部编：《习近平新时代中国特色社会主义思想学习问答》，学习出版社、人民出版社 2021 年版。

38. 《新时代公民道德建设实施纲要》，人民出版社 2019 年版。

39. 《新时代爱国主义教育实施纲要》，人民出版社 2019 年版。

40. 中央文献研究室：《毛泽东传（一）》，中央文献出版社 2011 年版。

41. 中国李大钊研究会：《李大钊全集》第 1 卷，人民出版社 2013 年版。

42. 全国干部培训教材编审指导委员会组织编写：《推动社会主义文化繁荣兴盛》，人民出版社、党建读物出版社 2019 年版。

43. 《总体国家安全观干部读本》编委会编著：《总体国家安全观干部读本》，人民出版社 2016 年版。

44. 陈先达：《文化自信中的传统与当代》，北京师范大学出版社 2017 年版。

45. 王蒙：《王蒙谈文化自信》，人民出版社 2017 年版。

46. 颜晓峰：《坚持中国特色社会主义文化》，重庆出版社 2019 年版。

47. 韦定广：《后革命时代的文化主题——列宁文化思想研究》，人民出版社 2011 年版。

48. 俞良早：《经典作家东方学说的当代发展》，人民出版社 2013 年版。

49. 杨海波：《列宁文化理论研究》，人民出版社 2015 年版。

50. 陈兆芬：《列宁文化自觉思想研究》，人民出版社 2017 年版。

51. 霍桂桓：《文化哲学论要》，北京出版社 2006 年版。

52. 张海峰、刘焕峰、樊军娟：《弘扬革命文化 传承红色基因》，重庆出版社 2019 年版。

53. 张江：《建设新时代社会主义文化强国》，中国社会科学出版社 2019 年版。

54. 邹广文：《当代中国大众文化论》，辽宁大学出版社 2000 年版。

55. 邹广文等：《当代中国文化自信研究论纲》，中国青年出版社 2020 年版。

56. 耿超、徐目坤：《文化自信：中国自信的根本所在》，广西师范大学出版社 2019 年版。

57. 欧阳雪梅：《中华人民共和国文化史：1949－2019》，当代中国出版社 2019 年版。

58. 钱穆：《中国文化史导论》，九州出版社 2011 年版。

59. 钱穆：《中国文化精神》，九州出版社 2017 年版。

60. 梁漱溟：《东西文化及其哲学》，上海人民出版社 2014 年版。

61. 陈序经：《文化学概观》，中国人民大学出版社 2005 年版。

62. 任继愈：《任继愈谈文化》，人民日报出版社2010年版。

63. 欧阳哲生编：《胡适文集》（第4册），北京大学出版社2013年版。

64. 高亨著，董治安编：《高亨著作集林》第2卷，清华大学出版社2004年版。

65. 庞朴：《文化的民族性与时代性》，中国和平出版社1988年版。

66. 教育部高教司组编，张岱年，方克立主编：《中国文化概论》，北京师范大学出版社2004年版。

67. 张岱年、程宜山：《中国文化精神》，北京大学出版社2015年版。

68. 张立文：《传统学七讲》，长春出版社2007年版。

69. 张立文：《中国传统文化与人类命运共同体》，中国人民大学出版社2018年版。

70. 张立文：《学术生命与生命学术：张立文学术自述》，中国人民大学出版社2016年版。

71. 汤一介：《汤一介集》第9卷，中国人民大学出版社2014年版。

72. 费孝通著，麻国庆编：《美好生活与美美与共》，生活书店出版有限公司2019年版。

73. 韦政通：《中国文化概论》，吉林出版集团有限责任公司2008年版。

74. 楼宇烈：《中国文化的根本精神》，中华书局2016年版。

75. 冯天瑜：《中华文明五千年》，北京大学出版社2022年版。

76. 郭齐勇：《中华人文精神的重建：以中国哲学为中心的思考》，北京师范大学出版社2011年版。

77. 杜维明：《文明对话中的儒家：21世纪访谈》，北京大学出版社2016年版。

78. 彭林：《礼乐文明与中国文化精神》，中国人民大学出版社2016年版。

79. 何怀宏：《文明的两端》，广西师范大学出版社2022年版。

80. 胡惠林、胡霁荣：《国家文化安全治理》，上海人民出版社2019年版。

81. 李宗桂等：《中国优秀传统文化的现代价值》，人民出版社2019年版。

82. 林坚：《文化治理与文化创新》，中国人民大学出版社2019年版。

83. 林毓生：《中国传统的创造性转化》，生活·读书·新知三联书店1988

年版。

84. 罗安宪：《中华传统经典诵读文本——论语》，人民出版社 2017 年版。

85. 许亮、赵玥、刘炳良：《论语悦读》，经济日报出版社 2022 年版。

86. 许亮、赵玥：《高校中华优秀传统文化教育的理论创新与实践探索》，经济日报出版社 2023 年版。

87. 马克锋：《文化思潮与近代中国》，光明日报出版社 2003 年版。

88. 李申申等：《传承的使命：中华优秀传统文化传统教育问题研究》，人民出版社 2011 年版。

89. 张继功、李反修、李森：《中国优秀传统文化概论》，陕西师范大学出版社 1998 年版。

90. 韦森：《文化与制序》（修订增补版），上海三联书店 2020 年版。

91. 陈胜前：《中国文化基因的起源：考古学的视角》，中国人民大学出版社 2021 年版。

92. 陈胜前：《中华文明格局的起源：考古学的视角》，中国人民大学出版社 2024 年版。

93. 高兆明：《制度伦理研究：一种宪政正义的理解》，商务印书馆 2011 年版。

94. 郑永年：《大趋势：中国下一步》，东方出版社 2019 年版。

95. 贾磊磊、黄大同：《守望文化江山：中国国家文化安全研究》，中国广播电视出版社 2012 年版。

96. 本书编写组：《毛泽东思想和中国特色社会主义理论体系概论》，高等教育出版社 2018 年版。

97. （汉）许慎著，班吉庆、王剑、王华宝点校：《说文解字校订本》，凤凰出版社 2004 年版。

98. 何九盈、王宁、董琨主编，商务印书馆编辑部编：《辞源》（3 版），商务印书馆 2015 年版。

99. 中国社会科学院语言研究所词典编辑室编：《现代汉语词典》（第 7 版），商务印书馆 2016 年版。

100. ［德］黑格尔著，王造时译：《历史哲学》，上海书店出版社 2001

年版。

101. ［英］泰勒著，连树声译：《原始文化：神话、哲学、宗教、语言、艺术和习惯发展之研究》，广西师范大学出版社2005年版。

102. ［美］约瑟夫·奈著，马娟娟译：《软实力》，中信出版社2013年版。

103. ［美］塞缪尔·亨廷顿著，周琪、刘绯、张立平、王圆译：《文明的冲突与世界秩序的重建》，新华出版社1998年版。

104. ［美］塞缪尔·亨廷顿著，程克雄译：《我们是谁？——美国国家特性面临的挑战》，新华出版社2005年版。

105. ［美］塞缪尔·亨廷顿、哈里森主编，程克雄译：《文化的重要作用：价值观如何影响人类进步》，新华出版社2018年版。

106. ［美］塞缪尔·亨廷顿著，王冠华，等译：《变化社会中的政治秩序》，三联书店1989年版。

107. ［法］阿尔贝特·施韦泽著，陈泽环译：《文化哲学》，上海人民出版社2017年版。

108. ［德］安斯加·纽宁、维拉·纽宁主编，闵志荣译：《文化学研究导论：理论基础·方法思路·研究视角》，南京大学出版社2018年版。

109. ［英］B. 马林诺斯基著，黄剑波等译：《科学的文化理论》，中央民族大学出版社1999年版。

110. ［美］希尔斯著，傅铿、吕乐译：《论传统》，上海人民出版社2014年版。

二、论文与文章

1. 习近平：《弘扬"红船精神"，走在时代前列》，《光明日报》2005年6月21日。

2. 习近平：《在布鲁日欧洲学院的演讲》，《人民日报》2014年4月2日。

3. 习近平：《在纪念孔子诞辰2565周年国际学术研讨会暨国际儒学联合会第五届会员大会开幕会上的讲话》，《人民日报》2014年9月25日。

4. 习近平：《在文艺工作座谈会上的讲话》，《人民日报》2015年10月

15 日。

5. 习近平：《在中国共产党第十八届中央纪律检查委员会第七次全体会议上的讲话》，《人民日报》2017 年 1 月 7 日。

6. 习近平：《坚定文化自信，建设社会主义文化强国》，《求是》2019 年第 12 期。

7. 习近平：《在敦煌研究院座谈时的讲话》，《求是》2020 年第 3 期。

8. 习近平：《在党史学习教育动员大会上的讲话》，《求是》2021 年第 7 期。

9. 习近平：《继承和发扬党的优良革命传统和作风　弘扬延安精神》，《求是》2022 年第 24 期。

10. 习近平：《大力弘扬伟大爱国主义精神，把强国建设、民族复兴伟业不断推向前进》，《求是》2024 年第 19 期。

11. 习近平：《把中国文明历史研究引向深入　增强历史自觉坚定文化自信》，《求是》2022 年第 14 期。

12. 习近平：《在文化传承发展座谈会上的讲话》，《求是》2023 年第 17 期。

13. 《习近平给中国国家博物馆老专家的回信》，新华网，2022 年 7 月 9 日，http：//www.news.cn/politics/leaders/2022 - 07/09/c_1128818039.htm。

14. 《习近平在中国人民大学考察时强调坚持党的领导传承红色基因扎根中国大地走出一条建设中国特色世界一流大学新路》，《人民日报》2022 年 4 月 26 日。

15. 《习近平对宣传思想文化工作作出重要指示　强调坚定文化自信秉持开放包容坚持守正创新　为全面建设社会主义现代化国家　全面推进中华民族伟大复兴提供坚强思想保证强大精神力量有利文化条件》，《人民日报》2023 年 10 月 9 日。

16. 《中共中央关于繁荣发展社会主义文艺的意见》，《人民日报》2015 年 10 月 20 日。

17. 中共中央办公厅　国务院办公厅：《关于实施中华优秀传统文化传承发展工程的意见》，《新华每日电讯》2017 年 1 月 25 日。

18. 中共中央办公厅　国务院办公厅印发《国家"十三五"时期文化发展改革规划纲要》，2017 年 5 月 7 日，http：//www.xinhuanet.com/politics/2017 -

05/07/c_1120931794_3.htm。

19. 中共教育部党组理论学习中心组：《学习习近平总书记关于"两个结合"的重要思想》，《人民日报》2021年8月27日。

20. 教育部：《新时代高校思想政治理论课教学工作基本要求》，《中国教育报》2018年4月25日。

21. 教育部：《高校思想政治工作质量提升工程实施纲要》，2016年1月29日，http://www.moe.gov.cn/srcsite//t20171206_320698.html。

22. 教育部：《完善中华优秀传统文化教育指导纲要》，《中国教育报》2014年4月2日。

23. 教育部：《大中小学国家安全教育指导纲要》，http://www.moe.gov.cn/srcsite/A26/s8001/202010/t20201027_496805.html。

24. 《把培育和弘扬社会主义核心价值观作为凝神聚气强基固本的基础工程》，《人民日报》2014年2月26日。

25. 本刊编辑部：《文化自信是更基本更深沉更持久的力量》，《求是》2019年第12期。

26. 新华社记者：《文化建设：东方风来春色新》，《求是》2022年第9期。

27. 本报评论员：《深入学习贯彻习近平文化思想——论贯彻落实全国宣传思想文化工作会议精神》，《人民日报》2023年10月11日。

28. 费孝通：《反思·对话·文化自觉》，《北京大学学报》（哲学社会科学版）1997年第3期。

29. 黄楠森：《论文化的内涵与外延》，《北京社会科学》1997年第4期。

30. 陈先达：《论"普世价值"与价值共识》，《哲学研究》2009年第4期。

31. 云杉：《文化自觉 文化自信 文化自强——对繁荣发展中国特色社会主义文化的思考（下）》，《红旗文稿》2010年第17期。

32. 王伟光：《坚定文化自信 传承和弘扬中华优秀传统文化》，《求是》2016年第24期。

33. 徐伟新：《坚定文化自信》，《理论视野》2015年第10期。

34. 冯鹏志：《文化自信是实现中华民族伟大复兴的强大精神动力》，《求是》2017年第8期。

35. 秦宣：《文化自信实质是中国特色社会主义自信》，《求是》2017年第8期。

36. 沈壮海：《文化自信之核是价值观自信》，《求是》2014年第18期。

37. 王巍：《中华文明探源研究主要成果及启示》，《求是》2022年第14期。

38. 宇文利：《文化自信与民族精神互促共生》，《前线》2017年第3期。

39. 陈曙光：《中华优秀传统文化是涵养文化自信的沃土》，《求是》2017年第8期。

40. 陈曙光、杨洁：《论文化自信》，《文化软实力研究》2016年第3期。

41. 邹广文、金迪：《论文化自觉与人的自觉》，《理论视野》2015年第1期，第67页。

42. 邹广文、田书为：《新时代中国的文化自信及其建构路径》，《社会主义核心价值观研究》2017年第5期。

43. 熊晓梅：《文化自觉自信：高校思想政治教育的新向度》，《中国高等教育》2012年第18期。

44. 范玉刚：《从坚定文化自信迈向文明自信》，《山东社会科学》2022年第6期。

45. 邹慧：《文化自觉、文化自信、文化自强：习近平文化思维的逻辑理路》，《思想理论教育导刊》2017年第3期。

46. 李鹏程：《在文化自信中自觉自强》，《中国艺术报》2016年7月26日。

47. 张克兵：《习近平关于当代中国文化自信力量源泉的三维审视》，《湖湘论坛》2017年第1期。

48. 刘水静：《当代中国文化自信建设的战略意义》，《教学与研究》2016年第11期。

49. 王尚君、刘娟：《新时代中国特色社会主义文化自信探析》，《毛泽东思想研究》2018年第3期。

50. 赵付科、孙道壮：《习近平文化自信观论析》，《社会主义研究》2016年第5期。

51. 牛先锋、云付平：《文化自信，我们是想要表达什么？》，《科学社会主义》2016年第5期。

52. 林志友：《坚定中国文化自信的根源》，《科学社会主义》2016 年第 5 期。

53. 胡建兰：《习近平"文化自信"思想的哲学思维》，《文化软实力研究》2017 年第 6 期。

54. 王文俊、钟洁：《习近平新时代文化自信思想：生成逻辑、核心要义、坐标导向》，《广西社会科学》2017 年第 11 期。

55. 许亮：《习近平文化自信思想的科学内涵和当代价值》，《理论视野》2018 年第 12 期。

56. 许亮：《"第二个结合"视域下中华文明的生命更新和现代转型》，《东北师大学报》（哲学社会科学版）2024 年第 1 期。

57. 李燕、周良书：《习近平传统文化观述论》，《观察与思考》2015 年第 6 期。

58. 李翔海：《论习近平中国传统文化观的时代意义》，《中共中央党校学报》2015 年第 6 期。

59. 吴小英、王士昌：《文化自信观的认知及其培育》，《观察与思考》2017 年第 10 期。

60. 王昱清：《以坚定的文化自信建设社会主义文化强国——学习习近平关于文化自信重要论述》，《党的文献》2020 年第 6 期。

61. 李环宇：《讲好历史故事 坚定文化自信》，《中国社会科学报》，2020 年 7 月 20 日。

62. 梁兴印：《当代大学生文化自信现状及其培育》，《浙江理工大学学报》（社科版）2017 年第 2 期。

63. 刘静、李桂山：《多元文化视野下的大学生文化自信研究》，《教育理论与实践》2013 年第 6 期。

64. 黄佳丽、杨文烨：《新时代大学生文化自信的现状及其培育理路》，《现代交际》2019 年第 22 期。

65. 张志娟、秦东方：《大学生文化自觉与文化自信培育途径研究》，《思想政治教育研究》2013 年第 6 期。

66. 张晶、田秋实：《新时代理工科高校大学生文化自信现状及培育——

基于安徽省理工类高校的调查》,《安徽理工大学学报》(社会科学版) 2019 年第 6 期。

67. 钟天娥:《新时代大学生文化自信培育探析》,《高教论坛》2021 年第 7 期。

68. 胡晓轩:《培育当代大学生文化自信的途径探赜》,《学校党建与思想教育》2014 年第 8 期。

69. 陈来:《文化传承创新对于中华文化发展的重要意义》,微信公众号"人文日新陈来",2021 年 8 月 11 日。

70. 郭湛:《文化:人为的程序和为人的取向》,《中国人民大学学报》2005 年第 4 期。

71. 晏辉:《辩护与批判:传统文化现代转换的双重逻辑》,《学术界》2020 年第 5 期。

72. 张华:《历史地系统地把握马克思主义文化理论》,《马克思主义研究》2007 年第 10 期。

73. 黄力之:《论马克思主义文化哲学的当代建构》,《山东社会科学》2002 年第 2 期。

74. 孙丽珍、李泽泉:《文化虚无主义的表现、本质及治理》,《红旗文稿》2018 年第 9 期。

75. 罗炽:《关于文化传统学的几个问题》,《湖北大学成人教育学院学报》1999 年第 6 期。

76. 程伟:《十八大以来国家文化安全理论的新发展》,《湖湘论坛》2016 年第 1 期。

77. 涂成林:《国家文化安全视域下的传统文化与核心价值》,《广东社会科学》2016 年第 6 期。

78. 张守富:《经济全球化与中国三大安全》,《党政干部论坛》2000 年第 12 期。

79. 魏本权:《从革命文化到红色文化:一项概念史的研究与分析》,《井冈山大学学报》(社会科学版),2012 年第 1 期。

附录1

习近平文化自信思想的科学内涵和时代价值

文化是人类在认识和改造世界的实践过程中创造的一切财富的总和。文化自信是文化主体对自身文化感到自信和自豪的心理状态。党的十八大以来，习近平总书记对文化自信的内涵、意蕴、地位、作用等进行了科学阐释，形成了习近平文化自信思想。

一、文化、文化自觉与文化自信

"文化"是一个我们耳熟能详的词汇，是一个古老而又常新的概念，是一个内涵极其丰富的范畴。"文化"之"文"，本义是指各色交错的纹理，如《说文解字》："文，错画也，象交文。"①"文化"之"化"，本义是指变易、生成、造化，即事物形态或性质的变化，如《庄子·逍遥游》："化而为鸟，其名曰鹏。""文""化"连用较早见于《周易·贲卦·象传》："刚柔交错，天文也。文明以止，人文也。观乎天文，以察时变，观乎人文，以化成天下。"② 这里的"文化"是指人文化成、人文教化，是指对社会生活中人与人之间纵横交织的人伦关系进行约束的伦理道德规范、文化教育及社会典章制度。所以，刘向《说苑·指武》说："圣人之治天

---

① 许慎著，班吉庆、王剑、王华宝点校：《说文解字校订本》，凤凰出版社2004年版，第173页。
② 高亨著，董治安编：《高亨著作集林》第2卷，清华大学出版社2004年版，第244页。

下也,先文德而后武力。凡武之兴,为不服也。文化不改,然后加诛。夫下愚不移,纯德之所不能化,而后武力加焉。"①

英文中的"文化"为Culture,是从拉丁文Cultura演变而来,其基本含义有三:一是耕种、种田;二是教育修养;三是思想精神表现。因此,英文中的Culture比中文中的"文化"内涵丰富,具有双重含义:一是指人对自然的耕作及其结果,即外在自然的人化;二是教育和教养,即内在自然的人化。文化的实质是自然的人化,是"人类主体通过社会实践活动,适应、利用、改造自然界客体而逐步实现自身价值观念的过程。"②

文化主要分为狭义文化和广义文化两种类型。狭义文化是指人类的精神创造活动及其结果——精神文化,它"是包括全部的知识、信仰、艺术、道德、法律、风俗以及作为社会成员的人所掌握和接受的任何其他的才能和习惯的复合体。"③ 广义文化是人化自然的过程及其所创造的所有成果。与西方学者不同,中国学者主要从生活方式的角度定义"文化",如梁漱溟认为:"文化不过是一个民族生活的种种方面……是那一民族生活的样法。"④ 胡适提出:"文化(Culture)是一种文明所形成的生活方式。"⑤ 这些定义都把文化看成是人的一切生活方式,主要是从广义上来界定文化,把文化看作是一个综合系统。

文化自觉是文化主体对自身文化的认知和觉解,是"生活在一定文化中的人对其文化有自知之明"⑥,是"人在文化维度上的自我觉知"⑦。文化自信是文化主体在文化自觉的基础上对自身文化感到自信和自豪的心理状态,是"一个国家、民族、政党对自身文化价值的充分肯定和对自身文

---

① 刘向著,向宗鲁校:《说苑校证》,中华书局1987年版,第25页。
② 张岱年、方克立主编:《中国文化概论》,北京师范大学出版社2004年版,第3页。
③ [英]泰勒著,连树声译:《原始文化:神话、哲学、宗教、语言、艺术和习惯发展之研究》,广西师范大学出版社2005年版,第1页。
④ 梁漱溟:《东西文化及其哲学》,上海人民出版社2014年版,第20页,第33页。
⑤ 欧阳哲生编:《胡适文集》第4册,北京大学出版社2013年版,第3页。
⑥ 费孝通:《反思·对话·文化自觉》,《北京大学学报》(哲社版)1997年第3期。
⑦ 邹广文、田书为:《新时代中国的文化自信及其建构路径》,《社会主义核心价值观研究》2017年第5期。

化生命力的坚定信念"①。文化自觉是文化自信的前提,文化自信是文化自觉的深化。文化自信、文化自信在当代中国具有非常重要的意义,它是"吹响推动中华民族复兴的精神号角"②,是"国家文化软实力的核心,关乎中华民族的精神家园和新时代中国的文化主权"③。

二、习近平文化自信思想的科学内涵

习近平文化自信思想不仅具有广阔的文化视域、深厚的理论渊源以及坚实的实践基础,而且具有丰富的科学内涵。这一重要思想主要从实现中华民族伟大复兴、建设社会主义文化强国、坚持中国特色社会主义文化发展道路、完成中国共产党人担负文化使命的战略高度出发,对文化自信的主题、主体、内容、地位和作用进行了系统阐释。

首先,明确了文化自信的主题,强调文化自信的主题是中国特色社会主义,而不是其他理论、制度和思想体系。习近平总书记在"7·26"重要讲话中指出:"中国特色社会主义是改革开放以来党的全部理论和实践的主题,全党必须高举中国特色社会主义伟大旗帜,牢固树立中国特色社会主义道路自信、理论自信、制度自信、文化自信。"④所以,中国特色社会主义既是习近平新时代中国特色社会主义思想的主题,又是习近平文化自信思想的主题。

其次,厘清了文化自信的主体,指出文化自信主体是中国共产党、中华人民共和国、中华民族和中国人民。习近平总书记在建党95周年大会讲话上说:"当今世界,要说哪个政党、哪个国家、哪个民族能够自信的话,那中国共产党、中华人民共和国、中华民族是最有理由自信的。"⑤ 这表

---

① 云杉:《文化自觉 文化自信 文化自强——对繁荣发展中国特色社会主义文化的思考》,《红旗》2010年第15期。
② 陈先达:《文化自信中的传统与当代》,北京师范大学出版社2017年版,第113页。
③ 陈曙光、杨洁:《论文化自信》,《文化软实力研究》2016年第3期。
④ 习近平:《高举中国特色社会主义伟大旗帜 为决胜全面小康社会实现中国梦而奋斗》,《人民日报》2017年07月28日。
⑤ 习近平:《在庆祝中国共产党成立95周年大会上的讲话》,人民出版社2016年版,第12页。

明，文化自信的主体是中国共产党、中华人民共和国、中华民族。

习近平总书记还强调："坚定中国特色社会主义道路自信、理论自信、制度自信，说到底是要坚定文化自信。……中国人民应该有这个信心，每一个中国人都应该有这个信心。"① 这表明，文化自信的主体还包括中国人民。中国人民包括工人、农民、知识分子、学生等不同的群体，广大青年既是社会主义事业的建设者和接班人，又是新时代文化自信的重要主体，所以习近平总书记在北京大学师生座谈会上的讲话指出："我们（广大青年）是中华儿女，要了解中华民族历史，秉承中华文化基因，有民族自豪感和文化自信心。"②

再次，界定了文化自信的内容，认为文化自信的内容是关于中国特色社会主义文化这一整体的自信，而不仅仅是关于某一种类、某一部分文化的自信。中国特色社会主义文化是激励全党全国各族人民奋勇前进的强大精神力量，主要包括中华优秀传统文化、革命文化和社会主义先进文化三部分。习近平总书记在党的十九大报告中强调："中国特色社会主义文化，源自于中华民族五千多年文明历史所孕育的中华优秀传统文化，熔铸于党领导人民在革命、建设、改革中创造的革命文化和社会主义先进文化。"③文化自信"是一个包括对中国传统文化、红色文化和社会主义先进文化在内的自信"④，而不仅仅是对其中某一部分文化如传统文化的自信。所以，"只有对传统文化的自信而没有对红色文化和社会主义先进文化的自信，这种自信是不完整的，而且也是不可能的。"⑤

最后，强调了文化自信的地位和作用，指出文化自信在"四个自信"中处于基础地位，习近平总书记在中国文联第十次全国代表大会、中国作协第九次全国代表大会开幕式上的讲话指出："文化自信，是更基础、更广

---

① 习近平：《在哲学社会科学工作座谈会上的讲话》，人民出版社2016年版，第17页。
② 习近平：《在北京大学师生座谈会上的讲话》，人民出版社2018年版，第12页。
③ 习近平：《决胜全面建成小康社会 夺取新时代中国特色社会主义伟大胜利——在中国共产党第十九次全国代表大会上的报告》，人民出版社2017年版，第41页。
④ 陈先达：《文化自信中的传统与当代》，北京师范大学出版社2017年版，第118页。
⑤ 陈先达：《文化自信中的传统与当代》，北京师范大学出版社2017年版，第119页。

泛、更深厚的自信,是更基本、更深沉、更持久的力量。"① 文化自信的作用被概括为"三个事关",即"事关国运兴衰、事关文化安全、事关民族精神独立性"②,事关社会主义文化强国建设和中华民族伟大复兴中国梦的实现。

三、习近平文化自信思想的当代价值

习近平文化自信思想不仅具有丰富的科学内涵,而且具有极其重要的当代价值。具体而言,习近平文化自信思想发展了马克思主义文化理论,充实了中国特色社会主义自信的丰富内涵,具有重大的理论价值;同时,习近平文化自信思想还具有深远的现实意义,它为培育践行社会主义核心价值观、弘扬发展当代中国精神提供了文化动力,为发展中国特色社会主义文化、提高国家文化软实力、建设社会现代化强国提供了思想指导。

第一,习近平文化自信思想继承了马克思主义经典作家关于文化的科学论述,发展了中国特色社会主义自信的科学内涵。马克思主义是时代的产物,是不断发展的学说,是开放的理论体系,具有与时俱进的理论品质。马克思恩格斯认为文化是一种"上层建筑",其发展是以经济发展为基础,同时又对经济基础具有反作用。列宁认为文化具有传承性,文化革命对社会建设具有重要意义。毛泽东倡导一种"民族的、科学的、大众化的文化",建构了新民主主义文化理论。邓小平提出建设高度的社会主义物质文明和精神文明的"两手抓,两手都要硬"的理论。江泽民提出社会主义先进文化理论,强调中国共产党始终代表中国先进文化的前进方向。胡锦涛强调"走中国特色社会主义文化发展道路,建设社会主义文化强国",丰富了社会主义文化理论。习近平继承了马克思主义经典作家关于文化的科学论述,从实现中华民族伟大复兴、提高国家文化软实力、建设社会文化强国的战略高度来充分认识文化建设在"五位一体"总体布局中的重要地位,进一步坚定了中国人民、中华民族和中国共产党对于中国特色社会主

---

①② 《习近平谈治国理政》第2卷,外文出版社2017年版,第349页。

义的文化自信。

在党的十九大报告中,习近平总书记强调:"要坚持中国特色社会主义文化发展道路,激发全民族文化创新创造活力,建设社会主义文化强国。"① 所以,我们要"牢牢掌握意识形态工作领导权,旗帜鲜明坚持马克思主义指导地位"②;要"立足中华优秀传统文化和革命文化,培育和践行社会主义核心价值观,发扬中国人民在长期奋斗中培育、继承、发展起来的伟大民族精神"③;要"讲好中国故事,传播好中国声音,推进中华文化创新发展"④。

坚定对中国特色社会主义的自信是对实现共产主义远大理想和中国特色社会主义共同理想的坚定信念。中国特色社会主义自信理论的内涵并不是一成不变的,而是不断丰富和发展的。党的十八大报告"要求全党坚定对中国特色社会主义的道路自信、理论自信、制度自信"。这三大自信分别是全党以及全国人民对中国特色社会主义道路、理论体系和制度的三重自信,而不是对其中某一项或两项内容的自信,体现了中国特色社会主义自信"三位一体"的关系。

党的十八大以来,以习近平同志为核心的党中央带领全国人民在坚持和发展中国特色社会主义的伟大实践和征程中,高度重视文化的重要性,一方面注重培育践行社会主义核心价值观和弘扬当代中国精神;另一方面大力推动中华优秀传统文化的创造性转化和创新性发展、倡导对红色文化和革命精神的继承发扬,旨在实现传统文化和现实文化的融合、融通。在此基础上,习近平总书记提出了"对中国特色社会主义文化自信"这一重大命题,指出:"文化自信,是更基础、更广泛、更深厚的自信,是更基

---

① 习近平:《决胜全面建成小康社会 夺取新时代中国特色社会主义伟大胜利——在中国共产党第十九次全国代表大会上的报告》,人民出版社2017年版,第41页。
② 本书编写组:《毛泽东思想和中国特色社会主义理论体系概论》,高等教育出版社2018年版,第224页。
③ 本书编写组:《毛泽东思想和中国特色社会主义理论体系概论》,高等教育出版社2018年版,第228页。
④ 本书编写组:《毛泽东思想和中国特色社会主义理论体系概论》,高等教育出版社2018年版,第230页。

本、更深沉、更持久的力量。坚定文化自信,是事关国运兴衰、事关文化安全、事关民族精神独立性的大问题。"① 这一系列重要论述,对文化自信的内涵、意蕴、地位、作用及其与道路自信、理论自信、制度自信这三大自信的关系等进行了科学阐释,使中国特色社会主义自信由"三位一体"体系转化为"四位一体"。

第二,习近平文化自信思想为培育践行社会主义核心价值观、弘扬发展当代中国精神提供了文化动力。文化自信与价值观自信之间具有密切的联系,文化自信是价值观自信的根基,价值观自信是文化自信的灵魂。习近平总书记在主持十八届中央政治局第十三次集体学习时的讲话指出:"核心价值观是文化软实力的灵魂、文化软实力建设的重点。……培育和弘扬社会主义核心价值观必须立足中华优秀传统文化"②,因为这是我们"自己的精神命脉"和"在世界文化激荡中站稳脚跟的根基"③。基于此,我们要"讲清楚中华文化的独特创造、价值理念、鲜明特色,增强文化自信和价值观自信"④,要"深入挖掘和阐发中华优秀传统文化讲仁爱、重民本、守诚信、崇正义、尚和合、求大同的时代价值,使中华优秀传统文化成为涵养社会主义核心价值观的重要源泉"⑤。习近平文化自信思想增强了我们对自身民族的自信和对历史文化传统的自信。当然,对传统文化的自信并不是文化复古,也不是盲目排外,而是要为当代中国文化的发展确立一个历史根基,推动中国价值、中国思想、中国方案走向世界,为构建人类命运同体、实现人类的和平与发展提供中国方案。

当代中国精神是社会主义先进文化在国家精神方面的体现,是身处中国特色社会主义新时代的中国人民的精气神。习近平总书记指出:"社会主义核心价值观是当代中国精神的集中体现,凝结着全体人民共同的价值追求。要……深入挖掘中华优秀传统文化蕴含的思想观念、人文精神、道德规范,结合时代要求继承创新,使中华文化展示出永久魅力和时代风

---

① 《习近平谈治国理政》第2卷,外文出版社2017年版,第349页。
②③④⑤ 《习近平谈治国理政》,外文出版社2014年版,第163-164页。

采。"① 正是习近平新时代文化自信思想"振奋起全民族的精气神",使我们明白"实现中华民族伟大复兴,不仅在物质上要强大起来",还要"大力弘扬中国精神"②,始终发扬中国人民在历史发展、革命建设、改革开放等伟大实践中形成的伟大创造精神、伟大奋斗精神、伟大团结精神和伟大梦想精神,为新时代中国特色社会主义发展和人类文明进步提供强大的精神动力。

第三,习近平文化自信思想为发展中国特色社会主义文化、提高国家文化软实力、建设社会主义现代化强国提供了思想指导。"软实力"(Soft Power)这一概念是美国学者约瑟夫·奈最早提出的,用来指一个国家硬实力之外的"文化、制度、价值观的吸引力",以及"在国际事务中制定规则和决定议题的能力"。③文化作为一种不同于经济、军事这些硬实力的软实力,"集中体现了一个国家基于文化而具有的凝聚力和生命力,以及由此产生的吸引力和影响力。"④ 习近平总书记指出:"提高国家文化软实力,关系'两个一百年'奋斗目标和中华民族伟大复兴中国梦的实现。……提高国家文化软实力,要努力夯实国家文化软实力的根基,……要努力传播当代中国价值观念,……要努力展示中华文化独特魅力,……要努力提高国际话语权。"⑤

坚定文化自信的最终目标是为了繁荣和发展中国特色社会主义文化,提高国家文化软实力、建设富强民主文明和谐美丽的社会主义现代化强国。在党的十九大报告中,习近平总书记还重点强调了坚定文化自信对于推动社会文化繁荣兴盛、建设社会主义文化强国的重要作用,他指出:"文化兴国运兴,文化强国运强。没有高度的文化自信,没有文化的繁荣兴盛,就

---

① 习近平:《决胜全面建成小康社会 夺取新时代中国特色社会主义伟大胜利——在中国共产党第十九次全国代表大会上的报告》,人民出版社2017年版,第42页。
② 中共中央宣传部:《习近平新时代中国特色社会主义思想三十讲》,学习出版社2018年版,第209页。
③ [美]约瑟夫·奈著,马娟娟译:《软实力》,中信出版社2013年版,第10-11页。
④ 中共中央宣传部:《习近平新时代中国特色社会主义思想三十讲》,学习出版社2018年版,第208页。
⑤ 《习近平谈治国理政》,外文出版社2014年版,第160-162页。

没有中华民族伟大复兴。"①

综上所述，习近平文化自信思想为建设社会现代化强国、提高国家文化软实力提供了重要的思想指导，为推动社会主义文化繁荣兴盛、铸就中华文化新辉煌、实现中华民族伟大复兴中国梦提供了以文化人的精神力量。

（本文发表于《理论视野》2018年第12期）

---

① 习近平：《决胜全面建成小康社会 夺取新时代中国特色社会主义伟大胜利——在中国共产党第十九次全国代表大会上的报告》，人民出版社2017年版，第40－41页。

附录2

"第二个结合"视域下中华文明的生命更新和现代转型

习近平指出:"'第二个结合',是我们党对马克思主义中国化时代化历史经验的深刻总结,是对中华文明发展规律的深刻把握,表明我们党对中国道路、理论、制度的认识达到了新高度,表明我们党的历史自信、文化自信达到了新高度,表明我们党在传承中华优秀传统文化中推进文化创新的自觉性达到了新高度。"① "第二个结合"视域下中华文明的生命更新和现代转型,对于赓续中华民族的根脉,夯实民族文化自信的根基,推进中国特色社会主义文化建设,在新的起点上继续推动文化繁荣、建设文化强国、建设中华民族现代文明都具有非常重要的意义。

一、"第二个结合"是中华文明的生命更新和现代转型的根本要求

文明是"人类脱离蒙昧、野蛮状态的社会行为及其结果的集合"②,是人类生存发展的丰厚滋养。从马克思主义哲学的观点来看,文明是表示社会进步的概念,"文明发展的不同程度集中表现了一个国家和民族的发展

---

① 习近平:《在文化传承发展座谈会上的讲话》,《求是》2023年第17期。
② 冯天瑜:《中华文明五千年》,北京大学出版社2022年版,第6页。

水平和其在社会形态发展序列中的位置"①。中华文明是中华民族在社会实践活动中所创造的积极成果和精神财富,是"中华民族独特的精神标识"②。作为一种原生文明,中华文明与古埃及文明、古巴比伦文明、古印度文明等成为人类最古老的文明。中华文明历史悠久,是世界上唯一未曾中断、延续至今的文明;中华文明博大精深,是人类文明中的一颗璀璨夺目的明珠;中华文明开放包容,"在与其他文明的交流互鉴中不断焕发新的生命力"③。在五千多年的历史发展中,中华文明形成了"观乎人文,以化成天下"(《周易·贲卦·象传》)的崇德尚文传统,形成了"中国人看待世界、看待社会、看待人生的独特价值体系、文化内涵和精神品质"④,为人类文明进步作出了不可磨灭的贡献。习近平指出:"在世界几大古代文明中,中华文明是没有中断、延续发展至今的文明,已经有五千多年历史了。我们的祖先在几千年前创造的文字至今仍在使用。两千多年前,中国就出现了诸子百家的盛况,老子、孔子、墨子等思想家上究天文、下穷地理,广泛探讨人与人、人与社会、人与自然关系的真谛,提出了博大精深的思想体系。"⑤ 中国在明朝中叶以前是世界上经济、政治、文化等最发达的国家,"有素称发达的农业和手工业,有许多伟大思想家、科学家、发明家、政治家、军事家、文学家和艺术家,有丰富的文化典籍"⑥。中华文明对世界也产生了巨大的影响,"中国的造纸术、火药、印刷术、指南针、天文历法、哲学思想、民本理念等在世界上影响深远,有力推动了人类文明发展进程。"⑦ 因此,中国自古以来就以文化、文明立国,中国对世界的影响也主要依靠中华文明的亲和力和影响力。

建基于农业文明之上的中华文明在近代西方工业文明的冲击下开始逐

---

① 张岱年、程宜山:《中国文化精神》,北京大学出版社2015年版,第2页。
②③ 习近平:《把中国文明历史研究引向深入 增强历史自觉坚定文化自信》,《求是》2022年第14期。
④ 习近平:《在敦煌研究院座谈时的讲话》,《求是》2020年第3期。
⑤ 习近平:《在布鲁日欧洲学院的演讲》,《人民日报》2014年04月02日。
⑥ 《毛泽东选集》第2卷,人民出版社1991年版,第622页。
⑦ 《习近平谈治国理政》第3卷,外文出版社2020年版,第471页。

渐走向衰落，面临着"文明蒙尘"①的重重危机。如何救亡图存、挽救中华文明，是摆在近代中国人面前的重大问题。无论是洋务派的"中体西用"说，还是维新派的"复兴儒教"说，抑或是胡适等新文化派的"全盘西化"说，都没有找到拯救中华文明的良方。这充分表明，步入近代的中华文明需要一种全新的先进的思想理论的指导，需要一种新的主义来激活其中蕴含的文化基因，引领其走进现代世界，推动其生命更新和现代转型。

中国共产党诞生后，秉持马克思主义的立场、观点和方法，在推动马克思主义中国化时代化的进程中坚持"把马克思主义基本原理同中国具体实际相结合、同中华优秀传统文化相结合"②，承担起继承和弘扬中华优秀传统文化的光荣使命，"以真理之光激活了中华文明的基因，引领中国走进现代世界，推动了中华文明的生命更新和现代转型"③，推动了中华优秀传统文化的创造性转化、创新性发展，铸造了中华文化新辉煌。毛泽东提出了"马克思主义中国化"命题，实现了马克思主义基本原理同中华优秀传统文化的初步结合。毛泽东指出："世界文明分东西两流，东方文明在世界文明内，要占个半壁的地位。"④ 中华文明代表着东方文明，在世界文明中占据重要地位。我们要在马克思主义的指导下深入研究和把握中华文明的特质，形成具有中国气派的新文化，为革命和建设提供精神动力。毛泽东强调，对待中华传统文化要坚持"古为今用"的方针，"取其精华，去其糟粕"，指出："从孔夫子到孙中山，我们应当给以总结，承继这一份珍贵的遗产。"⑤ 在此基础上，他提出："使马克思主义在中国具体化，使之在其每一表现中带着必须有的中国的特性"⑥，把马克思主义国际主义的内容和中华民族形式"紧密地结合起来"⑦，代之以"新鲜活泼的、为中国老百姓所喜闻乐见的中国作风和中国气派"⑧。邓小平指出："我们要建设的社

---

① 《习近平谈治国理政》第4卷，外文出版社2022年版，第4页。
② 《习近平谈治国理政》第4卷，外文出版社2022年版，第10页。
③ 习近平：《在文化传承发展座谈会上的讲话》，《求是》2023年第17期。
④ 中央文献研究室：《毛泽东传（一）》，中央文献出版社2011年版，第47页。
⑤ 《毛泽东选集》第2卷，人民出版社1991年版，第533－534页。
⑥⑦⑧ 《毛泽东选集》第2卷，人民出版社1991年版，第534页。

会主义国家，不但要有高度的物质文明，而且要有高度的精神文明。"① 社会主义精神文明是社会主义制度先进性、优越性的重要体现，是实现社会主义现代化的重要保障。江泽民强调中国共产党始终代表中国先进文化的前进方向，强调"必须始终坚持以马克思主义为指导，努力继承和发扬中华民族的一切优秀文化传统，努力学习和吸收外国的一切优秀文化成果，从而不断创造和推进有中国特色社会主义文化，使社会主义物质文明和精神文明协调发展。"② 胡锦涛指出："满足人民精神文化需求、促进人的全面发展"是发展中国特色社会主义文化的根本目的，建设社会主义文化强国，"必须走中国特色社会主义文化发展道路，……推动社会主义精神文明和物质文明全面发展"③。

进入新时代，以习近平同志为核心的党中央从中华民族伟大复兴的战略高度看待中华优秀传统文化的当代价值，提出"坚定文化自信""推动中华优秀传统文化创造性转化、创新性发展"④"建设中华民族现代文明"⑤"两个结合"特别是"第二个结合"等重大论断，形成了习近平文化思想，"标志着我们党对中国特色社会主义文化建设规律的认识达到了新高度，表明我们党的历史自信、文化自信达到了新高度"⑥，"为做好新时代新征程宣传思想文化工作、担负起新的文化使命提供了强大思想武器和科学行动指南"⑦。习近平在党的十九大报告中指出，"没有高度的文化自信，没有文化的繁荣兴盛，就没有中华民族伟大复兴。"⑧ 踏上实现第二个百年奋斗目标的新征程，实现中华民族伟大复兴的中国梦，不仅要在硬实力方面把我国建成经济强国、工业强国和科技强国，而且要在软实力方面把我国建成教育强国、人才强国和文化强国。要达到这样的目标，首先

---

① 《邓小平文选》第2卷，人民出版社1994年版，第367页。
② 《江泽民文选》第3卷，人民出版社2006年版，第2页。
③ 《胡锦涛文选》第3卷，人民出版社2016年版，第637页。
④ 《习近平谈治国理政》第3卷，外文出版社2020年版，第18页。
⑤ 习近平：《在文化传承发展座谈会上的讲话》，《求是》2023年第17期。
⑥⑦ 《习近平对宣传思想文化工作作出重要指示强调坚定文化自信秉持开放包容坚持守正创新 为全面建设社会主义现代化国家全面推进中华民族伟大复兴提供坚强思想保证强大精神力量有利文化条件》，《人民日报》2023年10月09日。
⑧ 《习近平谈治国理政》第3卷，外文出版社2020年版，第32页。

要坚持"两个结合",把握好"魂脉"与"根脉"的关系,把马克思主义思想精髓同中华优秀传统文化精华贯通起来,不断赋予科学理论鲜明的中国特色,促进马克思主义中国化时代化;其次要坚定文化自信,"立足民族伟大历史实践和当代实践,用中国道理总结好中国经验,把中国经验提升为中国理论"①,实现精神上的独立自主、文化上的自信自强;最后要以马克思主义真理之光激活中华文明的文化基因,实现中华文明的生命更新和现代转型,实现中华优秀传统文化的创造性转化、创新性发展,筑牢中国特色社会主义道路和中国式现代化的文化根基。所以,以习近平文化思想为指导、建设中华民族现代文明、创造人类文明新形态,是一个时代性极强的命题。它是"我们民族寻找自身伟大复兴之路的文化史的历史展示"②,也是"吹响推动中华民族复兴的精神号角"③。由此观之,"第二个结合",是"我们党对马克思主义中国化时代化历史经验的深刻总结,是对中华文明发展规律的深刻把握"④,是中华文明的生命更新和现代转型的指导方针和根本要求。

二、以马克思主义的真理之光激活中华文明的文化基因

在"第二个结合"视域下推动和实现中华文明的生命更新和现代转型,要坚持守正创新,坚守"马克思主义在意识形态领域指导地位的根本制度"和"两个结合"的根本要求,以马克思主义的真理之光激活中华文明的文化基因,发展出中华文明的现代形态,创造出人类文明新形态。

文化基因是一个帮助我们理解文化传承与变化的概念。它是文化进化的基本单位,"在人们的生产生活中形成,镶嵌在文化之中,又反过来影响人们的行动。"⑤ 文化基因可以继承与传播,也可以学习与交流。在当今时

---

① 习近平:《在文化传承发展座谈会上的讲话》,《求是》2023年第17期。
② 王蒙:《王蒙谈文化自信》,人民出版社2017年版,第35页。
③ 陈先达:《文化自信中的传统与当代》,北京师范大学出版社2017年版,第111页。
④ 习近平:《在文化传承发展座谈会上的讲话》,《求是》2023年第17期。
⑤ 陈胜前:《中国文化基因的起源:考古学的视角》,中国人民大学出版社2021年版,第249 - 250页。

代,"文化基因"论的提出,有着特殊的时代需要和重要的现实意义。习近平指出:"要使中华民族最基本的文化基因与当代文化相适应、与现代社会相协调,以人们喜闻乐见、具有广泛参与性的方式推广开来。"① 中央办公厅、国务院办公厅《关于实施中华优秀传统文化传承发展工程的意见》指出:实施中华优秀传统文化传承发展工程,要"坚守中华文化立场、传承中华文化基因,不断增强中华优秀传统文化的生命力和影响力,创造中华文化新辉煌。"② 因此,文化基因这个概念"能够更好地解释人类文化的基本属性,解释人类文化的传承与变化机制。"③ 新时代传承中华文化基因,目的是更好地探索中华文化传统的形成与发展,帮助我们更好地认识中国人民的宇宙观、天下观、社会观、道德观和文明观,是为了"更有效地推动中华优秀传统文化创造性转化、创新性发展,更有力地推进中国特色社会主义文化建设,建设中华民族现代文明"④。基于此,我们要坚持马克思主义基本原理同中华优秀传统文化相结合,把马克思主义思想精髓同中华优秀传统文化精华贯通起来,以马克思主义的真理之光激活中华文明的文化基因,使中华文明别开生面,重焕荣光,实现从传统到现代的跨越,发展出中华文明的现代形态和中国式现代化的文化形态。

三、"第二个结合"视域下中华文明的生命更新和现代转型的方法途径

把马克思主义基本原理同中华优秀传统文化相结合,不仅开辟和发展出中国特色社会主义,而且"造就了一个有机统一的新的文化生命体"⑤,推动了中华文明的生命更新和现代转型。"第二个结合"视域下中华文明的生命更新和现代转型的方法途径主要包括以下几个方面:

---

① 《习近平谈治国理政》,外文出版社2014年版,第161页。
② 中共中央办公厅 国务院办公厅印发《关于实施中华优秀传统文化传承发展工程的意见》,《新华每日电讯》2017年01月25日。
③ 陈胜前:《中国文化基因的起源:考古学的视角》,中国人民大学出版社2021年版,第252页。
④⑤ 习近平:《在文化传承发展座谈会上的讲话》,《求是》2023年第17期。

(一) 从富民厚生到共同富裕,推动中华物质文明实现现代转型

"富民厚生"是中华文明的重要理念,强调治国理政要富民利民、节用厚生。中国古代思想家、政治家从王朝更迭、治乱兴替的历史经验中充分认识到富民即解决民生问题、满足人民群众物质生活的重要性。"富"在《尚书·洪范》中是"五福"之一,意为财物丰饶。孔子及其后学提倡富民爱民、节用厚生的思想。孔子在回答弟子子贡问政时给出了"足食,足兵,民信之矣"(《论语·颜渊》)的答案,"足食"就是粮食充足,能够满足民众的基本生存需求。他在回答弟子冉有"既庶矣,又何加焉"(《论语·子路》)的问题时给出了"富之"的答案,提倡在人口繁衍的基础上大力发展生产,使民众过上富裕的生活。朱熹解释说:"庶而不富,则民生不遂。"(《论语集注》)通过发展生产来使百姓生活殷实富裕,是国家治理的经济基础。孔子的学生有若也强调富民的重要性,提出"百姓足,君孰与不足"(《论语·颜渊》)的思想。孟子认为,要实现"民可使富"的目标,就要做到"易其田畴,薄其税敛"。(《孟子·尽心上》)荀子主张:"王者富民,霸者富士。"(《荀子·王制》)《管子·治国篇》说:"凡治国之道,必先富民。"东汉政治家王符主张:"夫为国者以富民为本。"(《潜夫论·务本》)所以,"富民"是为国之本,是治国之基。"厚生"与"富民"密切联系,是指使人民生活充裕。《尚书·大禹谟》说:"正德,利用,厚生,维和。""厚生"意为薄赋敛,轻赋税,不夺农时,令民生计温厚,衣食丰足。北宋哲学家周敦颐主张:"圣人之法天,以政养万民。"(《周敦颐集·通书》)北宋理学家程颐认为:"为政之道,以顺民心为本,以厚民生为本。"(《二程集·河南程氏文集》)上述思想主张均体现了中华文明"富民厚生"的经济理念。

以"富民厚生"为核心理念的中华物质文明,经由马克思主义经济思想"真理之光"的激活,通过与科学社会主义基本原则相结合,转型为以"共同富裕"为核心理念的中华现代物质文明。共同富裕是马克思主义的基本目标和科学社会主义的基本原则。马克思指出:"社会生产力的发展将如此迅速,以致尽管生产将以所有的人富裕为目的,所有的人的可以自

由支配的时间还是会增加。因为真正的财富就是所有个人的发达的生产力。"① 恩格斯强调，要通过"社会化生产"，实现"一切社会成员有富足的和一天比一天充裕的物质生活"②。按照马克思恩格斯的设想，未来的共产主义社会将在生产力解放和发展的基础上消灭剥削，消除两极分化，消除阶级之间、城乡之间、脑力劳动和体力劳动之间的对立和差别，实现每个人自由而全面的发展，实现"所有的人富裕"，实现社会共享和"所有人共同享受大家创造出来的福利"的目标。"共同富裕"是社会主义本质和优越性的体现，是中国式现代化的重要特征，体现了中国特色社会主义以人民为中心的根本立场。毛泽东指出："我们实行这么一种制度，这么一种计划，是可以一年一年走向更富更强的，一年一年可以看到更富更强些。而这个富，是共同的富，这个强，是共同的强，大家都有份。"③ 邓小平指出："社会主义最大的优越性就是共同富裕，这是体现社会主义本质的一个东西。"④ 共同富裕是社会主义本质和优越性的体现，也是"中国特色社会主义的根本原则"⑤。社会主义就是要在解放生产力和发展经济的基础上，逐步实现全体人民的共同富裕。党的十八大以来，以习近平同志为核心的党中央"把握发展阶段新变化，把逐步实现全体人民共同富裕摆在更加重要的位置上，推动区域协调发展，采取有力措施保障和改善民生，打赢脱贫攻坚战，全面建成小康社会，为促进共同富裕创造了良好条件。"⑥ 踏上全面建设社会主义现代化国家的新征程，步入扎实推进共同富裕的历史阶段，我们要始终把满足人民对美好生活的新期待作为发展的出发点和落脚点，在实现中国式现代化的过程中解决好共同富裕问题。这是因为，实现共同富裕"不仅是经济问题，而且是关系党的执政基础的重大政治问

---

① 《马克思恩格斯选集》第 2 卷，人民出版社 2012 年版，第 786－787 页。
② 《马克思恩格斯文集》第 9 卷，人民出版社 2009 年版，第 299 页。
③ 《毛泽东文集》第 6 卷，人民出版社 1999 年版，第 495 页。
④ 《邓小平文选》第 3 卷，人民出版社 1993 年版，第 364 页。
⑤ 《习近平谈治国理政》第 1 卷，外文出版社 2018 年版，第 13 页。
⑥ 中共中央宣传部编：《习近平新时代中国特色社会主义思想学习纲要：2023 年版》，学习出版社、人民出版社 2023 年版，第 70 页。

题。"① 习近平强调:"我们正在向第二个百年奋斗目标迈进。适应我国社会主要矛盾的变化,更好满足人民日益增长的美好生活需要,必须把促进全体人民共同富裕作为为人民谋幸福的着力点,不断夯实党长期执政基础。"② 新的征程上,我们要紧紧依靠人民群众勤劳创新致富,通过全体人民共同奋斗把"蛋糕"做大做好;要坚持和践行以人民为中心的发展思想,正确处理效率和公平的关系,促进基本公共服务均等化;要提高发展的平衡性、协调性、包容性,在高质量发展中促进共同富裕;要加大税收、社保、转移支付等调节力度并提高精准性,形成中间大、两头小的橄榄型分配结构,促进社会公平正义和人的全面发展,使全体人民朝着共同富裕目标扎实迈进。

(二) 从民本到民主,推动中华政治文明实现现代转型

"民本"是中华政治文明的核心理念。它强调人民是国家的根本,人民的安乐和福祉是国家政治的根本目的;它主张治国理政要得民心、顺民心、遂民意,乐民之乐,忧民之忧。这种"民为邦本"的理念和乐民忧民之心是中国人责任意识的生动体现,反映了中华政治文明由"自我关怀"推至"群体关怀"的行政伦理。中国古代历史文献《尚书》中明确提出了"民本"理念,即"民可近,不可下,民惟邦本,本固邦宁。"(《尚书·夏书·五子之歌》)以孔子为代表的先秦儒家向来把仁爱民众作为政治思想的核心,主张"爱人"和"博施于民而能济众"(《论语·雍也》)的思想,强调在"修己以敬"的基础上做到"修己以安百姓"(《论语·宪问》),把仁爱之心推至全天下的百姓,给人民群众带来幸福的生活。孟子在孔子仁爱思想的基础上提出了"民贵君轻"的"民本"思想:"民为贵,社稷次之,君为轻。"(《孟子·尽心下》)孟子认为,作为集体概念的"民"的地位要高于社稷和国君,民心向背关系到国家的兴衰和存亡,所

---

① 中共中央宣传部编:《习近平新时代中国特色社会主义思想学习纲要:2023年版》,学习出版社、人民出版社2023年版,第71页。
② 习近平:《扎实推动共同富裕》,《求是》2021年第20期。

以治理国家应当以民为本。在此基础上，孟子提倡"仁政"，认为"三代之得天下也以仁，其失天下也以不仁。"（《孟子·离娄上》）荀子继承了孔子、孟子的"民本"理念，进一步提出："天之生民，非为君也；天之立君，以为民也。"（《荀子·大略》）他还通过舟水之喻来说明君民关系："君者，舟也，庶人者，水也。水则载舟，水则覆舟。"（《荀子·王制》）在荀子看来，君主如果想要国泰民安、政权稳定，就要得到庶人即人民群众的拥护；而要得到人民群众的拥护，就要做到平政爱民和富民安民。

以"民本"为核心理念的中华政治文明，经由马克思主义政治思想"真理之光"的激活，转型为以"民主"为核心理念的中华现代政治文明。"民主"是人类政治文明发展的成果，也是无产阶级的原则和无产阶级革命的政治目标。恩格斯指出："民主已经成了无产阶级的原则，群众的原则。……他们全都认为民主这个概念中包含着社会平等的要求。"① 因此，无产阶级革命"将建立民主的国家制度，从而直接或间接地建立无产阶级的政治统治。"② 列宁指出："人民的自由，只有在国家的全部政权完全地和真正地属于人民的时候，才能完全地和真正地得到保障。"③ "民主"是全人类共同价值，也是"中国共产党和中国人民始终不渝坚持的重要理念"④。习近平指出："我们党自成立之日起就致力于建设人民当家作主的新社会，提出了关于未来国家制度的主张，并领导人民为之进行斗争。"⑤ 新民主主义革命时期，党领导人民为争取民主自由、反抗剥削压迫进行了艰苦卓绝的革命斗争，建立了新中国，实现了从封建专制统治向人民民主政治的伟大飞跃。社会主义革命和建设时期，党领导人民为巩固政权、变革生产关系、发展生产力而不懈奋斗，基本确立了人民当家作主的经济基础、政治架构、法律原则和制度框架。改革开放和社会主义现代化建设时期，党领导人民坚定不移推动社会主义民主政治建设，民主发展的政治制

---

① 《马克思恩格斯全集》第2卷，人民出版社1957年版，第664页。
② 《马克思恩格斯文集》第1卷，人民出版社2009年版，第685页。
③ 《列宁全集》第13卷，人民出版社1987年版，第67页。
④ 《习近平新时代中国特色社会主义思想概论》编写组编：《习近平新时代中国特色社会主义思想概论》，高等教育出版社2023年版，第158页。
⑤ 习近平：《论坚持全面依法治国》，中央文献出版社2020年版，第262页。

度保障和社会物质基础更加坚实。党的十八大以来，以习近平同志为核心的党中央"积极回应人民对民主的新要求新期盼，团结带领人民发展全过程人民民主，健全人民当家作主制度体系，我国社会主义民主发展取得新的历史性成就。"① 新时代新征程，我们要继续高举人民民主旗帜，站稳人民当家作主的坚定立场，坚定不移走中国特色社会主义政治发展道路，发展全过程人民民主，拓展社会主义民主政治的理论实践，丰富人类政治文明新形态。

（三）从革故鼎新、自强不息的担当精神到共产党人的革命精神，推动中华精神文明实现现代转型

"革故鼎新、自强不息"是中华精神文明的核心理念。"革故鼎新"是中华民族革命精神和创新精神的生动体现。"革"卦和"鼎"卦是《周易》中前后相连的两卦，《易传·说卦》："《革》，去故也。《鼎》，取新也。"因此，"革"是去其故旧，"鼎"是"取得新食"②。"革故鼎新"是指去掉旧的，建立新的，多指改朝换代或重大变革。中华民族是富有革命精神和担当精神的民族，很早就提出了"革故鼎新"的思想观念。在历史长河中，革故鼎新、与时俱进等思想观念逐渐积淀为中华民族最深沉的民族禀赋。中华民族凭借这种民族禀赋创造了辉煌灿烂的中华文明，在思想文化、社会制度、经济发展、科学技术等方面对世界产生了重要的影响。"自强不息"是中华民族的宝贵精神品格，体现了中国人民的责任担当。《周易·乾卦·象传》曰："天行健，君子以自强不息"。"自强不息"是指"自己努力向上，永远不懈怠"③，是指一种奋发图强、孜孜不倦、百折不挠、锲而不舍的精神品格。这种精神品格"体现在个人价值方面，就是自我超越、持之以恒；体现在社会价值方面，就是锐意进取、革故鼎新；体现在国家

---

① 《习近平新时代中国特色社会主义思想概论》编写组编：《习近平新时代中国特色社会主义思想概论》，高等教育出版社 2023 年版，第 159 页。
② 高亨：《周易大传今注》，齐鲁书社 1998 年版，第 491 页。
③ 中国社会科学院语言研究所词典编辑室编：《现代汉语词典》（第 7 版），商务印书馆 2016 年版，第 1738 页。

价值方面，就是发奋图强、民族振兴。"①

以"革故鼎新、自强不息"为核心理念的中华精神文明，经由马克思主义精神文明"真理之光"的激活，转型为以"共产党人的革命精神"为核心理念的中华现代精神文明。革命是人们在改造社会的过程中所进行的重大变革，是"对一个社会居主导地位的价值观念，及其政治制度、社会结构、领导体系、政治活动和政策，进行一场急速的、根本性的变革"②。马克思认为，"革命是历史的火车头。"③ 恩格斯认为，革命是"社会进步和政治进步的强大推动力"④。列宁认为，马克思主义"既以完全科学的冷静态度去分析客观形势和演进的客观过程，又非常坚决地承认群众的革命毅力、革命创造性、革命首创精神的意义。"⑤ 在马克思主义的指导下，在中国共产党的领导下，中国革命实现了从旧民主主义革命向新民主主义革命的转变，进而以社会主义革命和改革的形式继续推进。在中国革命、建设和改革的历史征程中，中国共产党面对各种考验，不仅涌现了一大批革命烈士、英雄人物、先进模范，而且锤炼了一系列伟大崇高的革命精神。作为革命文化的内核，革命精神是指"中国共产党在依靠和团结中国人民完成争取民族独立、人民解放斗争过程中，以马克思主义为指导，汲取中外优秀文化思想，凝聚中国共产党人和人民群众的革命思想与精神风貌的总和"⑥。革命精神彰显了中国共产党人的崇高精神和优良传统，是中华民族宝贵的精神财富，是构筑中国精神、传播中国价值、凝聚中国力量的精神动力。毛泽东强调，"革命文化，对于人民大众，是革命的有力武器。"⑦ 邓小平指出，我们不仅应该把是否具有革命精神作为衡量共产党员是否合格的标准，而且"还要大声疾呼和以身作则地把这些精神推广到全体人

---

① 包心鉴：《中国道路具有深厚历史文化内涵》，《人民日报》2016年05月17日。
② 塞缪尔·亨廷顿：《变化社会中的政治秩序》，王冠华等译，生活·读书·新知三联书店1989年版，第241页。
③ 《马克思恩格斯文集》第2卷，人民出版社2009年版，第161页。
④ 《马克思恩格斯文集》第2卷，人民出版社2009年版，第383页。
⑤ 《列宁选集》第1卷，人民出版社2012年版，第747页。
⑥ 张海峰、刘焕峰、樊军娟：《弘扬革命文化 传承红色基因》，重庆出版社2019年版，第26页。
⑦ 《毛泽东选集》第2卷，人民出版社1991年版，第708页。

民、全体青少年中间去,使之成为中华人民共和国的精神文明的主要支柱。"① 新时代新征程,弘扬革命精神,传承红色基因,可以鼓起迈进新征程、奋进新时代的精气神,为实现中国梦注入强大的精神动力。习近平在庆祝中国共产党成立一百周年大会上的讲话第一次提出"伟大建党精神",指出:"一百年前,中国共产党的先驱们创建了中国共产党,形成了坚持真理、坚守理想、践行初心、担当使命,不怕牺牲、英勇斗争,对党忠诚、不负人民的伟大建党精神,这是中国共产党的精神之源。"② 他还提出"中国共产党人精神谱系"这一概念,强调:"这些宝贵精神财富跨越时空、历久弥新,集中体现了党的坚定信念、根本宗旨、优良作风,凝聚着中国共产党人艰苦奋斗、牺牲奉献、开拓进取的伟大品格。"③ 基于此,我们要"进一步发扬革命精神,始终保持艰苦奋斗的昂扬精神"④,要"大力发扬红色传统、传承红色基因,赓续共产党人精神血脉,始终保持革命者的大无畏奋斗精神,鼓起迈进新征程、奋进新时代的精气神"⑤。所以,中国共产党人在长期奋斗中形成的革命精神和红色基因,推动了中华精神文明实现现代转型。这种新的精神文明成为激励中国共产党百年奋斗、踔厉奋发的强大精神动力,成为中国共产党以伟大自我革命引领伟大社会革命、团结带领全国人民为实现全面建设社会主义现代化国家的奋斗目标和中华民族伟大复兴的中国梦的强大精神支撑。

(四)从九州共贯到中华民族共同体,推动中华社会文明实现现代转型

"九州共贯,多元一体",是中华文明关于民族团结和社会维系的核心理念,体现了中华文明的大一统传统和突出的统一性。这种祈望四海一家、六合同风,九州共贯、万邦协和的大一统观念在东周晚期就已经萌发。例如,"孔子常发'复周'之论,墨子倡言'一同天下之义',都表现出社会

---

① 《邓小平文选》第 2 卷,人民出版社 1994 年版,第 367 - 368 页。
② 《习近平谈治国理政》第 4 卷,外文出版社 2022 年版,第 7 页。
③④ 《习近平谈治国理政》第 4 卷,外文出版社 2022 年版,第 514 - 515 页。
⑤ 《习近平谈治国理政》第 4 卷,外文出版社 2022 年版,第 515 页。

向往统一与秩序。孟子更有'定于一'的横议，荀子则呼唤'四海之内若一家'；成文于战国晚期的《禹贡》，划分九州，展示出一统国家的政区设计。"① 然而，向往九州共贯、国家统一的大一统观念在春秋战国时期还只是古圣先哲的社会理想。这种社会理想到秦汉时期才变成制度性现实。"九州共贯"出自东汉史学家班固所著《汉书》。例如，《汉书·王贡两龚鲍传》说："《春秋》所以大一统者，六合同风，九州共贯也。"《汉书·严朱吾丘主父徐严终王贾传》说："夫天命初定，万事草创，及臻六合同风，九州共贯。"秦汉四百余年间，政治统一和文化统一互相推助，促使中华文明形成了大一统的政治体制和文化传统。在这种观念的影响下，"统一被认为是合理的、正常的，分裂被认为是违理的、反常的。秦汉文化造成的这一定势，惠及此后两千多年的中国历史。"② 公元前221年，秦王嬴政统一中国，并实行一系列维护国家统一的措施："书同文"，统一文字，为文化传播提供了便利；"车同轨"，统一全国车轨规矩，方便了从京师到各地的交通；"度同制"，统一度量衡，为经济活动提供统一的标准；"行同伦"，用法家思想教育民众，统一民众的文化心理；"地同域"，打破地区壁垒，向边境移民并传播中原文明。通过上述举措，"增进了秦帝国版图内广阔地域人们社会生活乃至文化心理的同一性，从而为中华文明共同体的形成奠定坚实基础。"③ 汉武帝继续寻求巩固中央集权和一统帝国的"大一统"思想，最终采纳了董仲舒"罢黜百家，独尊儒术"的主张，把儒家思想作为西汉帝国的统治思想，从此确立了"大一统"的思想体系，影响了后世二千余年社会维系和国家治理。

以"九州共贯，多元一体"为核心理念的中华社会文明，经由马克思主义共同体思想"真理之光"的激活，转型为以"中华民族共同体"为核心理念的中华现代社会文明。马克思、恩格斯指出："只有在共同体中，个人才能获得全面发展其才能的手段，也就是说，只有在共同体中才可能有个人自由。……在真正的共同体的条件下，各个人在自己的联合中并通过

---

①② 冯天瑜：《中华文明五千年》，北京大学出版社2022年版，第143页。
③ 冯天瑜：《中华文明五千年》，北京大学出版社2022年版，第150页。

这种联合获得自己的自由。"① 这样的共同体也是一种共产主义联合体。在这样的联合体中,"每个人的自由发展是一切人自由发展的条件。"② 马克思主义共同体思想与中华民族大一统传统具有内在契合性,激活了中华社会文明。习近平指出:"中华文明长期的大一统传统,形成了多元一体、团结集中的统一性。"③ 这种统一性,"从根本上决定了中华民族各民族文化融为一体、即使遭遇重大挫折也牢固凝聚,决定了国土不可分、国家不可乱、民族不可散、文明不可断的共同信念,决定了国家统一永远是中国核心利益的核心,决定了一个坚强统一的国家是各族人民的命运所系。"④ 中华民族共同体是中华民族历史发展的必然结果。历史上,对中华民族共同体的自觉认同,不仅促进了中华民族的形成发展,"推动中华民族成为认可度更高、凝聚力更强的命运共同体"⑤,而且缔造了统一的多民族国家,维护了国家统一、民族团结和社会稳定。新时代新征程,我们要铸牢中华民族共同体意识,引导各族人民牢固树立休戚与共、荣辱与共、生死与共、命运与共的共同体理念,引导各族群众牢固树立正确的祖国观、民族观、文化观、历史观,建设中华民族共有精神家园,促进各民族共同繁荣共同发展。

（五）从万物并育到人与自然和谐共生,推动中华生态文明实现现代转型

人类文明的演进,总是伴随着人与自然关系的转换。人类文明的转型,是人对自然的认识、理解和价值发生变革的结果。"万物并育、天人合一",是中华生态文明的核心理念,体现了中华先民对天人关系即人与自然关系的哲学思考,包含着丰富的生态智慧。"万物并育"出自《礼记·中庸》:"万物并育而不相害,道并行而不相悖。"天地具有生长养育万物

---

① 《马克思恩格斯文集》第1卷,人民出版社2009年版,第571页。
② 《马克思恩格斯文集》第2卷,人民出版社2009年版,第53页。
③④ 习近平:《在文化传承发展座谈会上的讲话》,《求是》2023年第17期。
⑤ 《习近平新时代中国特色社会主义思想概论》编写组:《习近平新时代中国特色社会主义思想概论》,高等教育出版社2023年版,第177页。

的大德，万物都按照自己的规律生长发育，相互之间并不会伤害。"天人合一"中的"天"是指外在于人的天地或自然。"天人合一"的哲学思想蕴含着整体、和谐、共生的理念，倡导把天、地、人"三才"看作是一个相互联系、彼此影响的共同体。人与天地之间在本质上是相通的，"天地之道"是"人道"的根源，"人道"出于"天地之道"。所以，人要效法"天地之道"，遵守自然界的客观规律，达到天人相通即人与自然的和谐融洽。北宋理学家张载明确提出"天人合一"理念："儒者则因明致诚，因诚致明，故天人合一。"（《张载集·正蒙·乾称篇》）从"天人合一"的角度出发，张载又提出"民胞物与"的思想："民吾同胞，物吾与也。"（《张载集·正蒙·乾称篇》）这种"天人合一"的生态理念认为："人是天地生成的，人的生活服从自然界的普遍规律。"[1] 这样的生态理念对于培养生态道德、建设生态文明和美丽中国都具有重要意义。

"万物并育、天人合一"的中华生态文明，经由马克思主义生态文明思想"真理之光"的激活，转型为"人与自然和谐共生"的中华现代生态文明。马克思恩格斯认为，自然界"是人的无机的身体"[2]，"是我们人类赖以生长的基础"[3]。人作为自然存在物，要靠自然界生活。自然界和劳动一起构成一切财富的源泉，"自然界为劳动提供材料，劳动把材料转变为财富。"[4] 基于此，人要认识到"自身和自然界的一体性"[5]，在尊重自然规律的基础上实现人与自然的和谐统一。马克思主义生态文明思想与中国特色社会主义生态文明建设实践相结合、与中华传统生态哲学思想相结合，产生了习近平生态文明思想。习近平指出："人与自然是生命共同体，人类必须尊重自然、顺应自然、保护自然。只有更好平衡人与自然的关系，维护生态系统平衡，才能守护人类健康。"[6] 自然生态环境是人类生存发展最为基础的条件，良好的自然生态环境是人类文明发展的自然基础。自然生

---

[1] 张岱年：《文化与哲学》，教育科学出版社1988年版，第15页。
[2] 《马克思恩格斯文集》第1卷，人民出版社2009年版，第571页。
[3] 《马克思恩格斯文集》第4卷，人民出版社2009年版，第275页。
[4] 《马克思恩格斯文集》第9卷，人民出版社2009年版，第550页。
[5] 《马克思恩格斯文集》第9卷，人民出版社2009年版，第560页。
[6] 《习近平谈治国理政》第4卷，外文出版社2022年版，第355页。

态环境的改变直接影响人类文明的兴衰交替。四大文明古国"均发源于森林茂密、水量丰沛、田野肥沃的地区,而生态环境衰退特别是严重的土地荒漠化则导致古代埃及、古代巴比伦衰落。"① 恩格斯指出:"美索不达米亚、希腊、小亚细亚以及其他各地的居民,为了得到耕地,毁灭了森林,但是他们做梦也想不到,这些地方今天竟因此而成为不毛之地。"② 因此,大自然是人类赖以生存发展的基本条件,是一个大的生态系统。人类与自然是生命共同体,人类是自然的成员而非自然的主宰。人类应该在同自然的和谐相处、良性互动中实现自身的生存发展。生态文明也是人类文明发展的历史趋势。自人类诞生以来,伴随着认识自然、改造自然能力的增强以及人与自然关系的变化,人类文明经历了原始文明、农业文明、工业文明、生态文明几个阶段。生态文明是工业文明发展到一定阶段的产物,强调协调人与自然关系,要求解决好工业文明带来的矛盾,把人类活动限制在生态环境能够承受的限度内,顺应了人与自然和谐发展的新要求,昭示着人类文明发展的未来。习近平指出:"生态兴则文明兴,生态衰则文明衰。"③《新时代公民道德建设实施纲要》指出:"绿色发展、生态道德是现代文明的重要标志,是美好生活的基础、人民群众的期盼。"④ 党的十八大以来,我们党继续深化对人与自然生命共同体的规律性认识,全面加强生态文明建设,把生态文明建设纳入"五位一体"总体布局,把"坚持人与自然和谐共生"纳入新时代坚持和发展中国特色社会主义的基本方略,把"促进人与自然和谐共生"纳入中国式现代化的本质要求。党的十九大把"增强绿水青山就是金山银山的意识"等写入党章,十三届全国人大一次会议通过的宪法修正案把生态文明写入宪法。基于此,"生态文明建设的谋篇布局更加完善,生态文明制度体系更加健全"⑤,促进了中华生态文明

---

① 《习近平新时代中国特色社会主义思想概论》编写组编:《习近平新时代中国特色社会主义思想概论》,高等教育出版社 2023 年版,第 242 页。
② 《马克思恩格斯选集》第 9 卷,人民出版社 2012 年版,第 560 页。
③ 《习近平谈治国理政》第 3 卷,外文出版社 2020 年版,第 374 页。
④ 《新时代公民道德建设实施纲要》,人民出版社 2019 年版,第 10 页。
⑤ 《习近平新时代中国特色社会主义思想概论》编写组编:《习近平新时代中国特色社会主义思想概论》,高等教育出版社 2023 年版,第 247 页。

的生命更新，谱写了新时代社会主义生态文明建设的新篇章。

四、结 语

具有五千多年历史的中华文明具有突出的连续性、创新性、统一性、包容性和和平性，"具有自我发展、回应挑战、开创新局的文化主体性与旺盛生命力。"① 新征程上，中华文明要随着世情、国情的变化实现生命更新和现代转型，坚持马克思主义基本原理同中华优秀传统文化相结合，以马克思主义的真理之光激活中华文明的文化基因，使中华文明实现从传统到现代的跨越，发展出中华文明的现代形态，创造人类文明新形态，为强国建设和民族复兴提供强大的精神支撑。

[本文发表于《东北师大学报》（哲学社会科学版）2024年第1期，《高等学校文科学术文摘》2024年第3期转载。]

---

① 习近平：《在文化传承发展座谈会上的讲话》，《求是》2023年第17期。

后　　记

　　本书是在作者主持的北京市社会科学基金项目"习近平新时代中国特色社会主义思想在文化自信方面的论述研究"（项目编号：18KDC018）结题成果的基础上撰写而成。本课题2018年被列为北京市社会科学基金青年项目，主要从马克思主义哲学、文化哲学、马克思主义理论等视域综合研究习近平新时代中国特色社会主义思想在文化自信方面的重要论述的理论渊源、科学内涵、逻辑体系，以及其对于建设社会主义文化强国，建设中华民族现代文明，提高国家文化软实力，铸就社会主义文化新辉煌，培养具有高度文化自信、能够担当民族复兴大任的时代新人的重要理论价值和实践意义。

　　筚路蓝缕，精研覃思。经过五年的深入研究，本课题于2023年批准结项。结项成果获得了评审专家的一致好评。例如，清华大学马克思主义学院邹广文教授认为，"该课题围绕'习近平总书记关于文化自信的重要论述研究'这一选题展开研究，十分必要。这对于我们培育和践行社会主义核心价值观，提高国家文化软实力和中华文化影响力，建设社会主义文化强国具有重大理论与实践意义。在具体研究思路上，该课题分别从习近平总书记关于文化自信的重要论述的核心概念界定、研究现状述评、深厚基础、丰富内涵、重要意义五大方面展开研究，逻辑思路清晰，论述的完整系统。特别是该成果具体在习近平总书记关于文化自信的重要论述的丰富内涵的阐释上，集中从文化自信的主题和主体、文化自信的内容和体系、文化自信的地位和作用以及文化自信的实践路径等方面系统展开，具有一定的创新性。该成果的学术价值主要体现在：通过系统对习近平总书记文化自信重要论述的研究，为全社会培育践行社会主义核心价值观、弘扬发

后 记

展当代中国精神提供了文化动力,也为发展中国特色社会主义文化、提高国家文化软实力、建设社会主义文化强国提供了思想指导。在应用价值层面,该成果集中聚焦当前我国大学生群体进行针对性调研分析,认为我国当代大学生具有较强的文化自信和高度的文化认同意识,大学生们从情感上高度认同中华文化、充满中华文化自信。研究成果对于引导大学生树立正确的历史观、民族观、国家观、文化观等无疑具有借鉴与启示意义。"

栉风沐雨,笔耕不辍。获批结项后,在中国财政经济出版社段钢老师的帮助下,笔者把结项成果打磨修订后进一步申报国家社科基金后期资助。然而,却事与愿违,申请项目并未能获得立项。之后,笔者一方面继续修订书稿,一方面积极筹措出版经费。庆幸的是,2023年初笔者入选了"2022年度北京市属高校优秀青年人才培育计划",获得一定的出版经费资助。此外,笔者也获得了北京市第三批重点建设马克思主义学院(北京建筑大学马院)出版经费的大力资助。有了上述两项出版经费的资助,本书才最终得以顺利出版。所以,本书能够最终出版,首先要感谢北京市委宣传部、北京市教委给予的经费支持,感谢北京建筑大学马院领导同事的悉心指导,感谢课题组成员的辛苦付出,感谢中国财政经济出版社在本书出版过程中给予的支持帮助。

本书是课题组成员集体合作的结晶。课题负责人许亮提出书稿撰写计划,并撰写了自序、第一章、第三章、第四章、附录,李怡帆撰写第二章和参考文献、束东新撰写第五章。

本书是作者在习近平文化思想指导下开展中国特色社会主义文化自信理论研究的阶段性成果,也是作者继承新的文化使命,基于"第二个结合"视域开展中华优秀传统文化创造性转化、创新性发展和中华民族现代文明生命更新和现代转型研究的成果。然而,由于才学疏漏,本书难免有些不足之处,还请方家不吝指正。

作者

2024年6月1日

于北京建筑大学